실무 사례가 있는
# 고질적인 품질문제 해결 방법

기업에서 안고 있는 품질문제 해결 학습 지침서

신용균·이은지 지음

# 저자소개

### 신용균 교수

- 학) 전남대학교 기계공학(1982)
- 자) 품질관리기술사(2003)
- 전) 아남산업(1984~1990)
- 전) LG 생산기술원(1990~1995)
- 현) 한국공학대학교 겸임교수(2001~현재)
- 현) 한국품질재단/한국표준협회 출강 (2000~현재)
- 현) 한품질경영연구소 대표(1995~현재)

**전문분야**

**품질문제해결 컨설팅**
- 고객/공정 만성불량 해결
- 제품설계 최적화
- 수율향상활동
- Zero Defect 품질혁신활동
- 6시그마 활동
- 고품(痼品)해결

**품질향상 SKILL교육**
- 만성불량해결 실무
- 품질혁신활동 실무
- SPC (통계적공정관리)
- DOE, 다구찌기법
- 6시그마 GB/BB/MBB과정
- 고품해결실무

**주요저서**

제품설계 최적화(2010), 불량제로(2015), 최적화 실무(2023)

### 이은지 박사

- 학) 연세대학교 통계학과 학사(2003)
- 학) 경희대학교 경영학과 석·박사(2011)
- 자) 사회조사분석사2급 (2007)
- 전) 한국표준협회컨설팅 MG 수석컨설턴트(2003~2009)
- 전) 뷰로베리타스 선임연구원(2009~20011)
- 전) 경희대학교, 경기대학교 강사(2005~2012)
- 전) 경북대학교, 경영학과 초빙교수(2013~2014)
- 전) 웰포인터 컨설팅, 휴먼 매트릭스 외 프리랜서
- 현) 연세대학교 글로벌인재대학 국제통상학과 강의교수(2019~현재)

**전문분야**

**고객만족/서비스품질**
- 고객만족/서비스 전략
- MB모델 분석
- 서비스 6시그마 활동
- 중국서비스산업

**데이터 분석**
- AMOS 및 SPSS 분석
- Big Data R 프로그램
- SPC (통계적공정관리)
- Minitab 6시그마

**주요저서**

현대통계학 (2018), 최적화 실무(2023)

## 머리말
## 고질적인 품질문제 해결 방법을 집필하면서 …

 화창한 어느 오후 S사에서 연락이 왔다. 고객에서 발생한 품질문제에 대한 해결이 시급하다고 하면서 근본원인을 규명하는데 쉽지 않다고 한다. S사를 방문하여 그 동안의 품질개선활동을 확인해보니 개선의 한계점에 봉착한 것 같았다. 기업의 품질력 강화 및 불량제로를 위하여 생산팀, 기술팀, 품질팀, 개발팀 엔지니어를 중심으로 고객에서 발생한 품질문제 해결활동을 전개하면서 다양한 시도를 진행하였는데, 품질문제가 해결되는 듯하다가 어느 순간부터 다시 재발하면서 품질문제를 지속적으로 개선하는데 지쳐 있어 엔지니어의 사기저하 및 업무손실이 크게 발생하고 있었으며, 이의 해결을 위해 S사에 방문 하게 되었다.

 현업에 있다 보면 생각보다 이런 일들이 비일비재하다. 생각을 바꾸면 금방 해결될 수 있는 일들이 현업에서는 본업에 집중하다 보니 안보이는 경우도 많고 조언을 얻기도 쉽지 않은 경우가 많다. 이에 저자는 고객들이 조금만 고민하면 쉽게 해결할 수 있도록 지금까지의 노하우를 쉽게 정리하여 품질문제해결에 도움이 될 수 있는 방법을 고민 하다가 드디어 이 책을 만들게 되었다.

 일반적으로 고객에서 발생한 품질문제는 해결 의지보다는 근본원인이 우선적으로 규명이 되어야 한다. 이를 위하여 기업에서는 고객관련 품질문제를 경영이슈의 최우선순위에 놓고 개선활동을 전개하게 된다. 이러한 활동과제 중에 해결 한계에 봉착한 품질문제의 특징을 크게 다섯가지로 구분해 보면, 〈①다양한 개선시도를 해보았지만, 해결이 쉽지 않다,〉 〈②품질문제발생에 대한 근본적인 원인규명 또는 해결이 되지 않아 재발한다,〉 〈③고객에서 발생한 품질문제로 인한 손실비용(COPQ-cost of poor quality)이 기하급수적으로 증가한다,〉 〈④품질문제해결의 시급성 때문에 원인규명관점보다는 대책관점에 비중을 두고 있다.〉 〈⑤고객에서 발생한 품질문제는 고객관점에서 중요성에 해당되기 때문에 해당기업에서는 원가 증가에 민감하지 않다.〉 등이다.

이러한 특징들은 기업경영, 고객대응관점에서 매우 중요한 경영이슈가 된다는 것이다. 하지만 이러한 이슈들을 지금까지의 방법으로 해결하기는 쉽지 않았다. 그동안 저자는 이러한 이슈를 근본적으로 대응하도록 고질적인 품질문제를 효율적으로 쉽게 단기간에 해결하도록 핵심수법 및 접근 방법들을 연구하게 되었고, 이들을 알기 쉽게 실무자들에게 제시한다면 기업의 품질경쟁력이 강화될 수 있지 않을까 하는 바램으로 본 도서를 정리하게 되었다.

도서의 구성 내용에 대한 이해를 돕고자 기존의 이론들을 기업체의 사례와 함께 설명하였으며, 과제해결활동을 전개하면서 경험한 실제 기업의 사례들을 녹여서 도서를 구성하였다. 향후 기업에서의 고질적인 품질문제 해결을 위한 실마리 발견에 본 도서가 도움이 되었으면 한다.

벚꽃이 봄을 알리며 흩날리듯이 이러한 지식과 사고들이 기업체의 많은 분들의 마음에 흩날리기를 희망 합니다. 또한 어려운 여건하에서도 본 도서 발행에 적극 지원해주신 ㈜이레테크 데이터랩스 관계자분들에게도 감사의 뜻을 전합니다.

- 공동저자 신용균, 이은지 올림

실무 사례가 있는 고질적인 품질문제 해결 방법

# 목차
# CONTENTS

## Part1. 고질적인 품질문제 해결 개요

### 제1장  고질적인 품질문제 해결 전개 ··· 03

    1. 고품 개념 ································································································· 09
        1.1 고품이란 ························································································· 09
        1.2 고품과 품질손실비용 ····································································· 10
    2. 고품 해결 3요소 ······················································································ 13
        2.1 작동이 아닌 성능을 확인해라 ······················································ 15
        2.2 조합에 의한 요인을 간과하지 마라 ·············································· 21
        2.3 요인발견은 집단지성을 활용하면 효율적이다 ····························· 24
    3. 고품발생 예방을 위하여 ········································································ 29

### 제2장  고품해결 전개 STEP ··· 33

    1. PAS전개 STEP ························································································ 36
        1.1 PAS개념 ··························································································· 36
        1.2 PAS전개 STEP ················································································ 37
    2. FTA작성 순서 ·························································································· 39
        2.1 FTA의미 및 작성 순서 ·································································· 39
        2.2 PAS단계의 FTA작성 ····································································· 43
    3. PAS단계별 활용수법 개요 ···································································· 45

# 목 차
# CONTENTS

## Part2. 문제해결 활용 핵심수법

### 제3장 Problem단계 활용 수법 ··· 51

- 1. Problem단계 활용 수법 ... 55
- 2. 층별 ... 56
  - 2.1 층별 개념 및 절차 ... 56
  - 2.2 계수치의 층별 활용사례 ... 59
  - 2.3 계량치의 층별 활용사례 ... 71
  - 2.4 Xbar-R관리도의 층별 활용사례 ... 75
- 3. 상자그림 ... 80
  - 3.1 상자그림 개념 ... 80
  - 3.2 상자그림 일반적인 사례 ... 83
  - 3.3 제품 위치별로 비교한 사례 ... 85
  - 3.4 모델간 비교한 사례 ... 88
- 4. 3현 ... 91
  - 4.1 3현이란 ... 91
  - 4.2 3현 활용사례 ... 92

### 제4장 Analysis 및 Solution단계 활용 수법 일반 ··· 101

- 1. 주요요인 후보 정리 ... 104
  - 1.1 매트릭스를 이용한 주요요인 후보 선정 ... 104
  - 1.2 주요요인 후보를 트리 구조로 정리하는 방법 ... 106
  - 1.3 주요요인 결정을 위한 인과관계 분석 방향 ... 109

실무 사례가 있는 고질적인 품질문제 해결 방법

 2. 상관/회귀분석    111
  2.1 상관분석이란    111
  2.2 회귀분석이란    114
  2.3 상관/회귀분석 활용사례    119
 3. 0-1산점도    122
  3.1 산점도 개념    122
  3.2 0-1산점도 활용사례    123
 4. Pre-control chart    125
  4.1 Pre-control chart란    126
  4.2 Pre-control chart의 3가지 법칙    127
  4.3 Pre-control chart활용 절차    129
  4.4 Pre-control chart활용 장점    130

## 제5장 Analysis 및 Solution단계 활용 수법 심화 ⋯ 133

 1. 직교배열실험법    137
  1.1 직교배열실험이란    137
  1.2 직교배열실험 데이터 분석    140
  1.3 2수준계 직교배열 활용사례    148
  1.4 3수준계 직교배열 활용사례    153

# 목차
# CONTENTS

## 2. 샤이닝 기법 — 160
- 2.1 샤이닝 기법이란 — 160
- 2.2 짝비교방법 활용하기 — 162
- 2.3 부품추적실험법 활용하기 — 171
- 2.4 변수추적실험법 활용하기 — 180
- 2.5 B vs C실험법 활용하기 — 187

## 3. 허용공차분석 — 189
- 3.1 허용공차란 — 189
- 3.2 공차분석이란 — 190
- 3.3 RSS방법에 의한 공차 설정방법 — 191
- 3.4 몬테카를로 시뮬레이션 방법에 의한 공차 설정방법 — 198

## 부록 ⋯ 209

### 1. 부록1. 직교배열표 — 211

### 2. 부록2. 확률분포표 — 219
- 부록 2.1 표준정규분포표 — 219
- 부록 2.2 t분포표 — 220
- 부록 2.3 F분포표 — 221

### 3. 부록3. $d_2^*$ table — 222

## 참고문헌 ⋯ 223

실무 사례가 있는 고질적인 품질문제 해결 방법 | PART 1

CHAPTER

# 고질적인 품질문제 해결 전개

## 1. 고품 개념
### 1.1 고품이란
### 1.2 고품과 품질손실비용

## 2. 고품 해결 3요소
### 2.1 작동이 아닌 성능을 확인해라
### 2.2 조합에 의한 요인을 간과하지 마라
### 2.3 요인발견은 집단지성을 활용하면 효율적이다

## 3. 고품발생 예방을 위하여

PART 01

## 과연 우리 회사는??

**I사 담당자**
제조공정에서 불량이 대량(28%)으로 발생하여 3개월동안 TFT 활동을 하였지만, 해결이 어렵습니다.

 **S사 담당자**
고객에서 반복적으로 발생하는 불량을 해결하기 위하여 핵심 품질과제로 정하여 해결 활동을 시도하지만, 실마리를 찾지 못하고 있습니다.

**A사 CEO**
제품을 생산하는 과정에서 불량은 발생할 수 있지만, 특정 모델에서 불량이 더 많이 발생하는데 이에 대한 방법을 찾고 싶습니다.

**P사 CEO**
특정불량이 반복적으로 발생하여 이로 인한 손실비용이 크기 때문에 고민이 많습니다. 10%이상의 불량때문에 고객사에 납품을 위하여 추가 생산을 해야 하고, 추가 생산으로 비용은 추가 발생하고, 불량품은 폐기를 해야 하고, 또 추가로 생산한 제품이 남게 되면, 재고로 보관하고 관리를 해야 하기에 이들 비용이 만만치 않습니다.

---

과연 우리 회사의 이러한 품질에 대한 문제점들을 잘 고칠 수 있는 방법은 없을까요?

**당연히 있지요.**
고질적인 품질문제를 예방하고 개선하기 위해서는
**핵심요소를 아래 3가지로 정리할 수 있습니다.**

1. 작동이 아닌 성능을 확인해야 합니다.
2. 조합에 의한 요인이 있다는 것을 간과하면 안됩니다.
3. 요인발견을 위하여 집단 지성을 이용하면 효율적입니다.

## 과연 우리 회사는??

불량이라는 단어보다는 갑자기 작동, 성능, 요인의 조합, 집단지성 등은 자주 사용하는 용어들이 아니라서요…
그렇다면 뭐부터 배워야 하는 걸까요?

네, 단순하진 않지요.
하지만 이미 우리가 알고 있던 내용들을 조금 더 적합하게 구별해서 알아보자는 의미로 해석하면 좋을 것 같습니다.

기업들은 경영목표를 달성하기 위하여 고객, 매출, 품질, 원가, 납기와 관련되는 다양한 과제를 구분하여 전사원의 참여하에 과제 해결 활동을 전개하게 됩니다. 그 중에서 품질과제로 고질적인 품질문제와 만성적인 품질문제가 있지만, 내용 및 접근방법에서 다소 차이가 있습니다.

고질적인 품질문제와 만성적인 품질문제요?
모두 다 똑같은 품질문제 아닌가요?

품질문제가 기업입장에서 모두 해결해야 할 사안이지만, 우선적으로 해결이 필요한 사항은 고질적인 품질문제 입니다.

고질적인 품질문제는 고객에게 관심을 주거나 또는 경영에 많은 영향을 주는 요소이고, 만성적인 품질문제는 해당 기업의 생산공정에만 해당되는 품질요소로 구분하면, 이들의 해결 우선순위가 구분될 것입니다.
고질적인 품질문제와 만성적인 품질문제에 대해서 살펴볼까요?

PART 01

## 과연 우리 회사는??

고질적인 품질문제와 만성적인 품질문제를 조금 더 자세히 비교하기 위하여 이를 몇 가지 항목으로 구분하여 아래 표로 나타내었다.

표1.1 고질적인 품질문제와 만성적인 품질문제 비교

| 구분 | 고질적인 품질문제 | 만성적인 품질문제 |
| --- | --- | --- |
| 주요관점 | 고객만족 | 생산만족 |
| 손실비용 발생 크기 | 크다 | 작다 |
| 회사 이미지 영향 | 매우 크다 | 작다 |
| 해결우선순위 | 우선적으로 해결해야 한다 | 개선 계획을 수립하여 단계적으로 해결한다 |
| 영향 요인 범위 | 설계 + 4M 영역 | 4M 우선 |
| 핵심 요인 개수 | 극히 적다 | 다소 많다 |
| 해결 중요사항 | 근본원인규명 | 전사원 참여의지 |

네, 품질문제를 고질적인 부분과 만성적인 부분으로
그 차이는 알겠지만 내용이 크게 와 닿지는 않아요.
하나씩 알아보면서 이해해야 될 것 같습니다.

그래요. 그렇다면 먼저 고질적인 품질문제가
무엇인지 알아보도록 할까요?

네, 그럼 고품(고질적인 품질문제)을 정의하고,
이에 대해서 하나씩 알아보면 좋겠습니다.

# 제 1 장 고질적인 품질문제 해결 전개

## 1. 고품 개념

### 1.1 고품이란

고품이란 고질적인 품질문제를 의미하며, 고객에서 발생하는 주요한 품질문제 또는 간혹 제조공정에서 발생하는 주요한 품질문제를 고질적인 품질문제로 정의한다. 일반적으로 기업에서 고품에 대한 기준은 오랫동안 품질문제가 있었으며, 다양한 시도를 해도 해결이 되지 않은 품질문제를 고품으로 언급하는 경우를 말한다.

특히, 제조기업에서는 제품을 생산하는 과정에서 불량품은 발생하기 마련이다. 하지만, 제조기업은 불량발생을 최소화하고 고객에게 불량을 유출하지 않기 위하여 지속적으로 노력을 진행하고 있으며, 이를 위하여 불량발생에 대한 근본원인을 규명하고, 이에 대한 대응책을 실행하고 있다.

하지만 이러한 과정이 단순하지 않아 근본원인을 규명하지 못하고 임시조치에 국한되어 다시 품질문제가 재발하는 경우가 자주 있게 되어, 결국은 고품으로 많은 기업이 힘들어 하고 있다.

| 고품 | • **痼品**, 고질적인 품질문제<br>　∟ 고객 또는 제조공정에서 지속적으로 발생하고<br>　　재발하는, 해결이 어려운 품질문제<br>　∟ 고객만족을 위하여 반드시 해결해야 하는 품질문제<br>　∟ 오랫동안 다양한 시도를 해도 해결되지 않는 품질문제 |
|---|---|

# 1. 고품 개념

## 1.2 고품과 품질손실비용

결국은 고품으로 많은 기업이 힘들어 하고 있다고 하는데, 과연 어떤 어려움이 생기게 되는 걸까요?

고품이 발생함으로 인해서 기업들은 ①root cause 규명한계, ②재발, ③ 품질손실비용의 증가함에 따라 해당기업 및 고객들도 어려움이 있게 되어 경영진들에게 이러한 어려움들은 매우 민감한 사안으로 자리매김하게 된다.

**고품 발생에 따른 어려움**
① root cause 규명 어려움
② 재발(recurrence)
③ 품질손실비용의 증가

이전에는 해당 되는 제품에서 고질적인 품질문제가 발생하게 되면 그 제품 자체에 대해서만 손실비용을 고려했지만 지금은 해당제품과 관련된 시스템을 기준으로 손실비용을 생각해야 하기 때문에 그 비용은 기하급수적으로 증가한다고 볼 수 있다. 즉, 고객에게서 발생하는 고품으로 인하여 기업이 감당해야 할 잠재된 손실비용 및 실질적인 손실비용은 시간이 갈수록 기하급수적으로 증가하는 경향이다. 그렇기 때문에 기업의 입장에서 품질향상은 단기적으로는 생산성향상 추구에 해당되지만, 중장기적으로는 고객만족 및 경영이익을 추구하는 큰 디딤돌에 해당된다.

그런데 품질손실비용이 정확하게 뭐 지요?
그냥 비용이 드는 건가요?

잘 질문했습니다. 품질손실비용은 COPQ(Cost Of Poor Quality)로 모든 활동이 결함이나 문제없이 수행된다면 사라지게 되는 비용을 말합니다. 자세히 알아 볼까요?

PART 01

이를 빙산의 일각이라고 볼 수 있는데, COPQ는 회계상 파악 가능한 손실에 비해 파악되지 않은 손실비용이 2~3배 더 많다고 알려져 있으며, 품질석학들은 손실비용 최소화를 위하여 높은 수준의 품질을 확보해야 한다고 강조한다.

그림1.1 빙산을 이용한 손실비용 항목 구분

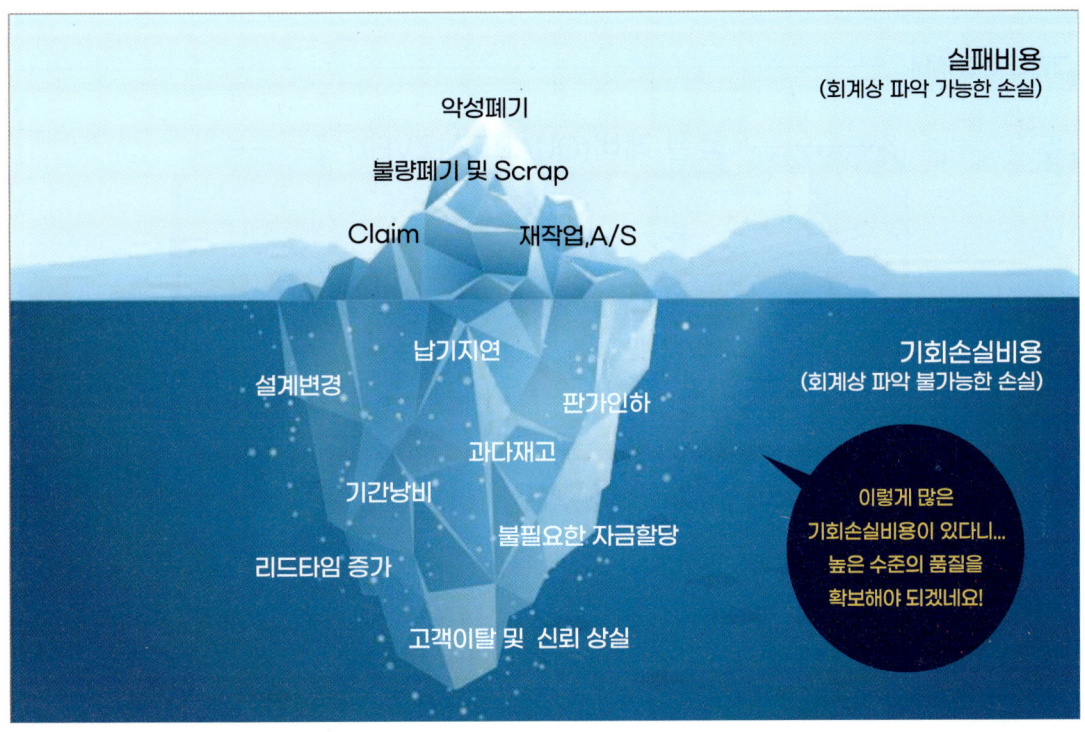

품질석학들은 품질레버를 예로 들면서, 품질비용을 예방비용 : 평가비용 : 실패비용 = 1:10:100의 개념으로 설명하여 예방에 소요되는 품질비용의 크기1은, 평가비용의 크기 10, 실패비용의 크기 100과 동등한 수준이라고 강조한다. 또한 제조공정에서 발생하는 고품의 경우에도 고품이 발생할 경우 제품생산, 검사활동 및 납기관련하여 추가적으로 비용이 발생하므로 경영진에게 매우 민감한 사항이 되기 때문에 품질예방관리 활동의 중요성을 강조하고 있다. 품질 레버에 대해 자세히 알아보도록 하겠다.

예를 들면, 고객만족을 위한 이득(profit)이 있다고 할 때, 고객에게 다가가는 과정에는 ①제품설계(Product Design), ②제조공정설계(Process Design), ③제조(Manufacturing)가 있는데 이 과정에서 품질을 확보하기 위하여 소요되는 비용의 크기를 품질 레버(Quality Lever)와 연계하여 설명해 볼 필요가 있다. 고객만족을 위하여 각 단계별로 소요되는 품질비용 발생의 크기는 제품설계단계(①) : 제조공정설계단계(②): 제조(③) = 1:10:100이 된다는 것이다. 이를 아래의 그림처럼 시소로 표현해 볼 수 있다.

**그림1.2 품질 레버**

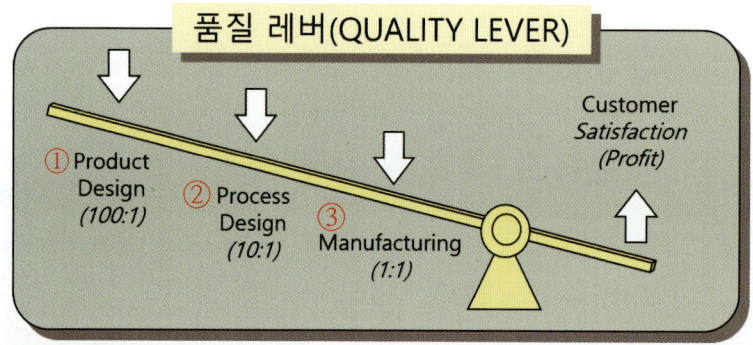

고품, 즉 고질적인 품질을 관리하는 것은 매우 중요한 문제이군요. 그렇다면 이를 예방할 수 있다고 하셨는데 어떻게 하면 될까요?

네, 앞에서도 언급했듯이 고질적인 품질문제를 예방하고 개선하기 위해서는 아래 내용을 다시 한 번 더 강조합니다.

➤ 작동이 아닌 성능을 확인해야 합니다.
➤ 조합에 의한 요인이 있다는 것을 간과하면 안됩니다.
➤ 요인발견을 위하여 집단 지성을 이용하면 효율적입니다.

## 2. 고품 해결 3요소

I사는 제조공정에서 불량이 대량(28%)으로 발생하여 이를 개선하고자 3개월 동안 자체적으로 TFT활동을 전개하였다.

I사는 제품설계조건을 변경하고, 제조공정조건을 변경하면서 다양한 시도를 해보았지만 불량의 해결은 어려웠다.

이를 해결하고자 I사를 방문하여 TFT활동 내용을 확인하면서 보완이 필요한 3가지의 핵심요소를 발견하였다.

---

**첫째**는 품질수준을 양품과 불량품의 이원 분류로 구분하며 불량 발생 원인을 찾아 가고 있었다는 것,

**둘째**는 불량 발생에 영향을 미치는 원인을 찾는 데 TFT구성원의 의견중심으로 원인을 찾고 있었다는 것,

**셋째**는 하나의 조건으로 실험 하면서 최적조건을 찾아가는 시행 착오 실험을 진행하고 있었다는 것이다.

---

이러한 문제점들을 어떻게 해결해야 할까요?

## 이를 해결하고자 I사를 방문하여 TFT활동 내용을 확인하여 발견한 핵심요소

### ISSUES

① 품질수준을 양품과 불량품의 이원 분류로 구분하는 것

② 불량에 영향을 미치는 원인을 찾는 데 TFT구성원의 의견만 활용하는 것

③ 하나의 조건으로 실험 하면서 최적 조건을 찾아가는 시행 착오 실험을 진행하고 있는 것

### KEY FACTORS

- 작동이 아닌 성능을 확인
- 확실한 양품과 겨우 양품 구별
- 규격만족이 아닌 목표값 만족
- 조합에 의한 요인을 고려
- 집단지성을 이용한 요인발견

자, 그럼 위의 내용을 3가지로 압축해서 살펴볼까요.

1. 작동이 아닌 성능을 확인해야 합니다.
2. 조합에 의한 요인이 있다는 것을 간과하면 안됩니다.
3. 요인발견을 위하여 집단 지성을 이용하면 효율적입니다.

## 2. 고품 해결 3요소

### 2.1 작동이 아닌 성능을 확인해라

#### 1) 고품은 성능을 기준으로 대응한다

고객에서 고품이 발생하면 제품을 납품한 협력사는 고품발생에 대한 근본원인을 조사하여 이에 대한 조치를 취해야 한다. 협력사는 고품에 대한 확인을 진행해야 하며, 만일 고품에 대한 불량현상을 확인된다면 작동이 되는지 아닌지에 대한 품질현상을 작동으로 표현하면서, 성능에 대한 계량특성으로 품질현상을 구체화 하는 것이 가장 바람직하다. 즉, 단순히 작동 여부로 확인 시 작동상태가 재현될 수도 있고 그렇지 않을 수도 있기 때문에 고품에 대한 원인을 규명하는 것이 적합하지 않을 수 있다. 그러므로 성능에 대한 특성을 계량치로 정리하여 고품의 현상을 파악하는 것이 고품의 현상을 정확히 파악할 수 있는 핵심이라고 할 수 있다.

작동은 주로 작동여부로 판단하기 때문에 계수형 성질이 강하며, 일반적으로 계수치는 재현성이 없고 현상에 대한 정보를 전달하는데 한계가 있어 정확성이 떨어질 우려가 높다. 여기 A사, B사, C사 제품에 대한 결과를 다트로 표현해보았다.

**그림1.3 제품 우수성 비교**

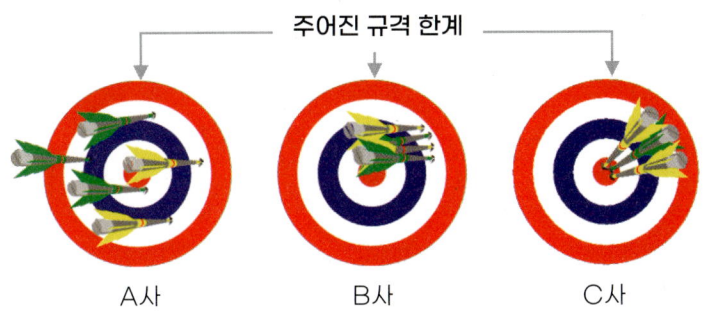

① A사 : 주어진 규격한계를 모두 만족하지만, 여기 저기 흩어져 있기 때문에 불안정하여 우수하지 않다.
② B사 : 산포관점에서는 우수하지만, 중심에서 떨어진 곳에 모여 있기 때문에 고객만족을 위한 높은 점수를 받기 어려워 우수하지 않다.
③ C사 : 중심에 모두 모여 있기 때문에 매우 우수하다.

일반적으로 성능의 중심을 개선하는 방법은 설계를 변경해주어야 하고, 산포를 개선하는 방법은 설계의 강건설계 또는 제조공정의 4M(man, machine, material, method)에 대한 대응방법을 찾아야 한다.

고품 현상을 작동이 아닌, 성능으로 파악하면 원인분석 방향을 제시하는게 용이합니다. 즉 우선적으로 원인분석을 전개해야 할 영역이 설계변경인지, 아니면 4M관리인지를 판단할 수 있게 됩니다. 참고로 작동은 계수형 특성으로, 성능은 계량형 특성으로 구분됩니다.

즉 다음과 같이 고품 유형별에 따라 대응방향이 달라질 수 있다. 중심에 대한 치우침이 큰 경우에는 전류특성을 목표값에 맞추기 위해서 중심이동 방법이 필요하다. 이런 경우에는 설계변경을 검토할 필요가 있다. 만약에 치우침이 아닌 산포가 큰 경우에는 산포감소를 위한 산포관리 방법이 필요하고 강건설계 또는 4M관리를 검토해봐야 한다.

**그림1.4 고품 유형별 대응방향**

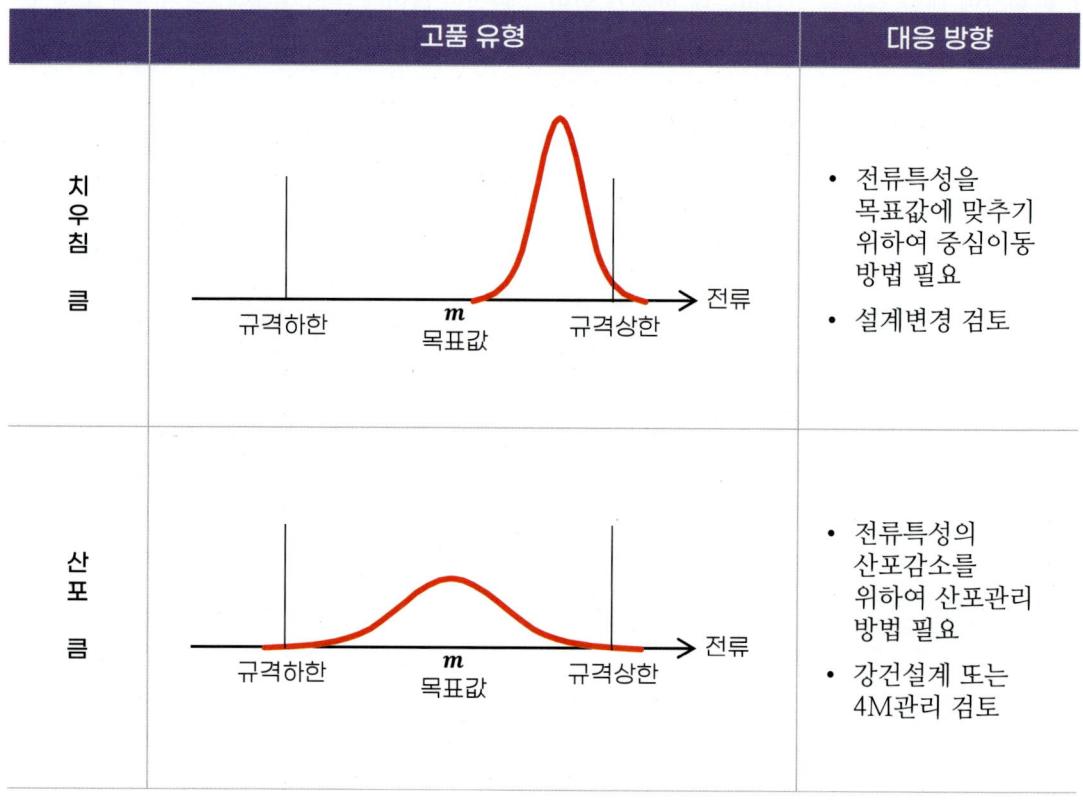

### 2) 확실한 양품과 겨우 양품을 구분해라

제품의 주요특성이 전류일 경우 주어진 규격을 벗어나면 불량이고, 설계 목표값에 일치하면 확실한 양품으로 판단할 수 있지만, 규격부근에 있는 제품은 겨우 양품 또는 겨우 불량품으로 구분할 수 있어 다소 불안한 제품이 된다. 아래 그림을 보면, 설계 목표값에 일치한 제품은 BoB(Best of Best)로 확실한 양품으로 표현할 수 있으며, 규격으로부터 멀리 벗어난 제품을 WoW(Worst of Worst)로 확실한 불량품으로 표기할 수 있다. 그리고 고품해결을 위한 실마리를 발견하기 위해 BoB와 WoW를 비교하는 것이 바람직하다. 만일 겨우 양품과 겨우 불량품을 비교하여 실마리를 찾는다는 것은 별 의미가 없기 때문이다. 제조현장에서는 제품을 검사하여 주어진 규격으로 양품, 불량품으로 구분해야 하지만, 엔지니어 관점에서 품질의 수준을 판단할 경우에는 확실한 양품과 겨우 양품을 구분하여 분석하는 것도 중요한 관리방법이 될 것이다.

제조현장에서 제품을 검사하여 양품, 불량품으로 판정하는 기준은 고객이 요구 또는 설계자가 정한 기준으로 구분한다. 양불량 데이터를 0,1데이터로 구분하며, 양품은 0으로, 불량품은 1로 표시하기도 한다. 예를 들어 제품 10개를 검사하여 양품이 7개이고, 불량품이 3개일 경우에 이를 0,1데이터로 표시하면 {0, 0, 0, 0, 0, 0, 0, 1, 1, 1}로 하여 합이 3이 되고 이를 불량률 30%라고 한다.

**그림1.5 확실한 양품과 겨우 양품 비교**

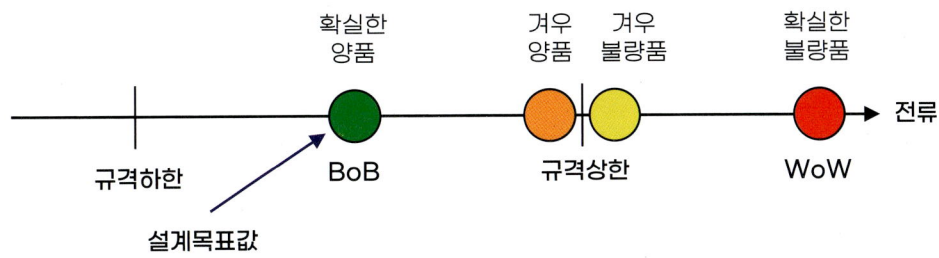

그리고 개선관점에서는 품질수준을 0,1데이터로 표현하기 보다는 더 세분화하여 수,우,미,양,가로 표현하게 되면 불량의 현상을 파악하는데 더 정확한 정보를 얻게 된다. 즉, 양품에도 확실한 양품이 있고, 겨우 양품인 경우가 있으며. 고객은 겨우 양품보다는 확실한 양품을 원하고 또한 확실한 양품이 설계품질에 가까운 제품이 된다. 그러므로 고객을 만족시키는 제품은 겨우 양품이 아닌, 확실한 양품이 된다.

그리고 고품이 발생하여 이의 해결 실마리를 찾기 위하여 확실한 양품과, 확실한 불량품을 기준으로 비교 분석하는 것도 방법이다. 고품분석과정에 겨우 양품과 겨우 불량품을 비교하여 영향요인을 찾고자 할 경우에는 고품발생 실마리를 찾는데 특성(성능)에 큰 차이가 없기 때문에 고품발생 실마리를 찾는데 도움이 되지 않는다.

양품을 〈확실한 양품〉과 〈겨우 양품〉으로 구분하여 고품 현상을 파악하게 되면 원인분석 실마리를 발견하는데 도움이 됩니다.

그림1.6 고품 해결 실마리 발견을 위하여

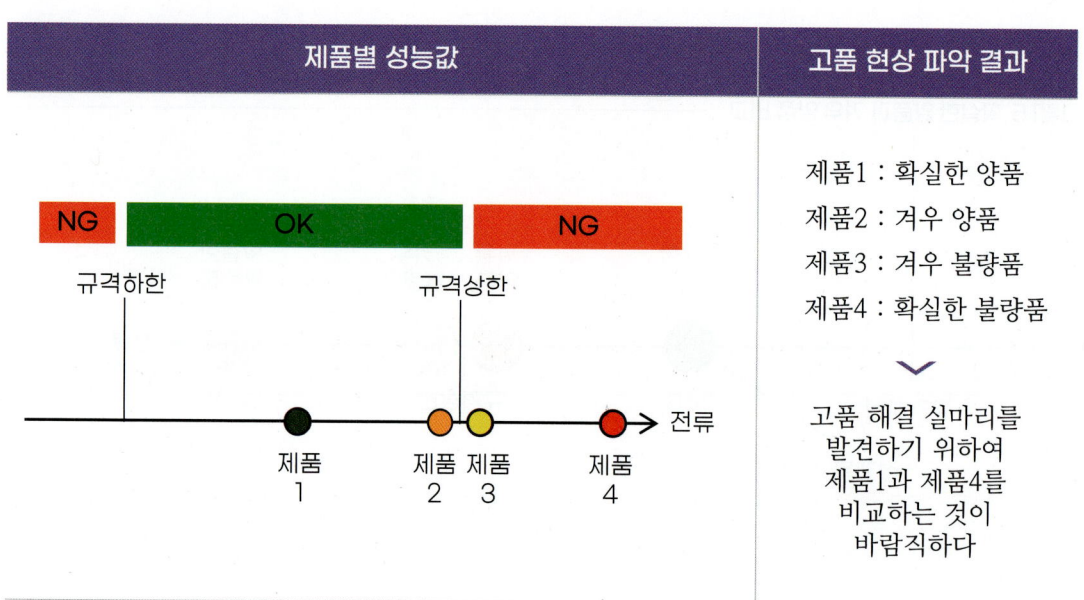

### 3) 규격만족이 아닌 목표값 만족을 평가해라

 고품이 발생하면 해당 제품이 주어진 규격을 만족(in spec)하는지 또는 설계 목표값을 만족(in target)하는지 확인하여 문제영역을 구분하는 것이 고품해결을 위하여 효율적인 접근방법이 된다. 예를 들면, 아래그림에서 모델A의 경우는 대부분의 제품이 설계목표값 $m$ 부근에 위치하여 설계만족도가 높은 경우가 되며, 모델B의 경우는 목표값 $m$ 에서 멀리 있는 제품이 많이 존재하여 설계만족도가 낮은 경우에 해당된다. 설계만족도가 높은 제품일수록 최종적으로 조립한 제품이 설계에서 제시한 성능을 확보할 수 있게 된다.

 아래 그림에서 규격만족관점으로 보면 모델A와 B가 모두 우수한 제품으로 평가 할 수 있습니다. 하지만, 목표값 만족 관점으로 보면 모델B가 우수하다고 볼 수 있습니다.

그림1.7 제품성능 만족도 비교

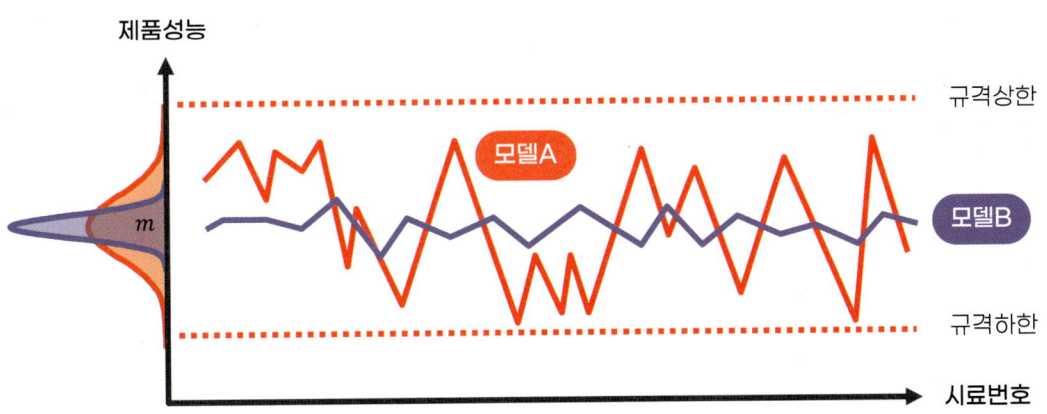

| 구분 | 모델A | 모델B |
|---|---|---|
| in spec | 우수 | 우수 |
| in target | 미흡 | 우수 |

 강건설계방법을 제시한 다구찌 박사는 손실함수를 이용하여 제품의 품질수준 평가 방법을 언급하였습니다. 즉 제품의 성능이 목표값에 가까울수록 손실이 적다고 강조합니다.

**그림1.8 손실함수**

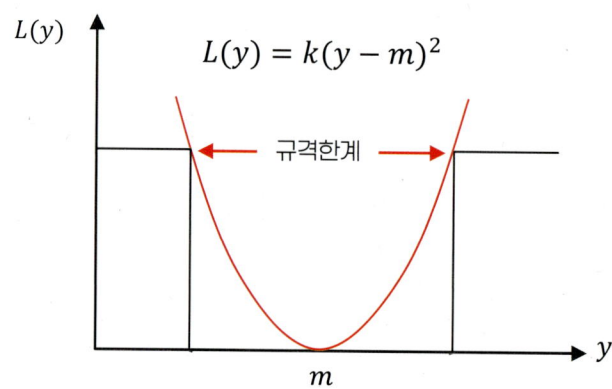

$L(y) = k(y - m)^2$

$L(y)$ : 손실비용
$k$ : 상수
$y$ : 특성치
$m$ : 목표값

 목표값을 기준으로 규격만족도를 정량화시킨 공정능력지수가 Cpm입니다. 공정능력지수는 클수록 좋으며, 1.67이상을 확보하면 우수하다고 봅니다. 다트 경기에서 높은 점수는 Cpm을 크게 해주어야 우수하다는 것을 보여줍니다. 즉 다트게임 점수로 비교하면 우측 결과가 목표값에 더 가깝기 때문에 더 우수한 실력을 보여주고 있습니다. 공정능력지수 Cpm은 본 도서의 〈제5장-3.허용공차 분석〉의 〈알아두면 좋은Tip〉에서 자세하게 언급하였습니다.

## 2. 고품 해결 3요소
### 2.2 조합에 의한 요인을 간과하지 마라

고품이 발생하면 요인을 찾고 인과관계 규명을 위하여 다양한 시도를 하게 된다. 이러한 과정에 요인과 제품의 특성간의 독립적인 영향만 고려하여 접근할 경우에 인과관계를 규명하는데 혼선을 가질 우려가 있다. 왜냐하면 고품에 영향을 주는 요인이 독립적으로 제품의 특성에 영향을 주는 경우도 있지만, 요인의 조합에 의하여 영향을 주는 경우도 있기 때문이다. 만일 요인의 조합에 의하여 제품의 특성에 영향이 있는 경우에, 독립적인 요인으로만 영향정도를 파악하게 되면 근본원인을 규명하는데 한계에 부딪힐 수 있다. 이의 이해를 돕기 위하여 두 개의 설계변수인 형상과 재질강도에 대하여 변화를 주면서 얻은 실험결과를 OK(정상), NG(고품발생)로 표시하였다.

**표1.2 이원배치 실험 결과**

|  | 형상1 | 형상2 |
|---|---|---|
| 재질강도1 | OK | OK |
| 재질강도2 | OK | NG |

실험결과를 해석해보면 형상1에서 재질강도를 바꾸었을 경우에 모두 OK의 결과를 보여준다. 이 때 얻은 결론은 형상1에서 재질강도1, 2모두 괜찮다는 것이다.

그리고 형상2에서 재질강도를 바꾸었을 경우에 OK와 NG의 결과를 보여준다. 이 때 얻은 결론은 형상2와 재질강도2가 조합된 경우에 고품이 발생한다는 것이다. 이는 하나의 변수기준으로 고품발생원인을 검토하게 되면 형상조건이 문제인지, 재질강도조건이 문제인지 고품발생 원인을 규명하는데 한계가 있게 된다는 것이다. 이처럼 하나의 변수의 영향이 아닌, 조합에 의하여 고품문제가 발생하고 있는 경우에 변수의 조합에 의한 영향을 고려하지 않으면 결국 품질문제를 해결하지 못하고 계속 고품으로 남아 있을 가능성이 높게 된다.

실험결과를 그래프로 나타내어 고품 발생과 연관시켜 해석을 추가하여 설명한 아래 내용을 보면 조합에 의한 영향을 이해하는데 참고가 되리라 봅니다.

**그림1.9 실험결과 및 해석**

1. 형상1은 재질강도 1,2에서 모두 OK이다.
2. 형상2는 재질강도1에서는 OK이지만, 재질강도2에서는 NG이다.
3. 고품(NG) 발생관점

   ① 형상2와 재질강도2의 조합에서 고품이 발생한다

   ② 형상1는 재질강도1,2의 상황에서 모두 OK이므로 형상1은
   형상2에 비해 더 강건하다고 볼 수 있다.

   ③ 만일 재질강도2에서 형상2의 조합을 간과할 경우 고품발생 원인을
   규명하지 못할 수도 있다.

일반적으로 하나의 요인이 독립적으로 제품 특성에 영향을 주는 경우도 있고, 요인의 조합에 의하여 영향을 주는 경우도 있기 때문에 고품에 영향을 주는 요인을 분석하는 과정에 조합에 의한 영향 즉, interaction을 포함시키라는 것입니다.

아래의 그래프는 독립적으로 영향을 주는 경우와 조합에 의한 경우에 서로 다른 해석 결과를 보게 됩니다. 그러므로 고품에 대한 요인분석시 조합에 의한 영향을 간과해서는 안됩니다.

그림1.10 요인과 특성의 관계

| 구분 | 요인과 특성의 관계 | 해석 |
|---|---|---|
| 독립적인 요인으로 해석 | 커피 맛 (GOOD ↑ BAD) 필리핀산 → 콜롬비아산 (상승) | 콜롬비아산 커피가 맛이 우수하다 |
| | 커피 맛 (GOOD ↑ BAD) 온도60℃ → 온도90℃ (상승) | 물의 온도는 높을 수록 커피 맛이 우수하다 |
| 조합에 의한 요인으로 해석 | 커피 맛 (GOOD ↑ BAD) 필리핀산(하락), 콜롬비아산(평탄) 온도60℃ → 온도90℃ | 필리핀산 커피는 물의 온도가 낮으면 커피 맛이 우수하다. |

# 2. 고품 해결 3요소

## 2.3 요인발견은 집단지성을 활용하면 효율적이다

고품이 발생하면 어떠한 요인으로 인해 고품이 발생했는지 핵심(Vital few)요인을 찾게 된다. 이를 위하여 고품 현상을 기준으로 영향요인을 나열하고 주요요인후보를 선정하여 이에 대한 조사를 통하여 주요요인을 규명해야 한다. 만일 주요요인을 규명하는 과정에 의미 없는 요인으로 핵심요인을 규명하게 된다면, 고품해결은 요원하게 된다. 그러므로 어떠한 요인으로 조사를 진행해야 할지 영향요인을 나열하고 주요요인후보를 선정하는 과정은 매우 중요한 내용이라고 말할 수 있다. 이를 위하여 주변의 많은 사람의 지혜를 활용하는 방법을 권한다. 이를 간략히 집단지성을 이용한다고 할 수 있다. 즉 집단지성의 힘을 이용하여 사내 여러 부서원들과 함께 의견을 수렴하기 위하여 <브레인 스토밍> 또는 <브레인 라이팅> 방법을 권한다.(브레인 스토밍 및 브레인 라이팅 방법은 뒤의 <알아두면 좋은 Tip>참조) 그리고 집단지성의 힘을 효율적으로 활용하기 위하여 고품의 현상을 공유하면서 영향요인을 발견하고 이로부터 주요요인후보를 선정하는 4단계를 아래 그림에 나타내었다.

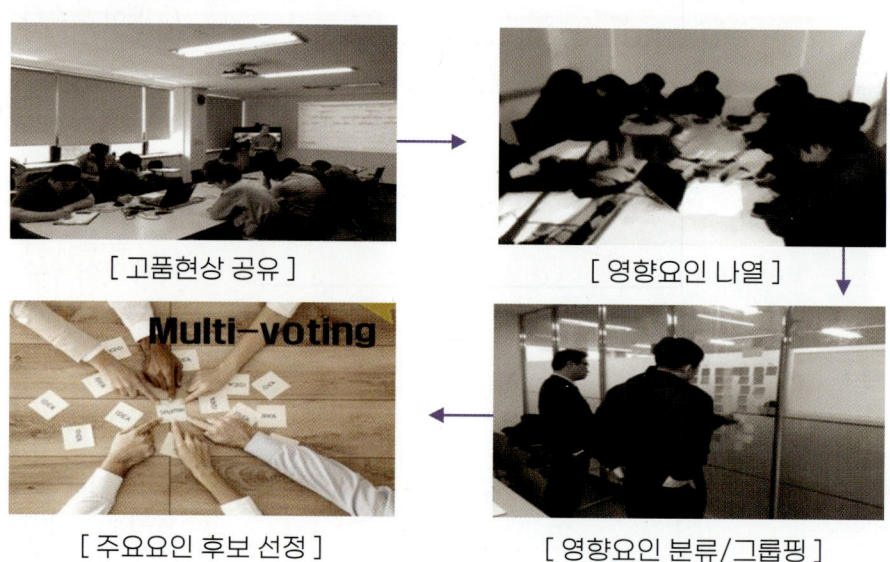

그림1.11 주요요인후보 선정 순서

[고품현상 공유] → [영향요인 나열] → [영향요인 분류/그룹핑] → [주요요인 후보 선정] Multi-voting

마치 고기를 잡기 위해 넓은 호수에서 어디로 가면 원하는 고기가 있을지 소수의 인원으로 결정하기 보다는 다수의 다양한 경험을 이용하여 결정하는 것이 효율적이라고 볼 수 있다.

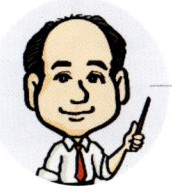

집단지성을 효율적으로 전개하기 위하여 고품의 현상을 구체적으로 제시하여 고품발생요인에 대하여 의견을 나누면 관련자의 참여도 및 집중도를 높여주어 영향요인 발견이 용이해집니다.

**그림1.12 집단지성을 위한 고품 현상 예시**

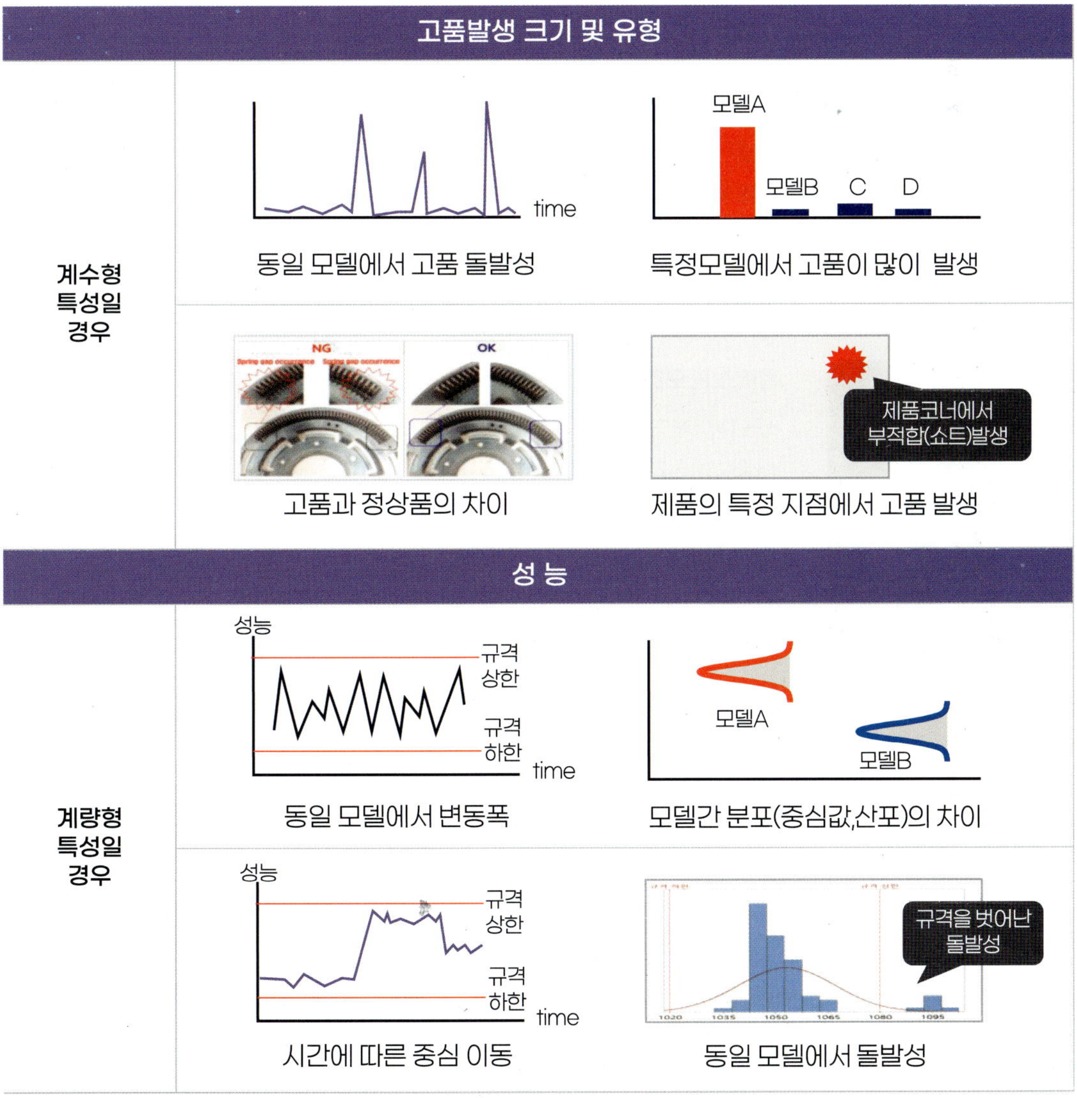
고품발생 크기 및 유형
계수형 특성일 경우
time
동일 모델에서 고품 돌발성
모델A
모델B
C
D
특정모델에서 고품이 많이 발생
NG
OK
고품과 정상품의 차이
제품코너에서 부적합(쇼트)발생
제품의 특정 지점에서 고품 발생
성 능
계량형 특성일 경우
성능
규격 상한
규격 하한
time
동일 모델에서 변동폭
모델A
모델B
모델간 분포(중심값,산포)의 차이
성능
규격 상한
규격 하한
time
시간에 따른 중심 이동
규격을 벗어난 돌발성
동일 모델에서 돌발성

# 알아두면 좋은 Tip

## > 브레인 스토밍(Brain storming)이란

브레인 스토밍은 미국 광고 회사 부사장이던 알렉스 오스본(Alex Faickney Osborn)이 개발한 기법으로 '두뇌폭풍' 이라고 하는 창의적인 아이디어 창출이 목표이다. 이 기법의 핵심은 아이디어의 발상 및 창작 과정에서 '좋다' 혹은 '나쁘다' 같은 판단이 아닌 최대한 많은 아이디어를 얻는 것을 말한다.

### 브레인스토밍의 4원칙
- 첫째, 아이디어 비판 금지
- 둘째, 자유로운 발표
- 셋째, 다량의 아이디어 창출
- 넷째, 아이디어의 확장

### 알렉스 F. 오즈번 (Alex F. Osborn)

두뇌에 폭풍이 일 정도로 떠오르는 생각을 거침없이 표현하는 아이디어 발상법을 브레인 스토밍이라고 한다.

일상적인 사고 기법이 아니라 거침없이 자유롭게 생각하도록 격려함으로써 다양하고 우수한 아이디어를 짧은 시간안에 얻는 방법으로 알려져 있다.

PART 01

# 알아두면 좋은 Tip

## > 브레인 라이팅(Brain writing)이란

브레인 라이팅은 독일 프랑크푸르트 바텔 연구소 과학자들이 창시하였으며, 조용히 글로 자기 아이디어를 기록하여 제출하는 방법으로 포스트잇을 활용하거나 또는 종이위에 아이디어를 기록한다. 이 방법은 아이디어가 침체되거나 또는 소극적인 분위기에서 활용하기에 유용한 방법이다.

### 1) 포스트잇을 이용한 브레인 라이팅

기본적으로 브레인 스토밍 규칙하에 참여한 인원들이 포스트잇에 아이디어를 작성하여 모으는 방법으로, 한 장의 포스트잇에 하나의 아이디어를 작성하면서 개인별로 총 5~6장씩 작성하여 이를 모으고 그룹핑하여 아이디어를 보완하고 발전시켜가는 방법이다.

그림1.13 아이디어 모으기 예시 및 양식

| 6-3-5 브레인라이팅 양식 | | | | |
|---|---|---|---|---|
| no | 아이디어1 | 아이디어2 | 아이디어3 | 이름 |
| 1 | | | | |
| 2 | | | | |
| 5 | | | | |
| 6 | | | | |

포스트 잇을 이용한 아이디어 모으기

### 2) 6-3-5 브레인 라이팅

소규모 그룹에 적합한 방법으로 6명의 구성원들이 3개의 아이디어를 5분내에 도출하여 종이(위 양식 참조)에 기록하고, 이를 옆사람에게 돌리고 이를 받은 옆사람은 다시 새로운 아이디어를 도출하여 총 6회의 반복을 통하여 30분 동안에 100여개의 아이디어를 만들어내는 방법이다. 새로운 아이디어를 도출하는 과정에 필요시 다른 사람의 아이디어를 조합하면서 변형해도 좋다.

# 알아두면 좋은 Tip

## > 집단지성 활용 의미

고품해결을 위하여 영향요인을 정리할 경우에 핵심요인을 빠뜨리고 원인정리를 전개 할 경우에 주요요인을 규명하는 것은 의미가 없다. 이러한 오류를 최소화하기 위하여 가능하면 다수의 의견을 모으는 것이 바람직하다.

아래의 그림처럼 구슬이 들어 있는 주머니에서 빨간 구슬을 꺼내야 한다고 했을 때 왼쪽 그림처럼 주머니 안에 빨간 구슬이 없을 경우 또는 빨간 구슬이 충분하지 않을 경우에는 주머니에서 구슬을 꺼내는 행동이 의미가 없을 수 있다. 오른쪽 그림처럼 주머니 안에 빨간 구슬이 충분히 있을 경우에 구슬을 꺼내는 행동이 의미가 있다.

**그림1.14 구슬 주머니 크기에 다른 요인 위치**

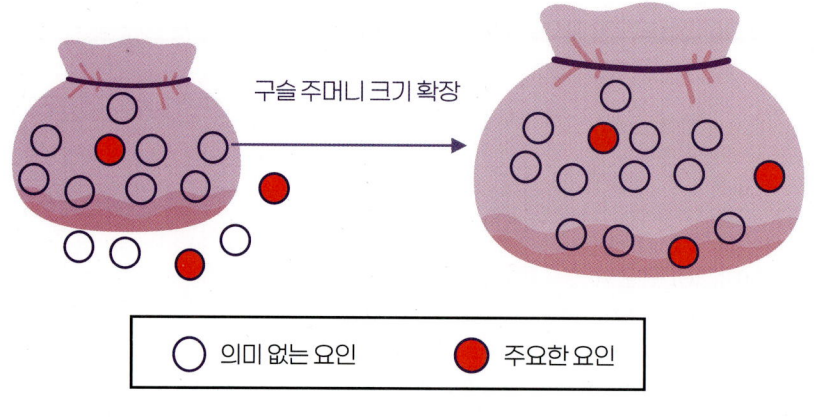

그러므로 원하는 빨간 구슬을 얻기 위해서는 오른쪽 그림처럼 주머니의 크기를 확장하는 것이 필요하다. 주머니의 크기를 확장하는 방법은 다수의 의견을 활용하여 많은 요인을 나열하는 집단지성의 힘이다.

## 3. 고품발생 예방을 위하여

고품발생 예방은 품질예방차원에서 많이 알려져 있는 일반적인 품질관리의 기본적인 내용으로 설계단계에서의 설계최적화 및 강건설계를 추구 하는 것과 제조단계에서의 공정인풋요소인 4M에 대한 변동을 최소화 하는 것이다. 이러한 기본적인 내용은 많은 기업들이 준비하고 실행하고 있는 요소에 해당된다. 하지만 이외에 검토해야 할 영역을 추가로 강조하고 싶다.

고품발생 예방을 위한 첫 번째는 기본적인 품질관리이다. 이는 설계최적화 및 강건설계를 의미하고 제조공정 4M 변동을 최소화하는 단계를 의미한다. 두 번째는 최종검사 시스템 오류이다. 이는 최종검사에서 검출력 오류로 인하여 불량품이 고객에게 유출될 수 있기 때문에 최종검사에 대한 검출능력에 대한 평가를 통하여 1종 오류(양품을 불량품으로 판단하는 과오)와 2종 오류(불량품을 양품으로 판단하는 과오)를 주기적으로 평가하여 2종 오류는 제로가 되도록 관리활동이 요구된다. 2종 오류의 크기는 곧 바로 고객불량발생과 직결되는 오류이기 때문에 더욱 철저하게 관리해주어야 한다.

그림1.15 고품발생 예방 대응책

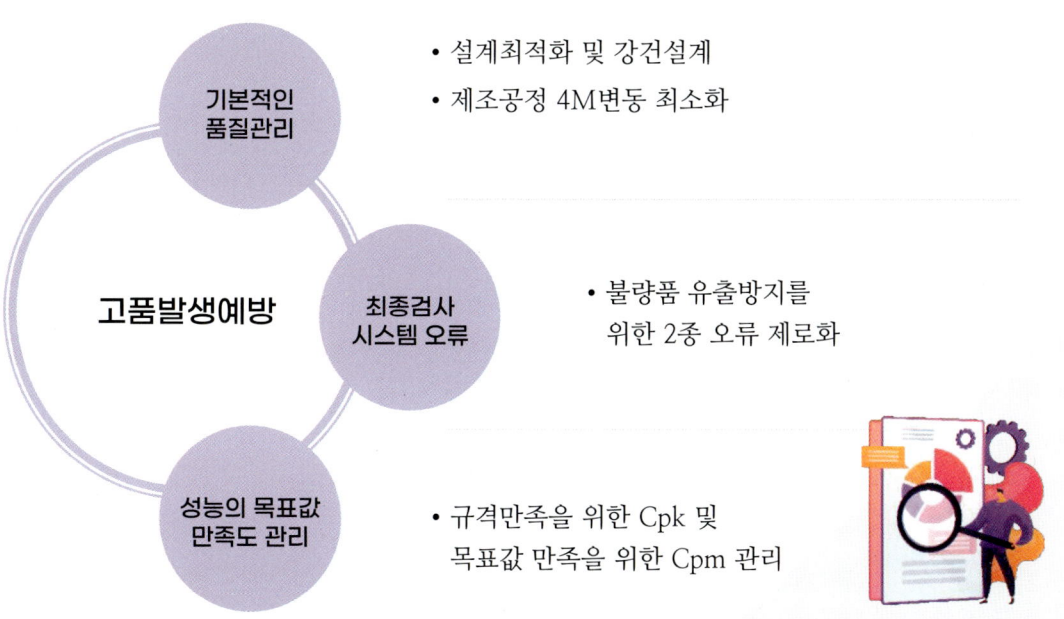

세 번째는 제품의 주요성능에 대하여 규격만족도와 설계목표값 만족도를 확보해주어야 한다는 것이다. 이를 위하여 공정능력지수인 Cpk와 Cpm을 관리하여 이들의 값이 1.67이상이 되도록 관리하면서 필요시 개선을 실행해 주어야 한다. (Cpk와 Cpm은 본 도서 〈제5장- 3.허용공차분석〉의 〈알아두면 좋은 Tip〉에서 설명)

최종검사시스템에 대한 오류를 주기적으로 평가하여 2종 오류를 제로화 해주어야 합니다. 2종 오류의 크기는 바로 고객 크레임에 해당되기 때문입니다. 평가 절차 및 예시는 다음페이지 그림을 참조하면 도움이 되리라 봅니다.

### 그림1.16 최종검사 시스템의 오류 평가 절차 및 결과 예시

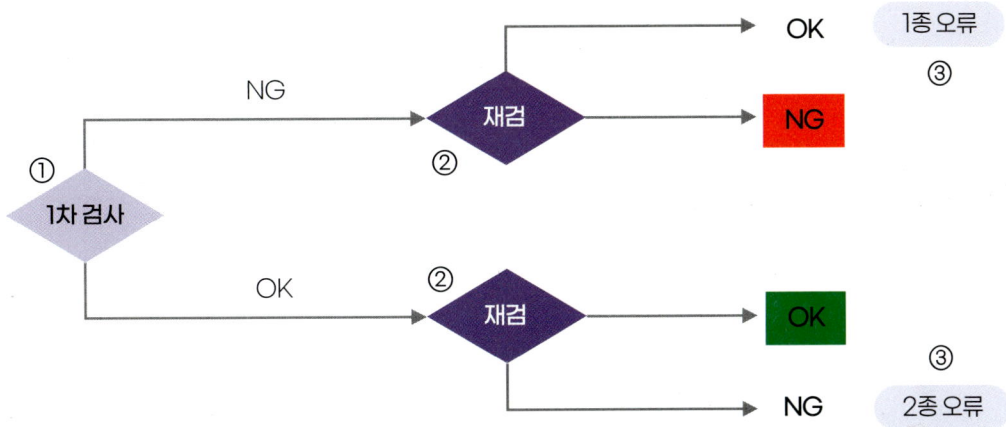

검사지그가 상이한 대표모델(2~3항목)을 선정하여 모델별 시료 25~35개를 선정하여 검사를 진행한다
① 시료에 대하여 1차 검사를 통하여 적합품(OK), 부적합품(NG)을 구분한다.
② 1차 검사한 제품에 대하여 다시 재검사를 진행하여 OK, NG로 구분한다.
③ 구분한 OK, NG제품을 기준으로 1종, 2종 오류를 산출한다.
　(참고로, 1종 오류를 알파오류, 2종 오류를 베타오류 라고도 한다.)
　- 1종 오류 기준 : 1차 검사에서 NG제품이 재검사에서 OK일 경우
　- 2종 오류 기준 : 1차 검사에서 OK제품이 재검사에서 NG일 경우

▼ 평가결과 예시

| 1종 오류 평가 | | | |
|---|---|---|---|
| 1차 검사에서 NG평가 제품 | | | |
| 모델 | 검사 수량 | 재검사 OK수량 | 알파 오류(%) |
| A | 30 | 5 | 17% |
| B | 32 | 7 | 22% |
| C | 35 | 3 | 9% |
| 종합 | 97 | 15 | 15% |

| 2종 오류 평가 | | | |
|---|---|---|---|
| 1차 검사에서 OK평가 제품 | | | |
| 모델 | 검사 수량 | 재검사 NG수량 | 베타 오류(%) |
| A | 22 | 3 | 14% |
| B | 24 | 2 | 8% |
| C | 33 | 0 | 0% |
| 종합 | 79 | 5 | 6% |

## 고품 해결 단계가 과연??

이제 고품의 의미를 조금 알 수 있을 것 같습니다.

이론적인 내용이나 사례로 이해를 하게 되었습니다. 다만 정말로 고품 요소와 함께 현장에서 직접 해결할 수 있는 방안이 있을까요?

이론과 실무는 다소 차이가 있을 수 있으니까요!!

제가 해본 경험으로는 가능합니다.

지금부터 고품을 해결할 수 있는 단계들을 알려주도록 하겠습니다.
고품 해결 단계는 PAS로 볼 수 있습니다.
다음 장에서는 해결 단계를 더 자세히 살펴보도록 하지요.

네, 쉽지는 않겠지만 다시 도전해보도록 하겠습니다.

# 제 2 장 고품해결 전개 STEP

1. PAS전개 STEP
    1.1 PAS개념
    1.2 PAS전개 STEP

2. FTA작성 순서
    2.1 FTA의미 및 작성 순서
    2.2 PAS단계의 FTA작성

3. PAS단계별 활용수법 개요

## 고질적인 품질문제해결 전개는..

제1장에서 고질적인 품질문제와 만성적인 품질문제를 비교했었습니다. 그 때, 고질적인 품질문제는 고객에게 관심을 주는 품질요소라고 하셨습니다.

이를 해결하기 위하여 고품해결 핵심요소를 언급해 주셨습니다. 이들을 어떻게 전개하면 효율적일지 다소 어려워 보입니다.

어려운 방법이 아닙니다.
예를 들어, 컴퓨터로 작업을 하는데 계속 허리가 아픕니다.
그렇다면 여러분들은 어떻게 하시나요?

일단 과연 내가 잠깐 아픈 것인지, 계속 아픈 것인지를 봐야하고, 정말 허리의 문제인지 아니면 목이 아픈데 허리가 아픈 것인지 등으로 문제를 명확히 파악해야 합니다. 그리고 나서 어떻게 하지요?

병원을 가거나, 아니면 운동을 하거나 여러가지 해결방안들을 모색해 볼 것 같습니다.

맞습니다. 정확한 병명을 파악한 후에 거기에 맞는 인과관계를 분석한 후에 내가 개선해야 될 부분을 찾아야겠지요.
그리고 지속적으로 약을 먹거나 운동을 함으로써 문제를 해결해야 합니다. 이러한 과정을 고질적인 품질문제해결활동과 연계해서 정리하면, PAS단계로 전개하라고 언급해드리고 싶습니다.

그리고 필요에 따라 FTA(Fault Tree Analysis)를 PAS단계와 병행해서 원인과 결과를 나타내는 트리구조로 나태내도 좋습니다.
자~ 이제부터 PAS전개 단계를 자세히 살펴봅시다.

# 1. PAS전개 STEP
## 1.1 PAS개념

PAS는 Problem→Analysis→Solution을 의미한다. 즉, 고품해결활동을 효율적으로 전개하기 위한 방법으로 3단계를 제시하였다. 하지만 과제의 상황에 따라 필요한 단계만 전개해도 된다.

고품해결을 위하여 Problem단계에서는 고품현상중심으로 문제점을 정의합니다. Analysis단계에서는 영향요인을 나열하여 주요요인을 규명하게 됩니다. 그리고 Solution단계에서는 주요요인에 대한 개선을 실행하고 개선효과를 확인하여 개선에 따른 표준화 및 유지관리를 실행하게 됩니다.

고품을 발생시키는 원인 영역은 설계영역과 제조영역의 4M((man, machine, material, method)요소로 범위가 매우 넓습니다. 그러므로 Problem단계에서 고품현상의 문제점을 정리해주면, 원인영역 폭을 좁혀서 집중하여 원인규명을 효율적으로 전개할 수 있습니다. 즉, Why의 영역은 매우 광범위하기 때문에 문제의 현상을 확인하여 관련되는 원인영역을 찾아내어 그 영역에 집중하여 근본원인을 효율적으로 규명하는 것이 중요합니다.

이러한 과정을 PAS단계로 구분하였습니다.

# 1. PAS전개 STEP
## 1.2 PAS전개 STEP

　PAS개념을 좀 더 자세하게 단계별로 전개해보면, 1단계인 Problem에서 고품현상을 제시하게 된다. 예를 들면 BoB와 WoW의 차이점은 무엇인지, 또는 고품 성능의 분포를 통하여 고품현상이 중심형 문제인지 아니면 산포형 문제인지를 나타내는 것이다. 2단계인 Analysis에서 고품현상을 기준으로 영향요인을 도출하게 된다. 영향요인영역은 설계영역과 제조영역의 4M으로 구분할 수 있게 된다. 영향요인도출을 위하여 관련되는 많은 사람의 의견을 종합한 후, 이를 기준으로 주요요인후보를 선정한다. 선정된 주요요인후보에 대하여 고품발생 인과관계를 실시하여 최종적으로 주요요인을 결정하게 된다. 3단계인 Solution에서 주요요인에 대한 해결책을 실행하게 된다. 주요요인에 대한 해결책은 개선실행 및 유지관리까지 포함시킬 수 있다.

### 그림2.1 PAS전개 단계별 개요

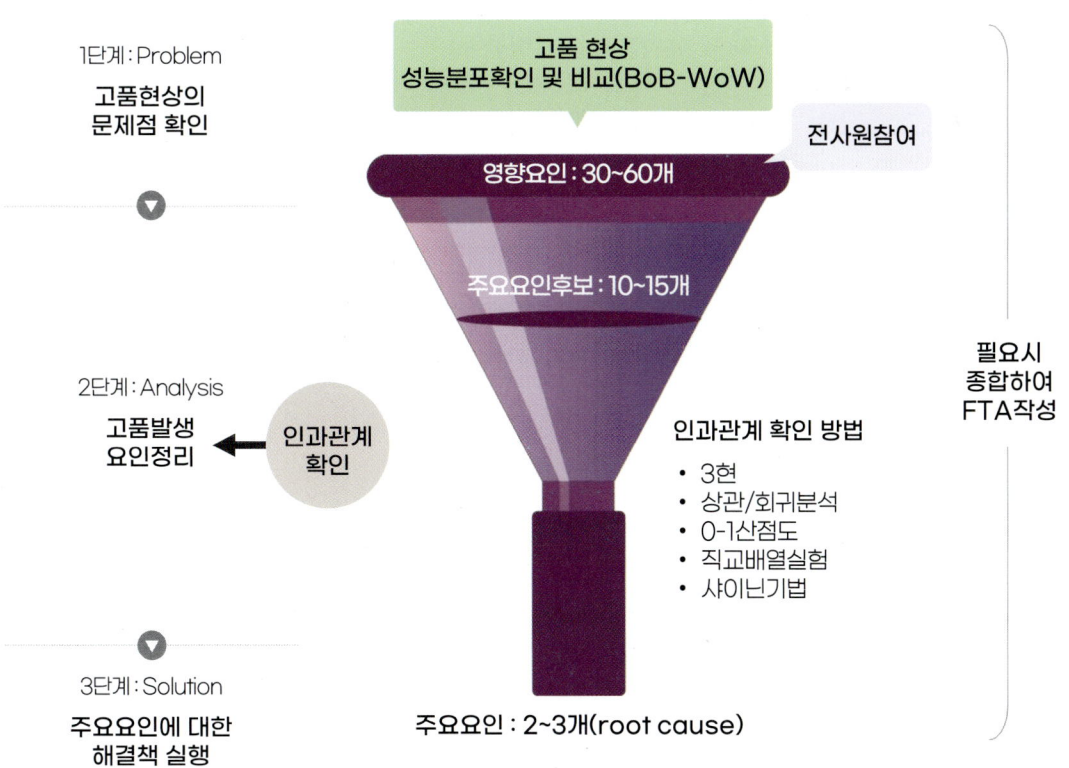

고품해결을 위한 PAS전개 단계별로 세부 내용은 아래와 같다.

**Problem단계**
① 고품관련 데이터를 수집하여 고품유형을 정리한다.
② 성능에 대한 분포를 파악하여 고품발생 문제점이 중심형인지, 산포형인지 파악한다.
③ 필요에 따라 BoB와 WoW를 비교하여 차이점을 확인한다.

**Analysis단계**
① 고품현상을 기준으로 영향요인을 나열한다. 필요시 제조공정도 및 FMEA자료를 활용한다.
② 영향요인에 대하여 중요도를 평가하여 주요요인 후보를 선정한다.
③ 주요요인 후보에 대하여 고품발생 인과관계를 확인하여 주요요인을 결정한다.

**Solution단계**
① 주요요인에 대한 대책을 실행한다.
② 대책에 따른 고품발생 유효성을 확인한다.
③ 주요요인에 대한 표준화 및 유지관리를 실행한다.

**표2.1 PAS전개 단계별 활용 수법**

| 단계 | 활용수법 | 비고 |
|---|---|---|
| Problem | 층별<br>상자그림 | 필요시<br>FTA 작성 |
| Analysis | 브레인스토밍<br>브레인라이팅<br>3현<br>상관/회귀분석<br>0-1산점도<br>직교배열실험<br>샤이닝기법 | |
| Solution | 허용공차분석<br>Pre-control chart | |

## 2. FTA작성 순서
### 2.1 FTA의미 및 작성 순서

　FTA(Fault Tree Analysis)란 고장나무분석으로 시스템 레벨에서의 바람직 하지 못한 사상(event,사건)을 야기하는 원인을 연역적인 순서로 전개해가는 방법이다. 이는 신뢰성문제를 전개하는 과정에 사용하는 중요한 수법으로 신제품 개발과정 또는 신뢰성 문제발생시 이의 해결과정에 활용하게 된다. 고품 해결과정에서의 FTA활용은 순서적으로 해결활동을 전개함과 동시에 근본원인을 트리구조로 전개하면서 인과관계를 규명하는 과정에 OR(독립적인)성질 요인과 AND(조합에 의한)성질 요인을 구분하여 근본원인을 나타내기 위함이다. 즉 고품해결 큰 축인 PAS단계에서 인과관계를 트리구조인 FTA방법을 접목하였다. 이러한 방법은 고품해결 과정을 간략히 나타내면서 원인과 결과에 대한 인과관계를 단순하게 표현하기 위함이다.

　시스템의 최상위의 바람직하지 않은 사고(UE : Undesirable Event)를 정상사상(top event)이라고 하는데 이는 고객이 인지할 수 있는 불량으로 시스템의 최상위에 해당 된다. 정상사상을 기준으로 하위단계의 사상을 중간사상(middle event)이라고 하며 이는 몇 가지 원인으로 인하여 발생하는 바람직하지 않은 사상을 말한다. 이해를 돕고자 자동차나 TV에 대하여 정상사상, 중간사상 그리고 기본사상을 기준으로 Fault Tree를 전개한 예시는 아래 그림과 같다.

**그림2.2 FTA전개 개념**

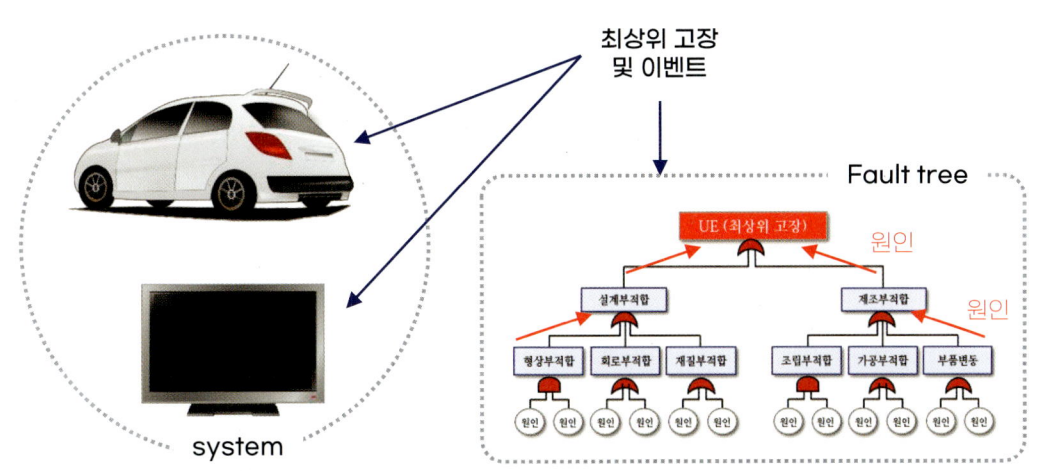

갑자기 정상사상, 중간사상, 기본사상 용어가 너무 복잡해요!!

그리고 기본사상(basic event)은 더 이상 전개되지 않는 가장 낮은 수준의 사상으로 가장 하위에 해당하는 요인이며, 설계변수 및 제조4M요인을 말한다. 이들 정상, 중간, 기본사상을 연결해주는 게이트는 OR, AND의 두 가지 종류를 활용한다.

게이트는 사상(원인과 결과)들간의 관계를 나타내는 기호로, OR게이트는 독립적인으로 영향을 주는 관계, AND게이트는 조합으로 영향을 주는 관계를 의미합니다.

기본적으로 정상사상과 중간사상은 원인과 결과를 트리모양으로 전개하면서 사각형으로 표시한다. 중간사상은 상황에 따라 그 다음 하위 중간사상으로 전개할 수 있으며, 중간사상을 유발시키는 다양한 원인은 설계, 부품, 제조조건 또는 사용환경 등으로 맨 하위단계가 될 수 있으며, 이들을 기본사상(basic event)이라고 하여 원으로 표시한다.

그리고 최종 개선대상은 기본사상이며 이의 개선을 통하여 정상사상이 해결된다. 또는 이들 사상 간의 관계를 게이트로 나타내면서 OR게이트와 AND게이트로 구분하여 기본사상이 발생할 확률이 파악되면 정상사상이 발생할 확률을 수식적으로 산출할 수 있어 문제되는 원인과 결과 간에 대한 개선정도를 정량적으로 파악할 수 있으며, 필요시 진행한다.

여기에서 OR게이트 의미는 하위사상들이 독립적으로 발생할 경우에 상위사상이 발생하는 성질인 경우를 의미하며 사상간의 게이트는 초생달모양으로 표시한다. 그리고 AND게이트 의미는 하위사상들이 동시에 조합조건에 의하여 발생할 경우에 상위사상이 발생하는 성질인 경우를 의미하며 사상간의 게이트는 반달모양으로 표시한다.

그림2.3 FTA전개 예시 및 기호표시

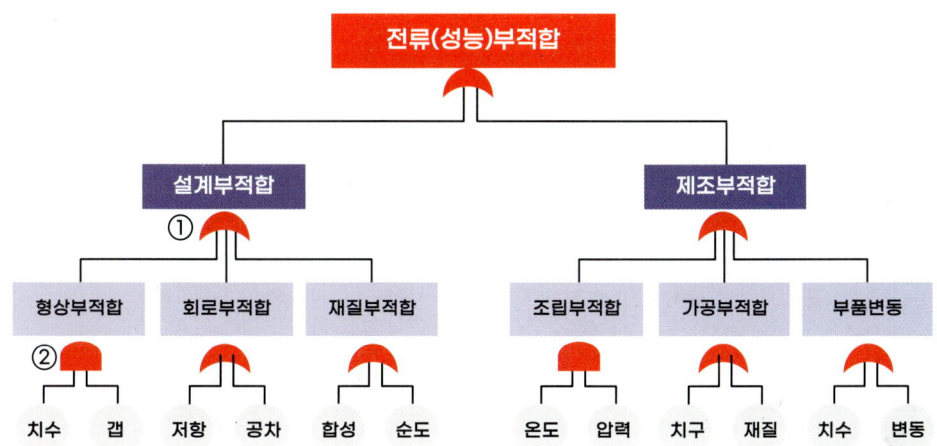

**번호 ①의 OR게이트 의미**
설계부적합은 형상부적합 또는 회로부적합 또는 재질부적합인 일어난 경우에 발생한다.

**번호 ②의 AND게이트 의미**
형상부적합은 치수와 갭에 대한 특정조건의 조합인 경우에 발생한다.

| NO | 기호 | 명칭 | 의미 |
|---|---|---|---|
| 1 |  | 정상사상 | 고품 관련되는 불량 |
|  |  | 중간사항 | 요인을 구분하여 그룹핑 해주는 내용 |
| 2 |  | 기본사상 | 개선대상이 되는 주요요인 후보 및 주요요인 |
| 3 |  | OR게이트 | 입력중 하나만 발생하여도 출력 발생 |
| 4 |  | AND게이트 | 입력이 동시에 발생할 때 출력 발생 |

고품해결활동 단계를 PAS로 구분하는 과정에 FTA를 작성하여 활동과정의 핵심을 나타낼 수 있으며, 고품 발생에 영향을 주는 요인관계를 순차적으로 작성하기때문에 전사차원의 의사소통이 수월해지면서 자연스럽게 팀간 협업을 전개할 수 있습니다.

**그림2.4 고품해결 단계에서 FTA작성 절차**

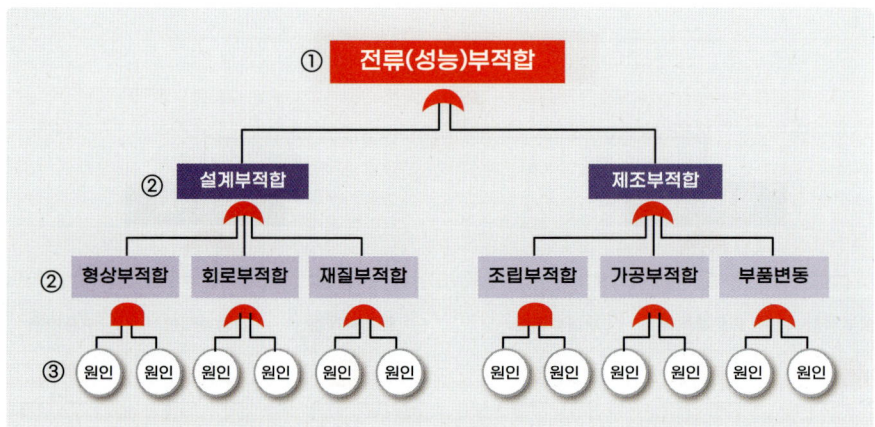

**순서1** : 각 사상들을 정리한다.
① 정상사상은 고품에 관련되는 성능 또는 불량명으로 한다.

② 중간사상은 요인을 그룹핑하여 구분하는 부적합 내용으로 한다.
  예를 들면, '설계 부적합' '제조부적합' 'OO부적합'등이 될 수 있으며,
  고품 상황에 따라 요인을 구분하는 용어로 나타낼 수 있다.

③ 기본사상은 개선의 대상이 되는 주요요인후보로 한다. 주요요인후보는 영향요인에서
  선정되며, 최종적으로 주요요인으로 결정되어 해결책을 전개하게 된다.
  예를 들면, 치수, 갭, 재질, 온도, 압력, 예열순서 등이 될 수 있다.

**순서2** : 각 사상들을 트리구조로 연결하여 게이트와 함께 나타내어 작성한다.
각 사상간에 게이트 표시를 하여 트리모양으로 작성한다. 게이트는 OR 와 AND가 있으며, 초기에는 OR게이트로 나타낸 후, 원인 분석하면서 요인의 조합에 의한 영향인 경우에 AND로 수정해주면 된다.

**순서3** : 필요시 기본사상이 발생할 확률을 파악할 수 있으면 게이트 성질을 이용하여 정상사상이 발생할 확률을 정량적으로 구할 수 있다. 확률을 구하기 위하여 OR는 더하기로, AND는 곱하기로 확률을 구한다. 자세한 계산방법은 본 장의 〈알아두면 좋은 Tip〉을 참조한다.

## 2. FTA작성 순서
### 2.2 PAS단계의 FTA작성

FTA는 기존의 고품을 해결하기 위한 PAS와 연계하여 정리한다.

고품해결활동 단계를 PAS로 구분하면서 트리구조인 FTA를 작성하여 핵심요인을 공유하고 이들의 개선실행 및 유지관리의 방향성을 제시할 수 있습니다.

하지만, 과제 상황에 따라 FTA작성을 생략해도 됩니다.

그림2.5 PAS단계 및 FTA작성 예시

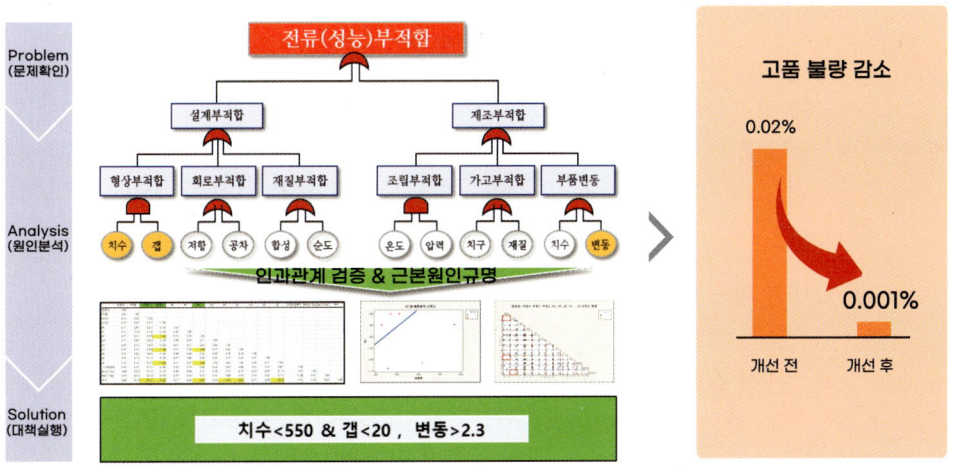

상기 그림은 고품의 결과계를 큰 문제로 하여 영향을 주는 원인계를 작은 문제로 분해하여 주요요인 후보를 정리하고 최종적으로 주요요인을 규명하여 이에 대한 해결책을 제시하는 과정을 단순하게 나타내었으며, 고품발생 인과관계를 한 눈에 볼 수 있도록 하였다. 그리고 인과관계를 논리적으로 나타내어 사실적인 분석 내용을 제시하여 고품해결활동이 마무리 되도록 구성하였다. 사실적인 내용은 고품의 상황에 따라 데이터분석 또는 3현(현장, 현물, 현실)을 통하여 규명이 되어야 하며, 각 단계별 세부내용은 별도로 구분하여 첨부하면 된다.

# 알아두면 좋은 Tip

## > FTA 부적합 확률 계산 예

기본적인 AND게이트 와 OR게이트에 대한 부적합(고장, 불량) 발생 확률 계산 예

- AND gate 예

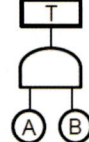

$T = A \times B$

$P(X)$ : Probability of X
$T$ : Top event

$P(T) = P(A \cap B) = P(A) \times P(B)$

- OR gate 예

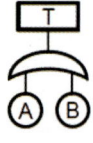

$T = A + B$

$P(T) = A(A \cup B) = P(A) + P(B) - P(A \cap B)$
$\quad\quad\quad = P(A) + P(B) - P(A) \times P(B)$
$\quad\quad\quad = 1 - (1 - P(A))(1 - P(B))$
$\quad\quad\quad \fallingdotseq P(A) + P(B)$

- FTA에 대한 확률 계산 예

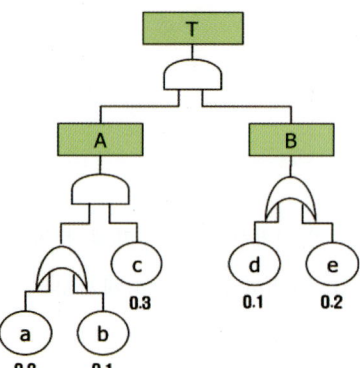

다음 FT(Fault Tree)도에서
시스템의 부적합(고장)확률은 얼마인가?
(단, 각 요인의 부적합은 서로 독립이며,
주어진 수치는 각 요인의 부적합 확률이다.)

$P(T) = P(A \cap B) = P(A) \times P(B)$
$\quad\quad\quad = 0.09 \times 0.3 = 0.027$

$: P(A) = (P(a) + P(b)) \times P(c)$
$\quad\quad\quad = (0.2 + 0.1) \times 0.3 = 0.09$

$: P(B) = P(d) + P(e) = (0.1 + 0.2) = 0.3$

## 3. PAS단계별 활용수법 개요

고품 해결을 효율적으로 전개하기 위하여 PAS단계별로 진행하면서 각 단계별로 필요한 수법을 활용하게 된다. 가능하면 쉽고 간단한 수법중심으로 의미 있는 수법을 정리하였다. Problem단계에서는 문제의 현상을 나타내어 Analysis를 효율적으로 전개하도록 층별과 상자그림을 활용하도록 정리하였다. 그리고 Analysis 및 Solution 단계에서 활용하는 수법은 상황에 따라 Analysis 진행하면서 Solution까지 포함하는 경우가 자주 있다. 즉, 원인을 규명하는 과정에 해결책도 함께 나타나는 경우이다. 그리고 Solution단계에서 주요요인에 대한 허용공차 재설정 및 개선효과에 대한 유지관리를 위하여 Pre-control chart를 제시하였다.

표2.2 PAS단계별 활용수법

| 단계 | 활용수법 | | 언제 활용 | 자료 수집 방법 | |
|---|---|---|---|---|---|
| | | | | 기존자료 이용 | 실험자료 이용 |
| P | 층별 | | 고품 현상 자료 정리 | ○ | |
| | 상자그림 | | 고품분포 비교 | ○ | |
| | 3현 | | 고품현상 확인 | ○ | |
| A & S | 3현 | | 요인의 문제점 확인 개선점 발견 | ○ | |
| | 상관/회귀분석 | | 인과관계 규명 및 최적조건 도출 | | ○ |
| | 0-1산점도 | | | ○ | ○ |
| | 직교배열실험 | | | | |
| | 샤이닌 기법 | 짝비교 | | ○ | |
| | | 부품추적실험 | | | ○ |
| | | 변수추적실험 | | | ○ |
| S | 허용공차분석 | | 주요요인의 공차설정 | ○ | ○ |
| | Pre-control chart | | 유지관리 | | |

# 알아두면 좋은 Tip

> 고품해결을 위한 PAS세부 flow

고품 해결 전개 flow를 나타내었다. 본 flow를 참조하여 고품해결활동을 전개하면서 필요한 부분을 추가 또는 보완하여 기업체 상황에 맞게 전개해도 된다.

**그림2.6 PAS단계 실행 flow**

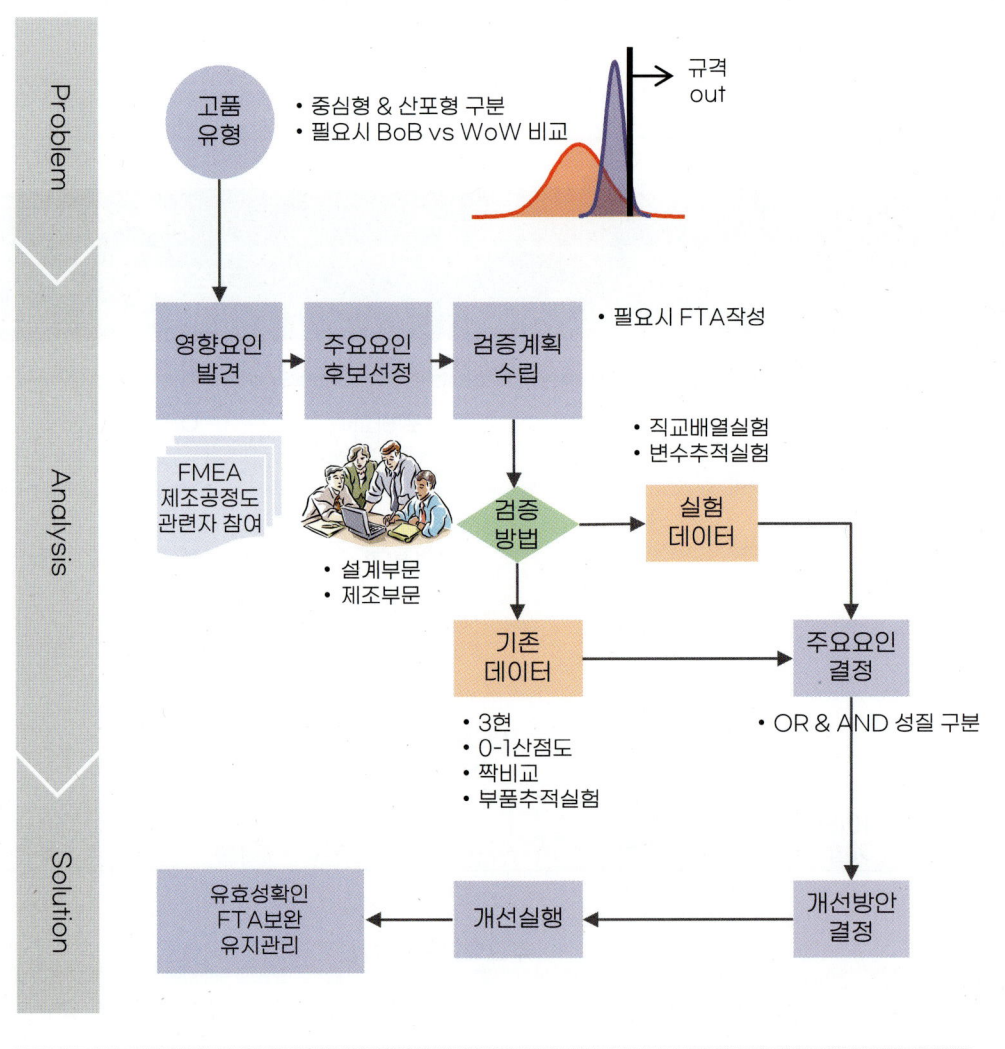

PART 01

# 알아두면 좋은 Tip

## > 고품해결을 위한 데이터 의미

고품을 해결하는 과정에 PAS단계별로 정성적인 또는 정량적인 데이터에 의한 자료 조사 및 분석을 진행하게 된다. 이러한 과정에 정량적인 데이터가 가지고 있는 이점을 크게 3가지로 구분해 보면!.

1) 고품현상의 데이터는 원인분석을 전개하기 위한
  나침반 역할을 해준다.

2) 데이터로 정리하면서 의견을 주고 받으면
  '왜, 3현(현장에 가서 현물을 봐야 할지')을 실행하도록 안내해 준다.

3) 데이터에 의해 도출된 결론은 서로가 확신이 있기 때문에 실행이 빨라진다.

실무 사례가 있는 고질적인 품질문제 해결 방법 | PART 2

실무 사례가 있는 고질적인 품질문제 해결 방법

# 제 3 장

CHAPTER

# Problem단계 활용 수법

1. Problem단계 활용 수법

2. 층별
    2.1 층별 개념 및 절차
    2.2 계수치의 층별 활용사례
    2.3 계량치의 층별 활용사례
    2.4 Xbar-R관리도의 층별 활용사례

3. 상자그림
    3.1 상자그림 개념
    3.2 상자그림 일반적인 사례
    3.3 제품 위치별로 비교한 사례
    3.4 모델간 비교한 사례

4. 3현
    4.1 3현이란
    4.2 3현 활용사례

# Chapter 3

## 과연 우리 회사는??

I사는 제조공정에서 부적합이 대량(28%)으로 발생하여 이를 개선하고자 3개월 동안 자체적으로 TFT활동을 전개하였다.

제품설계조건을 변경하고, 제조공정조건을 변경하면서 다양한 시도를 해보았지만 기대한 만큼의 품질 개선은 한계가 있었다.

이를 해결하고자 TFT활동 내용을 확인하면서 보완이 필요한 3가지의 핵심요소를 발견하였다.

**첫째는** 양품과 불량품의 이원분류로 구분하며 불량 발생 원인을 찾아 가고 있는 것, **둘째는** 불량 발생에 영향을 미치는 원인을 찾는 데 TFT구성원의 의견만 반영해 진행하고 있는 것, **셋째는** 하나의 조건으로 실험하면서 품질수준을 판단하는 시행착오 실험을 진행하고 있다는 것이다.

상기 세 가지 요소를 재정리하여 실행한 결과 대량으로 발생하는 불량은 단기간에 해결되어 불량발생 제로를 달성했다.

아 그렇다면 문제를 인식하기 위해서 '양품과 불량품'의 이원분류 로 구분하면 안된다는 건가요?

네 맞습니다.

품질문제를 인식하기 위해서는 품질현상을 단순히 이원분류인 양품과 불량품으로 구분할 경우에는 품질의 현상을 정확히 파악하는데 한계가 있습니다.

만일 생산한 양품중에 확실한 양품과 겨우 양품이 있을 경우에, 확실한 양품으로만 구성된 제품과, 겨우 양품으로만 구성된 제품은 품질수준이 확연하게 차이가 있게 됩니다. 그러므로 품질수준을 단순히 양, 불량으로 구분하게 되면 정확한 품질수준을 판단하는데 한계가 있습니다.

실무 사례가 있는 고질적인 품질문제 해결 방법

## 과연 우리 회사는??

보통 우리는 양품이나 불량으로 관리를 하는데, 그럼 이 방법이 잘못된 걸까요?

네, 단순 이원분류로 하게 되면 오히려 현재의 품질수준을 정확히 판단하기 어렵습니다. 그렇기 때문에 품질개선활동에서는 바람직하지 않습니다.

단순 이원분류로 평가하는 방법 대신에 불량품에 관련되는 계량특성을 조사하고 분포를 파악하여 이 특성이 중심값이 잘못된 것인지, 산포가 잘못된 것인지를 파악하면 고품 현상에 따른 원인분석을 효율적으로 진행하는 데 도움이 됩니다.

즉 품질수준의 현상에 따라서 불량품을 발생시키는 원인 도출 방향이 결정 됩니다.

그렇군요…
그런데 매번 양, 불량으로만 확인했기 때문에 저 한테는 이 접근방법이 고품해결에 도움이 안 될 수 있었네요.

가능하면 양,불량에 의한 이원분류 관점인 계수형 데이터를 활용하기 보다는 계량형 데이터를 기준으로 고품 현수준을 파악하는 것이 고품해결을 위하여 바람직합니다.

하지만, 기업의 상황에 따라 계수형의 데이터만 존재할 경우도 있기 때문에 계수형 데이터에 대해서는 층별을, 계량형 데이터에 대해서는 층별, 상자그림을 사용하도록 관련 수법을 사례 중심으로 정리하였습니다.

하나씩 살펴보도록 하지요.

PART 02

# 제3장 Problem단계 활용 수법

## 1. Problem단계 활용 수법

고품을 해결하기 위하여 가장 중요한 단계는 문제나 현상을 파악하는 단계인 Problem이라고 말할 수 있다. 왜냐하면 문제인식이나 현상파악을 통해 고품해결 실마리를 발견할 수 있는 정보를 찾을 수 있기 때문이다. 또한 고품해결을 위한 실마리를 발견하여 이를 사용하면 원인분석 방향을 효율적으로 설정할 수 있다.

고품해결을 위한 수법으로는 층별분석, 상자그림이 있다. 이를 언제 사용하고 어떻게 활용되는지 살펴본다면 유의하게 사용할 수 있을 것이다. 타 수법과 달리 고품해결 과제 상황에 따라 Problem단계에서 주로 활용하는 수법의 특징은 〈원인 영역간 비교하면서 차이를 나타내는 방법〉이라는 것이다. 이는 원인 영역간 차이를 통하여 실마리를 발견하기 위함이다.

표3.1 Problem단계 활용 수법

| 활용 수법 | 언제 사용하는가 | 결과물 활용 |
|---|---|---|
| 층별 | 원인 영역별로 고품발생 자료를 비교하여 문제발생 영역 파악 | 원인영역 발견 및 원인분석 방향 |
| 상자그림 | 해당 제품의 성능에 대한 분포를 파악하여 중심 또는 산포이슈를 구분하여 판단 (필요시 BoB와 WoW의 비교 실시) | |

층별분석은 원인 영역별로 고품발생 자료를 비교하여 문제영역을 파악할 때 사용이 된다. 이를 위해 계수치와 계량치로 구분하여 자료를 정리할 수 있으며 막대그래프, 관리도 및 히스토그램을 사용하여 원인간 차이를 발견할 수 있다. 그리고 상자그림은 계량치를 기준으로 작성하여 원인간 중심값 또는 산포의 차이를 발견할 수 있다. 이를 통해 원인 영역 발견 및 분석 방향을 제시할 수 있다.

## 2. 층별

### 2.1 층별 개념 및 절차

층별이란 집단을 구성하고 있는 많은 것을 어떤 특징에 따라 몇 개의 그룹으로 구분하는 것을 말한다. 이를 위하여 수집된 자료를 원인 영역별(작업자, 설비, 원재료, 작업방법, 시간, 환경)로 구분하여 결과계를 정리한다. 예를 들어 수집된 자료를 특정 영역별로 구분하여 정리한 후, 해당 원인 영역에서 결과계의 평균 및 산포의 차이가 발생할 경우에는 해당 영역의 영향성을 조사해야 하며, 차이가 미미할 경우에는 해당 원인 영역의 영향성이 미미하다는 것을 의미하기때문에 해당 영역에 대한 조사가 필요하지 않을 수 있다. 만일 작업자(A, B, C)별로 결과계 자료를 구분하여 정리한 결과 작업자간의 자료에 차이가 없을 경우에는 결과계 자료의 변동이 작업자에 의한 영향이 아니라고 판단할 수 있게 된다. 또는 차이가 있을 경우에는 해당 작업자간의 영향을 파악하기 위하여 작업자간에 행동에 어떠한 차이가 있는지 조사를 하게 되어 개선이 필요한 문제점을 찾을 수 있게 된다.

표3.2 층별 영역

| 구분 | 층별 세부 기준 |
|---|---|
| 작업자(사람) | 숙련도별, 경험 년수별, 연령별, 직무별, 조별, 남녀별 |
| 설비 | 신/구형 설비별. 치공구별, 금형별, 공장별, 각 설비별 |
| 원재료 | 납품업체별, 구입시기별, 구입로트별, 저장 장소별, 기간별 |
| 작업방법 | 작업 조건별, 작업 방법별, 로트별, 측정 방법별, 라인별 |
| 시간 | 오전/오후별, 근무조별, 초/중/종별, 일별, 주간별, 월별, 계절별 |
| 환경 | 기온별, 날씨별, 습도별, 조명의 밝기별, 위치의 원근별 |

층별할 대상이 정해지면 이에 대한 데이터 해당 기간을 설정하여 데이터를 수집한다. 제품의 결과계에 해당하는 데이터는 불량품, 길이, 강도 등으로 계수치 또는 계량치로 구분할 수 있다. 해당기간은 과제에 따라 특정기간(1~3주 또는 1~3개월)로 정할 수 있다.

### 순서1) 해당데이터(결과계)의 전체에 대한 분포를 파악한다.

전체 데이터에 대한 히스토그램을 작성하여 전체에 대한 분포모양 및 중심과 산포를 파악한다. 중심에 대한 정보는 평균으로 산포에 대한 정보는 표준편차(또는 최소값, 최대값)로 한다. 그리고 전체에 대한 데이터 개수는 많을 수록 좋으며 30~100개 정도를 권한다.

### 순서2) 원인영역별로 데이터를 층별한다.

원인 영역은 필요에 따라 작업자별, 설비별, 시간대별, 원재료별, 작업방법별, 시간대별, 환경별로 구분한 데이터를 기준으로 막대그래프, 히스토그램 또는 관리도를 이용하여 각 각에 대하여 분포모양 또는 중심과 산포에 대한 정보를 구한다.

### 순서3) 층별에 대한 결론을 얻는다.

원인 영역별로 층별하여 얻은 품질의 분포를 서로 간에 분포모양, 중심 및 산포를 비교하고, 또 순서1)에서 구한 전체 분포모양, 중심 및 산포와 비교하여 상대적으로 차이가 크게 발생한 영역을 문제영역으로 규명하여 결론을 내린다. 중심과 산포를 눈으로 쉽게 판단할 수 있는 히스토그램을 병행해서 활용해도 좋다. 원인 영역별로 층별을 실시하여 결론을 도출하는 과정에 필요시 추가적으로 두 개의 원인을 조합하여 층별을 진행할 수 있다. (하나의 원인영역을 기준으로 층별하는 방법을 일원적 층별, 두 개의 원인을 조합하여 층별하는 방법을 이원적 층별이라고 한다.)

층별을 통하여 얻게 되는 기대효과는 다음 3가지로 정리할 수 있다.

> ① 데이터 전체로 막연했던 것이 명확 해진다.
> ② 데이터에서 정확하고 유효한 정보를 얻을 수 있다.
> ③ 특성에 대한 원인별로 대책이 용이 해진다.

예를 들어 아래와 같이 A, B 두 설비에서 만들어진 제품의 데이터로 관리도를 작성한 결과 그림과 같이 이상치가 발견되었다. 두 종류의 데이터가 혼합되어 있을 경우 A, B설비 중 어느 쪽에서 불량이 발생하는지 알 수가 없다. 혼합되어 있는 데이터를 따로 분리(층별)하여 관리도를 작성해보면 A설비에서 문제가 되는 이상한 상황이 발생했다는 것을 알 수 있게 된다.

**그림3.1 A, B설비에 대한 관리도의 층별 예시**

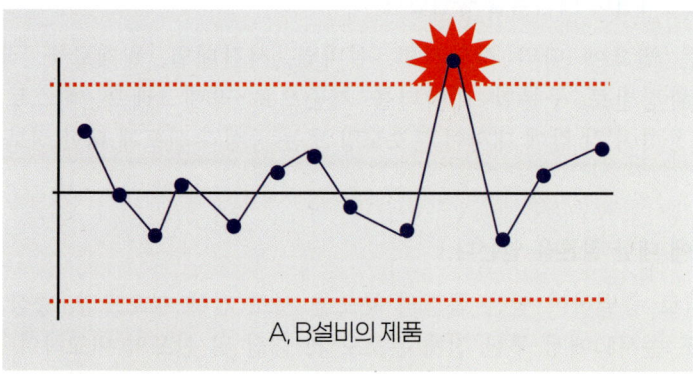

층별실시

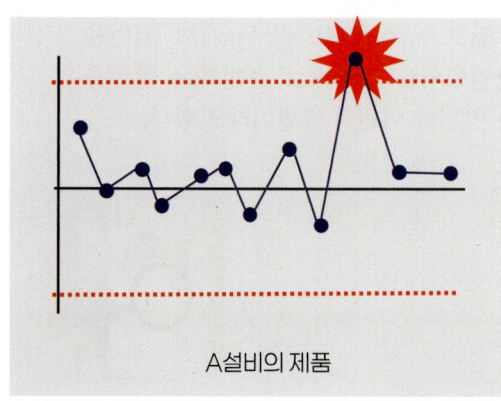
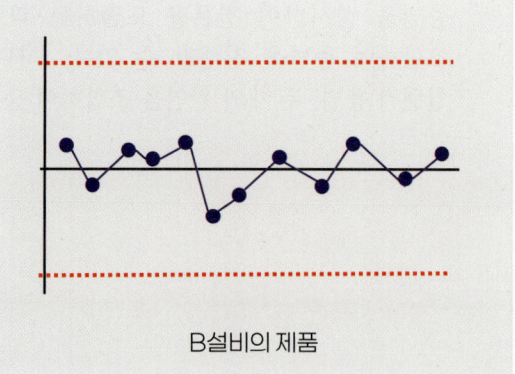

## 2. 층별
### 2.2 계수치의 층별 활용사례

> **상황1)** 사출공정에서 생산하는 제품 500개를 하나의 로트로 하여 각 로트에서 발생한 형상불량을 조사하여 불량에 영향을 주는 문제영역을 찾으려고 한다.

그렇다면 우선 데이터를 수집해야 겠네요.
데이터를 수집해서 전체 데이터에 대한 분포를 파악해야 해요.

네 맞습니다. 그렇다면 로트에서 발생한 형상불량을 조사한다고 했는데 이 때 데이터는 계수형 데이터일까요 아니면 계량형 데이터일까요?

음.. 불량에 대한 개수를 조사해야 되니까 계수형 데이터 분석이 될 것 같아요.

그리고 데이터 수집 후 전체에 대한 분포모양을 파악하면서 층별 영역을 찾아야 돼요.

그래요. 아주 잘하고 있습니다.
현장에 맞는 발생원인 영역을 찾아보면 됩니다.

형상불량 발생원인 영역을 교대반, 원료번호로 구분하여 조사를 하여 이에 대한 문제원인 영역을 찾고자 한다. 이를 위하여 하나의 특정호기에 대하여 형상불량에 대한 3개월 동안의 데이터를 수집하였다.

**EXCEL DATA 3.1**

| \ | 1월 | \ | \ | \ | 2월 | \ | \ | \ | 3월 | \ | \ |
|---|---|---|---|---|---|---|---|---|---|---|---|
| 교대반 | 원료번호 | 불량수량 | 교대반 | 원료번호 | 불량수량 | 교대반 | 원료번호 | 불량수량 | 교대반 | 원료번호 | 불량수량 |
| A | T505 | 5 | B | T505 | 4 | A | S308 | 3 | B | S308 | 2 | B | S308 | 2 | A | M401 | 1 |
| A | T505 | 2 | B | T505 | 5 | A | S308 | 1 | B | S308 | 6 | B | S308 | 3 | A | M401 | 2 |
| A | T505 | 3 | B | T505 | 3 | A | S308 | 2 | B | S308 | 3 | A | S308 | 4 | B | M401 | 3 |
| A | T505 | 2 | B | T505 | 2 | A | S308 | 5 | B | S308 | 5 | A | S308 | 0 | B | M401 | 4 |
| B | T505 | 4 | B | T505 | 1 | B | S308 | 3 | A | S308 | 1 | A | S308 | 3 | B | M401 | 2 |
| B | T505 | 2 | B | T505 | 5 | B | S308 | 2 | A | M401 | 2 | A | S308 | 3 | B | M401 | 4 |
| B | T505 | 1 | B | T505 | 3 | B | S308 | 7 | A | M401 | 1 | B | S308 | 6 | A | M401 | 2 |
| B | T505 | 4 | A | T505 | 3 | B | S308 | 4 | A | M401 | 3 | B | S308 | 5 | B | M401 | 4 |
| A | T505 | 0 | A | T505 | 2 | A | S308 | 1 | B | M401 | 5 | B | S308 | 4 | A | M401 | 0 |
| A | T505 | 3 | A | T505 | 2 | A | S308 | 2 | B | M401 | 2 | B | S308 | 2 | A | M401 | 2 |
| A | T505 | 0 | A | T505 | 1 | A | T505 | 2 | B | M401 | 8 | A | S308 | 2 | B | M401 | 3 |
| A | T505 | 1 | B | T505 | 5 | A | T505 | 3 | B | M401 | 2 | A | S308 | 2 | B | M401 | 5 |
| B | T505 | 2 | B | T505 | 8 | B | T505 | 6 | A | M401 | 4 | A | S308 | 3 | B | M401 | 3 |
| B | T505 | 2 | B | T505 | 3 | B | T505 | 4 | A | M401 | 0 | A | S308 | 2 | B | M401 | 2 |
| B | T505 | 3 | B | T505 | 4 | B | T505 | 1 | A | M401 | 1 | B | S308 | 4 | B | M401 | 2 |
| B | T505 | 5 | A | T505 | 2 | B | T505 | 4 | A | M401 | 0 | B | S308 | 1 | A | M401 | 3 |
| A | T505 | 2 | A | T505 | 2 | A | T505 | 2 | B | M401 | 2 | B | S308 | 2 | A | M401 | 2 |
| A | T505 | 2 | A | T505 | 3 | A | T505 | 4 | B | M401 | 6 | B | S308 | 3 | B | M401 | 4 |
| A | T505 | 1 | A | T505 | 3 | A | T505 | 1 | B | M401 | 5 | A | S308 | 1 | B | M401 | 5 |
| A | T505 | 1 | B | T505 | 4 | A | T505 | 1 | B | M401 | 1 | A | S308 | 1 | B | M401 | 5 |
| B | T505 | 7 | B | S308 | 3 | A | T505 | 3 | A | M401 | 4 | A | S308 | 3 | B | M401 | 3 |
| B | T505 | 0 | B | S308 | 2 | A | T505 | 0 | A | M401 | 0 | A | S308 | 1 | B | M401 | 5 |
| B | T505 | 2 | B | S308 | 4 | A | T505 | 5 | B | M401 | 1 | B | S308 | 2 | A | M401 | 3 |
| B | T505 | 1 | A | S308 | 2 | A | T505 | 3 | B | M401 | 1 | B | S308 | 2 | A | M401 | 2 |
| A | T505 | 2 | A | S308 | 1 | A | T505 | 1 | B | M401 | 3 | B | S308 | 4 | A | M401 | 1 |
| A | T505 | 3 | A | S308 | 2 | B | T505 | 1 | B | M401 | 5 | B | S308 | 5 | A | M401 | 5 |
| A | T505 | 1 | A | S308 | 1 | B | T505 | 4 | B | M401 | 4 | A | S308 | 0 | B | M401 | 2 |
| A | T505 | 2 | A | S308 | 3 | B | T505 | 3 | B | M401 | 3 | A | S308 | 2 | B | M401 | 5 |
| B | T505 | 5 | B | S308 | 3 | B | T505 | 1 | A | M401 | 4 | A | S308 | 1 | B | M401 | 7 |
| B | T505 | 2 | B | S308 | 4 | A | T505 | 0 | A | M401 | 2 | A | S308 | 1 | B | M401 | 4 |
| B | T505 | 1 | B | S308 | 6 | A | S308 | 1 | A | M401 | 0 | B | S308 | 7 | A | M401 | 1 |
| B | T505 | 6 | A | S308 | 6 | A | S308 | 3 | A | M401 | 2 | B | S308 | 5 | A | M401 | 3 |
| A | T505 | 5 | A | S308 | 0 | A | S308 | 5 | B | M401 | 3 | B | S308 | 3 | A | M401 | 0 |
| A | T505 | 1 | A | S308 | 4 | B | S308 | 3 | B | M401 | 1 | B | S308 | 5 | A | M401 | 3 |
| A | T505 | 1 | A | S308 | 2 | B | S308 | 1 | B | M401 | 0 | A | S308 | 2 | B | M401 | 4 |
| A | T505 | 2 | B | S308 | 2 | B | S308 | 2 | B | M401 | 4 | A | S308 | 1 | B | M401 | 1 |
| B | T505 | 0 | B | S308 | 3 | B | S308 | 3 | A | M401 | 1 | A | S308 | 0 | A | M401 | 1 |
| B | T505 | 2 | B | S308 | 3 | A | S308 | 4 | A | M401 | 2 | A | S308 | 2 | A | M401 | 0 |
| B | T505 | 2 | B | S308 | 4 | A | S308 | 4 | A | M401 | 0 | B | S308 | 0 | A | M401 | 2 |
| B | T505 | 1 | A | S308 | 1 | A | S308 | 2 | A | M401 | 0 | B | S308 | 1 | A | M401 | 1 |
| A | T505 | 1 | A | S308 | 1 | A | S308 | 3 | A | M401 | 3 | B | S308 | 5 | B | M401 | 1 |
| A | T505 | 2 | A | S308 | 1 | B | S308 | 4 | A | M401 | 5 | B | S308 | 3 | B | M401 | 3 |
| A | T505 | 3 | A | S308 | 2 | B | S308 | 4 | B | M401 | 4 | A | S308 | 2 | A | M401 | 1 |
| A | T505 | 2 | B | S308 | 6 | B | S308 | 3 | B | M401 | 6 | A | S308 | 2 | A | M401 | 0 |
| B | T505 | 7 | B | S308 | 3 | B | S308 | 5 | B | M401 | 1 | A | S308 | 2 | A | M401 | 3 |

PART 02

데이터를 수집했는데요. 전체에 대한 분포모양을
알아야 된다고 했는데요. 우선 무엇을 하면 될까요?

일반적으로 분포의 모양은 중심과 산포의 경향을
파악하는 것으로 볼 수 있습니다.

우리는 여기서 히스토그램(막대그래프)과 평균이나
표준편차를 이용해서 산포의 경향을 살펴보려고 합니다.

순서1) 해당데이터(형상불량)의 전체에 대한 분포모양을 파악한다.

  3개월 동안의 전체 불량수량에 대한 히스토그램을 작성하여 전체에 대한 분포모양 및 중심과 산포를 파악한다. Minitab을 이용하여 히스토그램을 작성하고자 데이터를 정렬하여 Minitab의 워크시트에 입력 후 히스토그램을 작성하여 분포모양을 확인하고, 평균과 표준편차(또는 최소값, 최대값)를 구하였다.

  - Tool : 그래프 〉 히스토그램-----그래프는 〈단순〉

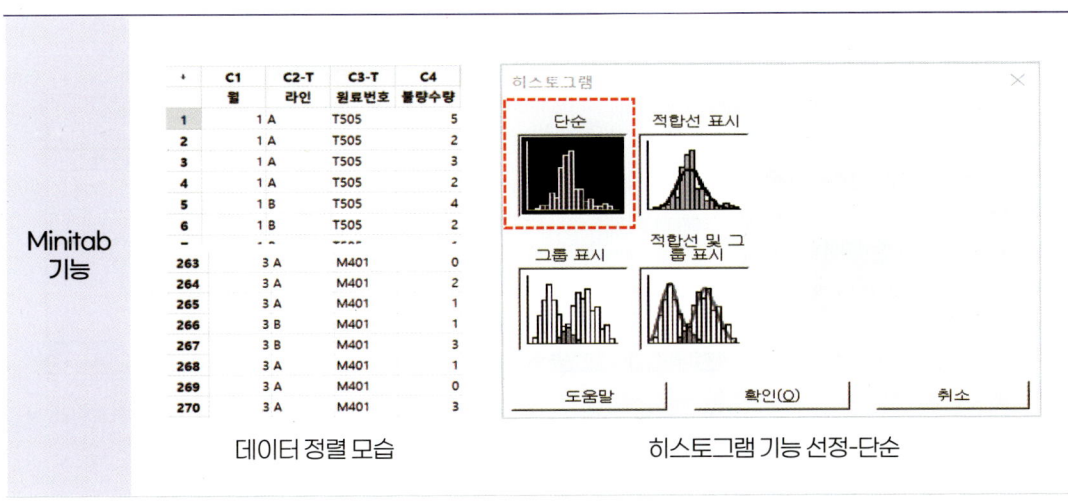

히스토그램을 살펴보면, 평균은 2.7이고, 표준편차는 1.72로 나타났다. 최소값은 0이고 최대값은 8이다. 히스토그램의 분포를 살펴보면, 왼쪽으로 분포가 퍼져 있으며, 계수형 데이터에서 자주 보여주는 분포 현상이다.

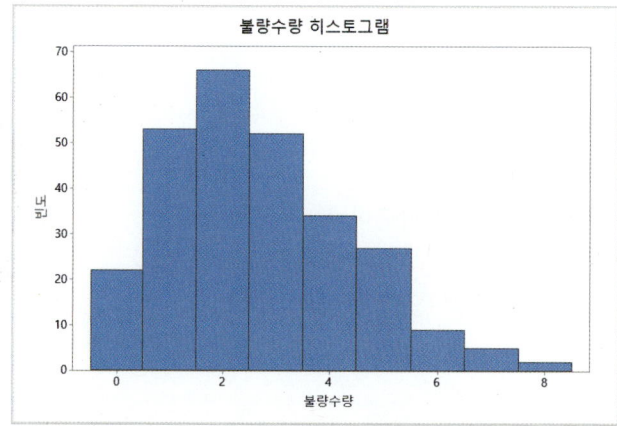

평균 : 2.7
표준편차 : 1.72
최소값 : 0
최대값 : 8

순서2) 원인영역별로 데이터를 층별한다.

층별은 수집된 데이터관련 원인 영역인 월별, 원료번호별, 교대반별로 구분하여 진행하여, 각 각에 대한 분포모양 및 중심 및 산포를 구하여 차이를 비교한다. 차이가 크면 영향이 있고, 차이가 작으면 영향이 작다는 것을 의미하는데, 차이는 상대적인 크기로 영향정도를 판단한다.

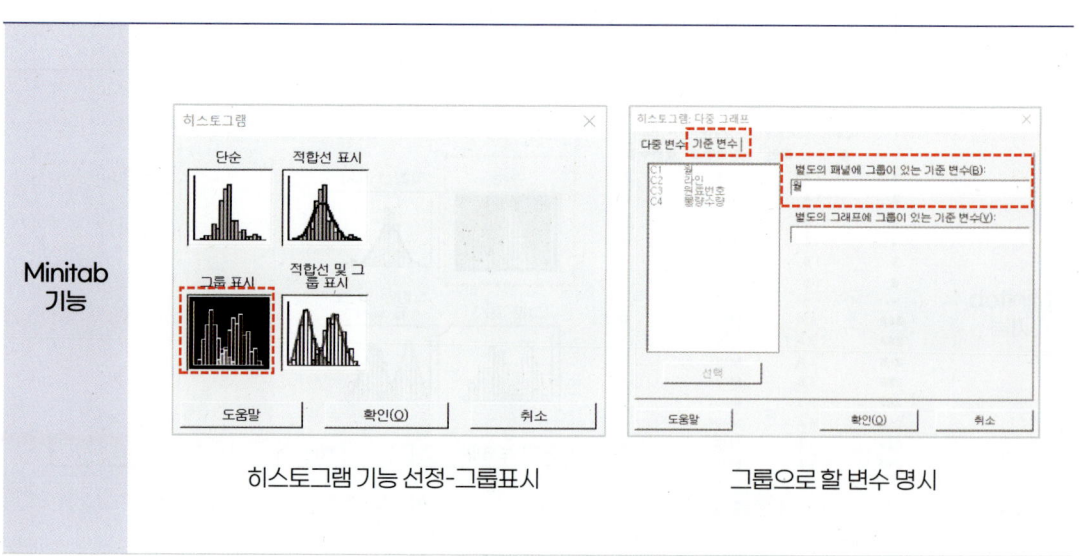

Minitab 기능

히스토그램 기능 선정-그룹표시 | 그룹으로 할 변수 명시

PART 02

- Tool : 그래프 〉 히스토그램-----그래프는 〈그룹표시〉
(1) 월간 차이 비교

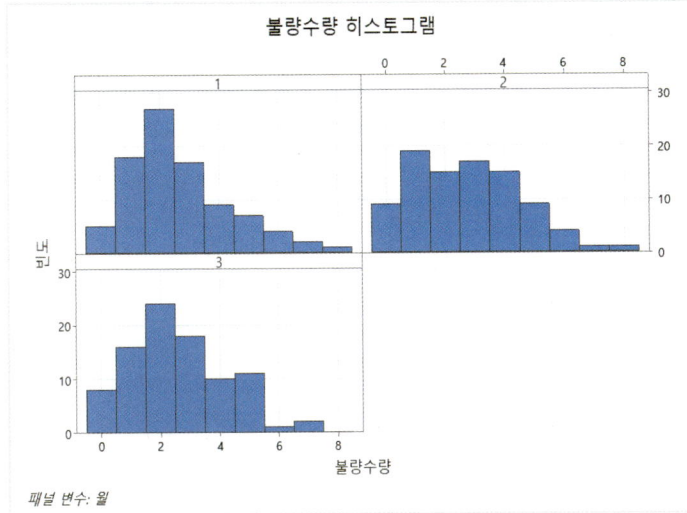

| 월 | 통계량 |
|---|---|
| 1 | 평균 : 2.7<br>표준편차 : 1.72<br>최소값 : 0<br>최대값 : 8 |
| 2 | 평균 : 2.7<br>표준편차 : 1.81<br>최소값 : 0<br>최대값 : 8 |
| 3 | 평균 : 2.6<br>표준편차 : 1.64<br>최소값 : 0<br>최대값 : 7 |

월간 분포 모양이 차이가 있으며, 평균의 차이를 보면 2.6~2.7로 큰 차이를 보여주지 않으며, 또한 표준편차도 1.67~1.81로 큰 차이를 보여주지 않아 월간의 차이로 인한 불량 발생에 대한 영향은 크지 않을 수 있다.

(2) 교대반간 차이 비교

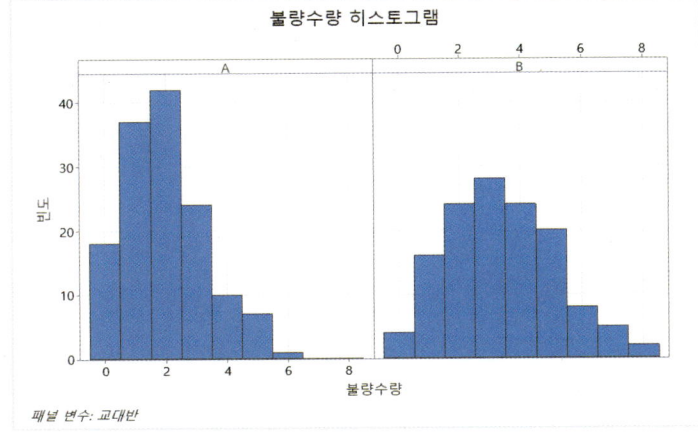

| 교대반 | 통계량 |
|---|---|
| A | 평균 : 2.0<br>표준편차 : 1.35<br>최소값 : 0<br>최대값 : 6 |
| B | 평균 : 3.4<br>표준편차 : 1.78<br>최소값 : 0<br>최대값 : 8 |

교대반간 차이는 분포모양과 평균에서 차이(2.0~3.4)를, 표준편차에서 차이(1.35~1.78)를 보여주고 있으므로 교대반간 차이에 대한 부분은 불량발생에 영향을 주는 요인으로 검토할 수 있다.

(3) 원료번호간 차이 비교

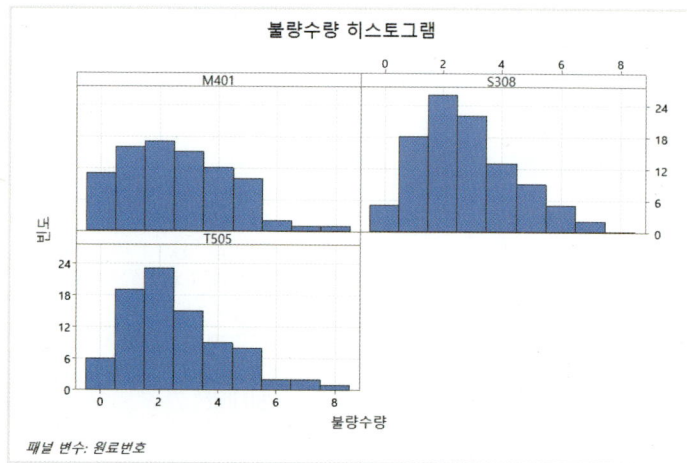

| 원료 | 통계량 |
| --- | --- |
| M 401 | 평균 : 1.6<br>표준편차 : 1.81<br>최소값 : 0<br>최대값 : 8 |
| S 308 | 평균 : 2.3<br>표준편차 : 1.63<br>최소값 : 0<br>최대값 : 7 |
| T 505 | 평균 : 2.4<br>표준편차 : 1.74<br>최소값 : 0<br>최대값 : 8 |

원료번호간 차이는 분포모양과 평균에서 차이(1.6~3.4)를, 표준편차에서 차이(1.63~1.81)를 보여주고 있으므로 원료번호간 차이에 대한 부분은 불량발생에 영향을 주는 요인으로 검토할 수 있다.

전체에 대한 분포모양, 중심 및 산포의 결과를 바탕으로 우리는 불량에 영향을 주는 문제영역 및 결론을 내릴 수 있습니다. 함께 더 살펴봅시다.

순서3) 층별에 대한 결론을 얻는다.

(1) 원인 영역별 차이

① 월간 비교에서는 중심과 산포의 통계량의 차이는 없어 보이지만,
   분포모양은 전체대비 2월에서의 분포모양이 다르게 나타남.

② 교대반간 비교에서는 B반에서 불량이 더 많이 나타남.

③ 원료번호간 비교에서는 S308, T5051에서 불량이 더 많이 나타나며,
   분포모양은 전체대비 M401의 분포모양이 다르게 나타남.

④ 각 원인 영역별 차이에 대한 각 점유율을 산출하여 상대적인 영향도를 나타낸다.
   여기에서는 평균값을 기준으로 알아 본다. (차이=최대값-최소값)

| 구분 | 월간 | | | 교대반간 | | 원료번호간 | | |
|---|---|---|---|---|---|---|---|---|
| | 1월 | 2월 | 3월 | A반 | B반 | M401 | S308 | T505 |
| 평균 | 2.7 | 2.7 | 2.6 | 2.0 | 3.4 | 1.6 | 2.3 | 2.4 |
| 차이 | 0.1 (=2.7-2.6) | | | 1.4 (=3.4-2.0) | | 0.7 (=2.4-1.6) | | |
| 차이의 점유율 | 4.5%(0.1/2.2) | | | 63.6%(1.4/2.2) | | 31.8%(0.7/2.2) | | |

-차이의 합 : 월간 차이 + 교대반간 차이 + 원료번호간 차이 = 0.1+1.4+0.7 = 2.2

(2) 층별 결론 도출 및 검토사항

① 원인 영역별로 평균에 대한 차이 점유율을 산출한 결과 교대반간 및 원료번호간에서
   점유율이 상대적으로 높게 나타남으로 이를 기준으로 원인을 세부적으로 조사 필요

② 교대반 및 원료번호간에 대한 검토가 필요한 사항

   -교대반간 비교시 A반에 비해 B반에서 불량이 더 많이 발생하여 A반과 B반과의 차이점
    조사 필요 (평균불량수량 A반-2.0개, B반-3.4개)

   -원료번호간 비교결과에 대하여 원료메이커에 피드백 하여, 원료번호간 차이에 대한 분석
    진행 필요 (평균불량 1.6~2.4개)

(3) 추가적으로 이원적 층별 진행

분포모양의 차이관련 교대반과 원료번호에 대한 이원적 층별을 진행한다. 이원적 층별은 원인별 조합에 의한 결과를 파악하고자 할 경우에 필요시 진행한다.

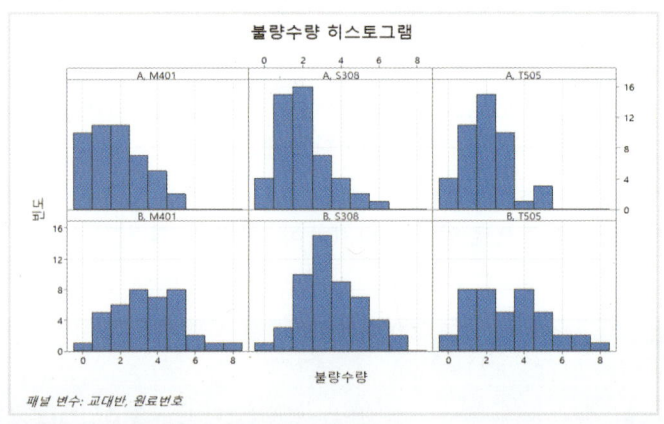

| 원료번호 | M401 | | S308 | | T505 | |
|---|---|---|---|---|---|---|
| 교대반 | A | B | A | B | A | B |
| 불량수량 | 1.83 | 3.49 | 2.04 | 3.47 | 2.05 | 3.17 |

원료번호별 교대반과의 조합에 대한 자료를 구분하기 위하여 이원적 층별을 추가로 진행한 결과, 모든 원료에서 A반에 비해 B반에서 항상 불량이 높게 나타나기 때문에 일원적 층별에서 내린 결론을 기준으로 세부 원인을 조사하면 된다.

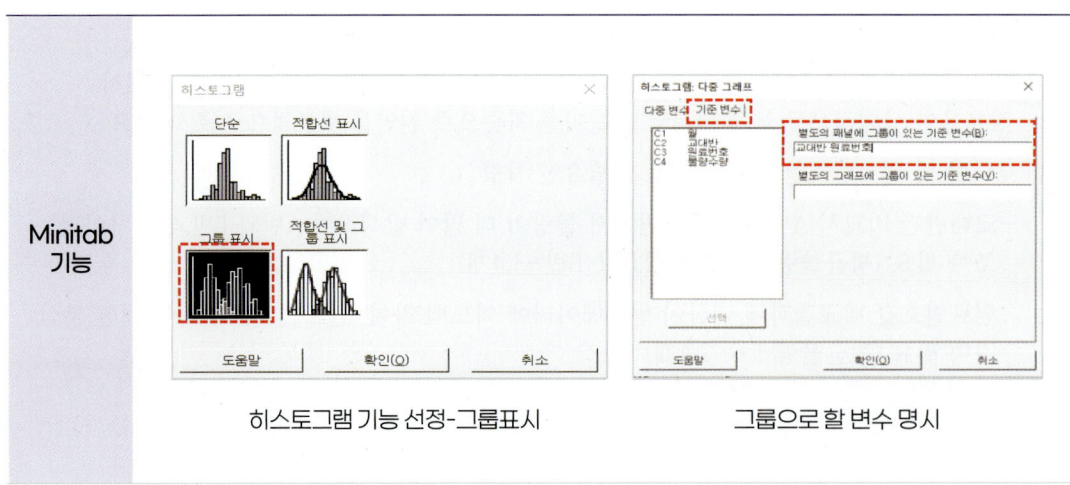

Minitab 기능     히스토그램 기능 선정-그룹표시     그룹으로 할 변수 명시

**상황2)** 자동차 엔진룸에 들어가는 제품으로 프레스공정을 거쳐 몇 군데에 용접을 하여 고객에 납품한 제품에서 고객사의 조립공정에서 용접한 부분이 떨어지는 불량이 발생하였다.

고객사에서 발생하는 용접부분이 떨어지는 불량률은 50ppm이하로 용접관련 다양한 시도를 전개하였지만 고객불량은 지속적으로 발생하고 있어, 용접불량 발생에 대한 원인을 규명하여 이의 해결이 시급하였다.

**그림3.2 엔진관련 부품 모습**

개선을 위하여 특정 기간 동안에 고객에서 발생한 불량을 집계하였다. 이때 전체의 모델이 아닌 용접불량으로 문제가 되는 하나의 모델에 대해서만 데이터를 집계하였다.

 여기서는 집계한 부적합 수량이 많지 않습니다.
그래서 분포를 따로 나타내지는 않겠습니다.
다만 집계가 가능한 정보로 데이터를 기준으로
층별을 실시하였습니다.

집계한 불량 수량이 많지 않아 분포를 나타내지 않고 집계가능한 정보로 생산일자, 원재료 로트, 생산라인, 용접불량 발생위치를 포함하여 집계하였다.

| 발생일자 | 생산일자 | 원재료 로트 | 생산라인 | 불량발생위치 | 불량수량 |
|---|---|---|---|---|---|
| 8/21 | 6/15 | AT30459a | A | 5 | 1 |
| : | : | : | : | : | : |

순서1) 해당데이터(용접불량)의 전체에 대한 분포모양을 파악한다.
　고객에서 발생한 불량수량이 30개 이하로 많지 않아 분포모양을 나타내지 않았다.

순서2) 원인영역별로 데이터를 층별한다.
　원인영역에 해당하는 원재료 로트, 생산라인, 용접불량 발생위치별로 불량 데이터를 층별하였다. (우선 당사에서 직접 control이 가능한 생산라인과 용접불량 발생위치에 대해서 진행)

(1) 생산 라인별에 대한 층별을 통한 차이 산출

| 라인명 | A | B | C | D |
|---|---|---|---|---|
| 불량수량 | 6 | 5 | 5 | 4 |
| 차이 | 2 (=6-4) | | | |

(2) 용접불량 발생위치별 층별을 통한 차이 산출

| 발생위치 | 1 | 2 | 3 | 4 | 5 | 6 | 7 | 8 | 9 |
|---|---|---|---|---|---|---|---|---|---|
| 불량수량 | 10 | 2 | 1 | 1 | 1 | 2 | 1 | 1 | 1 |
| 차이 | 9 (=10-1) | | | | | | | | |

　생산 라인별로, 용접불량 발생위치별로 층별한 결과에 대하여 차이를 비교해보면 생산라인별 차이는 크지 않고 용접불량 발생위치별 차이가 크기 때문에 용접위치에 의한 영향이 크다는 것을 알 수 있고, 용접위치 1번에서 집중적으로 불량이 발생하고 있다는 것을 알 수 있다.

순서3) 층별에 대한 결론을 얻는다.
　(1) 층별한 내용을 기준으로 원인별 차이에 대한 점유율 및 막대그래프를 작성하여 주요원인 및 문제영역을 용이하게 판단하도록 하였다.

① 원인 영역별 차이에 대한 점유율을 통한 중요도 확인

| 구분 | 라인명 | | | | 용접위치 | | | | | | | | |
|---|---|---|---|---|---|---|---|---|---|---|---|---|---|
| | A | B | C | D | 1 | 2 | 3 | 4 | 5 | 6 | 7 | 8 | 9 |
| 불량수량 | 6 | 5 | 5 | 4 | 10 | 2 | 1 | 1 | 1 | 2 | 1 | 1 | 1 |
| 차이 | 2 | | | | 9 | | | | | | | | |
| 차이 점유율 | 18.2% (2/11) | | | | 91.8% (9/11) | | | | | | | | |

② 층별결과에 대한 막대그래프 작성

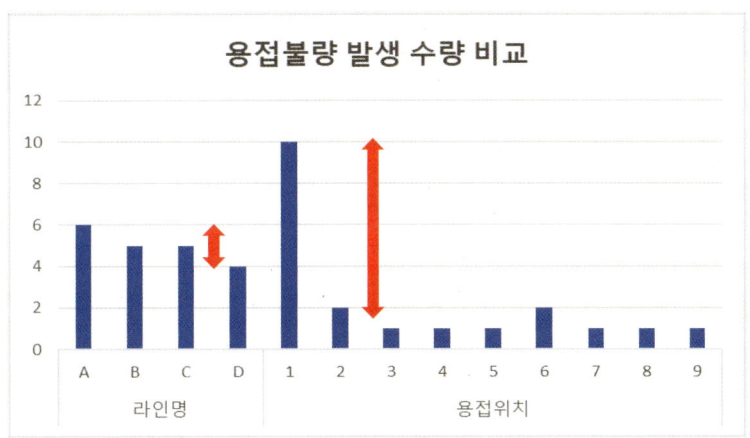

(2) 원인 영역별 차이에 대한 검토

① 생산라인별 차이는 작기 때문에, 우선적으로 문제원인으로 분류하지 않음.

② 용접위치에 따라 불량 차이가 크게 발생하고 있으며, 1번 위치에서 집중적으로 발생하고 있음.

(3) 불량발생 부위에 대한 조치 진행

① 용접공정 작업자들에게 1번 위치에 대한 불량발생 원인을 검토한 결과 용접위치에 대한 설계가 잘못 되어 있다는 의견을 모음.

② 설계이슈는 용접할 지점의 공간이 가장자리에서 충분히 떨어져 있어야 하는데 (3cm 이상), 그러하지 않아 용접시 공간부족으로 용접 어려움 발생.

③ 설계에서 용접공간을 충분히 확보하도록 용접위치를 이동시킴. (모기업과 협의)

④ 1번 위치에 대책을 실시한 이후에 다른 위치에 대한 용접불량 발생여부를 추가 조사하기로 함. (이는 1번 위치로 인한 다른 위치에 주는 불량 영향성 때문으로 1번 위치에서 불량이 감소하면 다른 위치도 불량이 감소하는 경향이 있음)

**그림3.3 불량 발생 위치별 층별 예시**

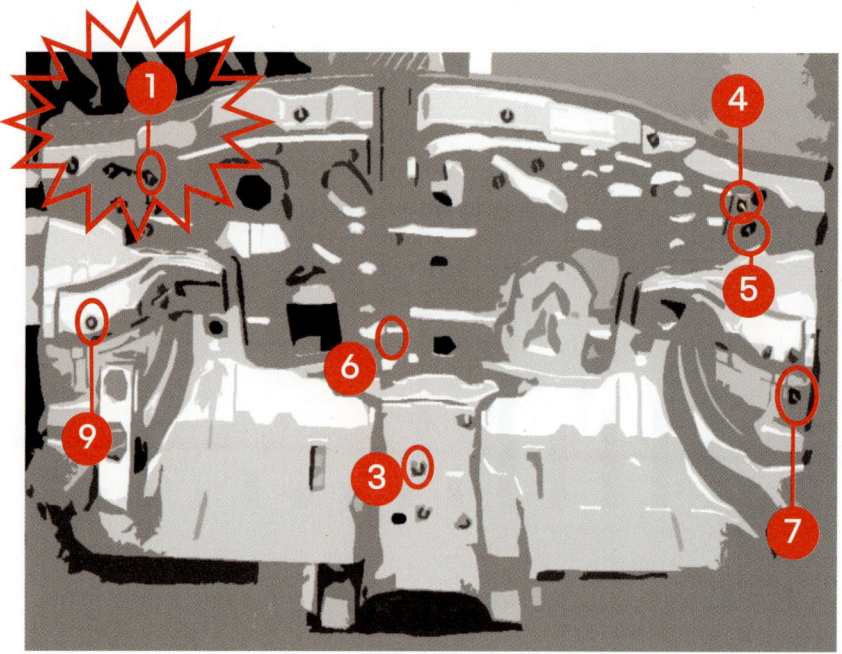

너무 신기합니다. 이렇게 해결이 가능하다니!!
계량치도 한번 해보고 싶은 용기가 납니다!!

맞습니다. 생각보다 어렵지 않습니다.
간단한 분석과 이를 통한 집단지성을 바탕으로 문제를 해결할 수 있지요. 그럼 계량치도 한번 도전해볼까요?

# 2. 층별

## 2.3 계량치의 층별 활용사례

> **상황)** PCB회로 선폭의 균일성을 확보하기 위하여 생산 마지막 공정에서 고객이 요구하는 특정지점의 선폭을 매일 매 시간마다 4개씩 샘플을 채취하여 측정한 데이터를 집계하였다. 이 때 PCB는 두 대의 호기에서 생산하였으며 각 샘플에 호기를 구분하여 표시하였다. 선폭에 대한 규격 : 60±0.06

**EXCEL DATA 3.2**

| 시간구분 | 호기 | 선폭 | 시간구분 | 호기 | 선폭 | 시간구분 | 호기 | 선폭 | 시간구분 | 호기 | 선폭 |
|---|---|---|---|---|---|---|---|---|---|---|---|
| 1 | B | 60.09 | 7 | A | 59.99 | 13 | B | 60.06 | 19 | B | 59.99 |
| 1 | A | 59.98 | 7 | A | 59.99 | 13 | A | 60.00 | 19 | B | 60.05 |
| 1 | A | 60.00 | 7 | B | 60.03 | 13 | A | 60.01 | 19 | B | 60.05 |
| 1 | B | 60.04 | 7 | A | 59.99 | 13 | A | 60.03 | 19 | A | 60.00 |
| 2 | A | 60.00 | 8 | B | 60.06 | 14 | A | 60.00 | 20 | A | 59.98 |
| 2 | A | 60.00 | 8 | B | 60.06 | 14 | A | 60.00 | 20 | A | 59.98 |
| 2 | B | 60.06 | 8 | A | 60.00 | 14 | A | 60.03 | 20 | B | 60.05 |
| 2 | A | 59.98 | 8 | A | 60.00 | 14 | A | 60.00 | 20 | A | 60.02 |
| 3 | B | 60.03 | 9 | A | 59.97 | 15 | B | 60.05 | 21 | A | 60.00 |
| 3 | B | 60.02 | 9 | B | 60.05 | 15 | B | 60.03 | 21 | B | 60.10 |
| 3 | A | 60.01 | 9 | A | 60.01 | 15 | A | 60.01 | 21 | B | 60.05 |
| 3 | B | 60.07 | 9 | B | 60.05 | 15 | A | 60.03 | 21 | A | 60.01 |
| 4 | B | 60.04 | 10 | B | 60.06 | 16 | A | 60.00 | 22 | B | 60.06 |
| 4 | A | 60.01 | 10 | A | 59.99 | 16 | A | 60.02 | 22 | A | 59.98 |
| 4 | B | 60.06 | 10 | A | 60.05 | 16 | A | 60.02 | 22 | A | 60.00 |
| 4 | B | 60.04 | 10 | A | 60.00 | 16 | B | 60.05 | 22 | A | 60.08 |
| 5 | B | 60.01 | 11 | B | 60.04 | 17 | B | 60.04 | 23 | A | 60.00 |
| 5 | B | 60.06 | 11 | B | 60.03 | 17 | B | 60.04 | 23 | A | 60.02 |
| 5 | A | 59.99 | 11 | B | 60.05 | 17 | B | 60.07 | 23 | A | 60.04 |
| 5 | B | 60.08 | 11 | B | 60.02 | 17 | B | 60.05 | 23 | B | 60.05 |
| 6 | B | 60.07 | 12 | A | 59.98 | 18 | B | 60.06 | 24 | B | 60.10 |
| 6 | A | 60.02 | 12 | A | 59.97 | 18 | A | 59.98 | 24 | A | 60.02 |
| 6 | B | 60.06 | 12 | A | 60.04 | 18 | A | 60.01 | 24 | B | 60.03 |
| 6 | A | 59.99 | 12 | B | 60.03 | 18 | B | 60.06 | 24 | B | 60.02 |

> 이제 층별 수법은 문제가 없을 것 같습니다. 여기서도 마찬가지로 분포모양을 파악하고 층별을 통하여 원인을 찾으면 되지요?

네 맞습니다. 잘하고 있습니다.

다만 여기서는 선폭을 살펴보기 때문에 계수형 데이터가 아닌 계량형 데이터를 사용해서 분석한다는 것을 알고 있기 바랍니다.

계량형 데이터를 파악하기 위하여 분포모양, 중심위치, 산포의 크기를 파악하게 됩니다.

순서1) 해당 데이터(선폭)의 전체에 대한 품질 산포를 파악한다.

  24시간 동안 측정한 96개의 데이터에 대하여 히스토그램/정규분포곡선을 작성하여 전체에 대한 분포모양 및 중심과 산포를 파악한다. Minitab을 이용하여 히스토그램을 작성하고자 데이터를 정렬하여 Minitab의 워크시트에 입력 후 히스토그램을 작성하여 분포모양을 확인하고, 평균과 표준편차를 구하였다.

  - Tool : 그래프 〉 히스토그램-----그래프는 〈단순〉

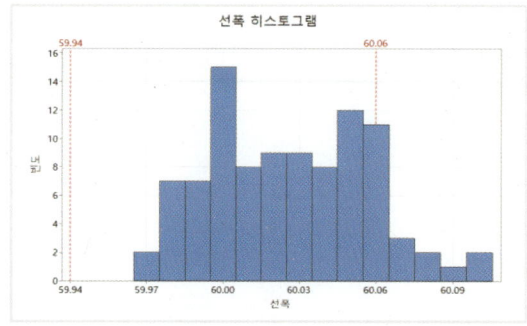

규격 : 60±0.06
평균 : 60.026
표준편차 : 0.0309

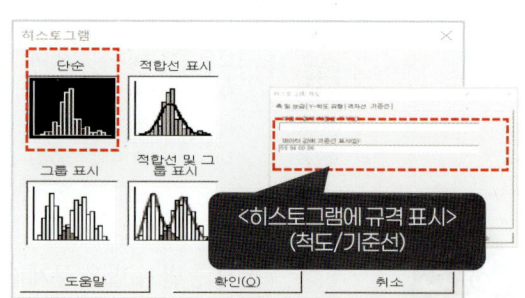

| Minitab 기능 | 데이터 정렬 모습 | 히스토그램 기능 선정-단순 |

 계량형 데이터를 기준으로 품질수준을 파악할 때 분포의 모양은 중심을 기준으로 모아지면서 종을 엎어 놓은 모양 일수록 좋습니다. 그리고 평균은 목표값에 일치할수록, 산포는 작을수록 좋습니다.

순서2) 원인 영역별로 데이터를 층별한다.

 층별은 수집된 데이터로 원인 영역인 호기별로 진행하여, 각 각에 대한 분포모양, 중심 및 산포를 구하여 비교한다.

 - Tool : 그래프 〉 히스토그램-----그래프는 〈그룹표시〉

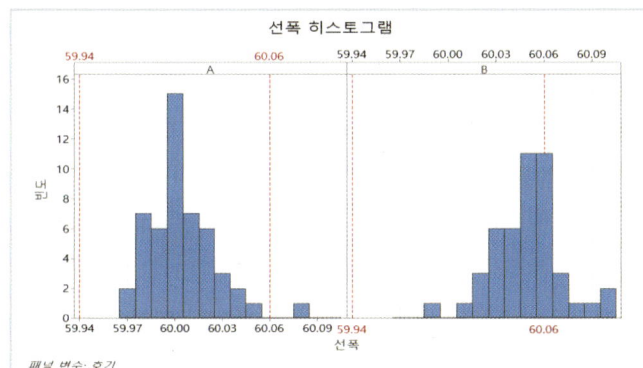

| 호기 | 통계량 |
|---|---|
| A | 평균 : 60.005<br>표준편차 : 0.021 |
| B | 평균 : 60.049<br>표준편차 : 0.021 |

Minitab
기능

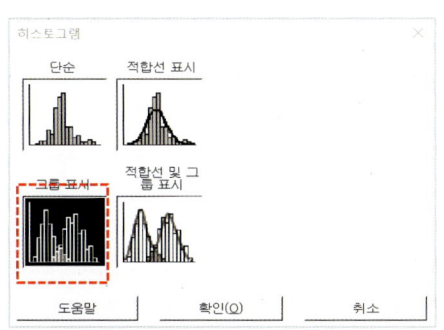
히스토그램 기능 선정-그룹표시

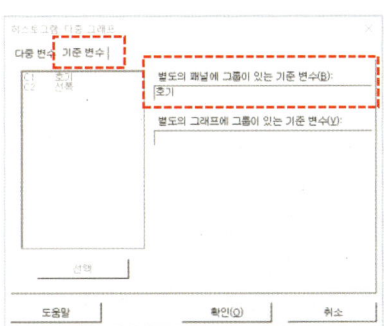
그룹으로 할 변수 명시

**순서1)**에서 전체 분포는 규격 상한을 벗어남을 보여주고 있으며, **순서2)**에서 층별을 실시한 결과, B호기에서 규격 상한을 벗어남을 보여주고 있습니다. 선폭의 규격 벗어남을 해결하기 위하여 우선적으로 B호기를 기준으로 조치사항을 전개하는 것이 바람직합니다.

순서3) 층별에 대한 결론을 얻는다.

층별한 내용의 히스토그램을 기준으로 문제영역에 대한 결론을 얻는다.

(1) 호기별 차이

① 전체 분포는 선폭(제품 특성)이 주어진 규격상한을 벗어남을 보여주고 있음.

② 선폭을 벗어난 경우는 B호기에서 주로 원인을 제공하고 있음.
　　(중심이 규격상한으로 치우침 발생)

③ A호기에서는 선폭의 평균은 규격의 중앙에 위치해 있지만, 규격상한을 벗어나는 돌발성을 보여주고 있음.

(2) 조치사항은 우선 B호기에서의 중심을 이동시킨 후 A호기의 돌발성은 순차적으로 추가 대응이 필요하며, 이를 위하여 B호기에서 선폭의 중심이 규격상한쪽으로 치우침에 대한 원인을 조사해야 한다. (가능하면 해당 작업자의 의견을 참조해도 좋다.)

# 2. 층별

## 2.4 Xbar-R관리도의 층별 활용사례

> **상황)** 두 개의 라인에서 도금공정을 진행시키고 있다. 각 라인에서 작업한 로트로부터 n=5 의 시료를 채취하여 도금두께를 측정하여 Xbar-R관리도를 작성하여 도금공정을 관리하고 있다. 이 관리도를 통하여 변동이 크다는 것을 알게 되어 두 개의 라인중에서 개선이 시급한 영역을 구분하려고 한다.
> (도금두께 규격 : 50±10)

**EXCEL DATA 3.3**

| lot no | X1 | X2 | X3 | X4 | X5 | 라인구분 | lot no | X1 | X2 | X3 | X4 | X5 | 라인구분 |
|---|---|---|---|---|---|---|---|---|---|---|---|---|---|
| 1 | 53 | 51 | 51 | 48 | 48 | A | 16 | 46 | 44 | 51 | 46 | 55 | A |
| 2 | 46 | 57 | 52 | 46 | 48 | A | 17 | 51 | 53 | 50 | 54 | 53 | B |
| 3 | 50 | 56 | 53 | 51 | 50 | B | 18 | 49 | 50 | 48 | 41 | 53 | A |
| 4 | 45 | 45 | 45 | 55 | 52 | A | 19 | 54 | 52 | 54 | 54 | 52 | B |
| 5 | 51 | 59 | 53 | 45 | 51 | A | 20 | 52 | 52 | 53 | 52 | 52 | B |
| 6 | 50 | 54 | 55 | 45 | 54 | A | 21 | 52 | 55 | 49 | 53 | 53 | B |
| 7 | 48 | 53 | 50 | 51 | 50 | B | 22 | 52 | 54 | 54 | 55 | 57 | B |
| 8 | 52 | 51 | 54 | 56 | 50 | B | 23 | 50 | 50 | 50 | 46 | 41 | A |
| 9 | 45 | 47 | 50 | 52 | 51 | A | 24 | 51 | 54 | 52 | 54 | 52 | B |
| 10 | 53 | 52 | 56 | 51 | 49 | A | 25 | 51 | 46 | 54 | 48 | 56 | A |
| 11 | 54 | 54 | 53 | 53 | 53 | B | 26 | 47 | 49 | 49 | 53 | 47 | A |
| 12 | 57 | 48 | 52 | 54 | 51 | B | 27 | 52 | 50 | 57 | 55 | 50 | B |
| 13 | 46 | 48 | 52 | 52 | 55 | A | 28 | 52 | 53 | 53 | 54 | 56 | A |
| 14 | 49 | 46 | 52 | 52 | 48 | A | 29 | 51 | 54 | 53 | 51 | 53 | B |
| 15 | 51 | 47 | 51 | 52 | 53 | A | 30 | 52 | 55 | 47 | 51 | 54 | B |

다 이해한 것 같았는데.. 갑자기 여기서는 왜 Xbar-R 관리도를 사용하나요?

수집된 계량형 데이터를 기준으로 관리도를 작성하여 데이터의 변동에 대한 원인분석이 필요할 경우에 관리도에 대한 층별을 실시하게 됩니다.

하나의 집단에 대하여 수집한 데이터가 50~100개일 경우에는 히스토그램으로, 그리고 동일 모델에 대하여 시간대별로 데이터를 3~7개씩 여러 번 취할 경우에는 관리도를 이용하여 현재 품질수준을 파악하게 됩니다.

(Xbar-R 관리도 개념은 뒤의 〈알아두면 좋은 Tip〉참조)

순서1) 해당 데이터(선폭)의 전체에 대한 품질 산포를 파악한다.

두 개의 라인에서 작업한 도금두께에 대하여 전체에 대한 품질 산포를 파악하기 위하여 시간대(로트)별로 구분이 되어 있어 히스토그램이 아닌, Xbar-R관리도를 작성하였다. Minitab을 이용하여 관리도를 작성하고자 데이터를 정렬하여 Minitab의 워크시트에 입력 후 관리도를 작성한다.

- Tool : 통계분석 〉 관리도 〉 부분군 계량형 관리도 〉 Xbar-R

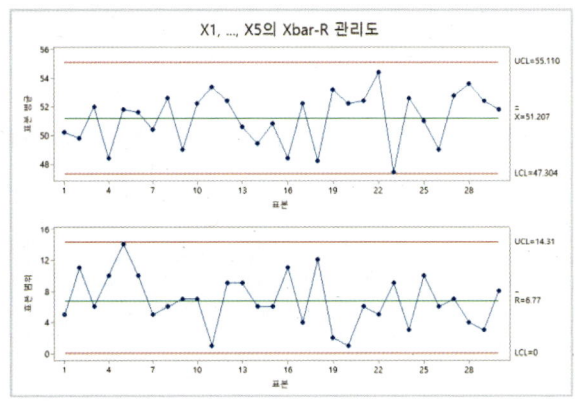

**Minitab 기능**

데이터 정렬 모습　　　　Xbar-R관리도 기능

Xbar-R관리도 분석결과를 살펴보면 Xbar관리도는 군간변동을, R관리도는 군내변동을 의미합니다. 모두 관리상한 및 관리하한을 벗어나지 않았지만, 주어진 규격(50±10)대비 변동폭이 크게 나타나고 있습니다.

순서2) 원인영역별로 데이터를 층별한다.

층별은 수집된 데이터관련 원인영역인 라인A, B로 구분하여, 각 각에 대한 관리도를 작성하여 비교한다.

- Tool : 통계분석 〉 관리도 〉 부분군 계량형 관리도 〉 Xbar-R관리도

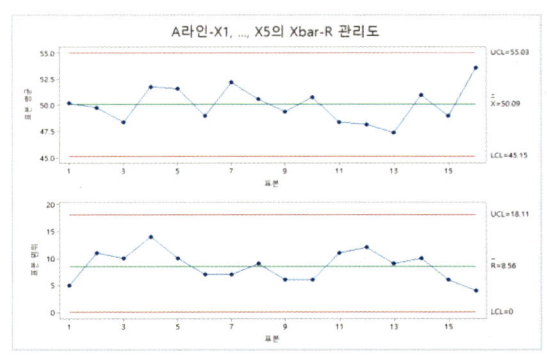 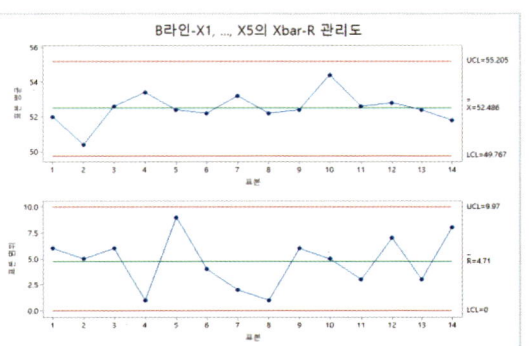

| 구분 | | A | B |
|---|---|---|---|
| X bar | UCL | 55.03 | 55.205 |
| | CL | 50.09 | 52.486 |
| | LCL | 45.15 | 49.767 |
| R | UCL | 18.11 | 9.97 |
| | CL | 8.56 | 4.71 |
| | LCL | 0 | 0 |

순서3) 층별에 대한 결론을 얻는다.

층별한 관리도를 기준으로 문제영역에 대한 결론을 얻는다.

(1) 라인별 차이

① 층별하기 전의 전체 분포는 정해진 규격부근까지 근접하여 분포하고 있음을 보여줌

- UCL, LCL은 벗어나지 않아 이상요인은 있다고 볼 수 없지만, 규격 만족도를 만족시키기 위한 중심이동 및 변동폭 감소 필요

② 층별한 A, B 두 라인에 대한 Xbar관리도와 R관리도의 UCL, LCL비교

- R관리도 : A라인은 B라인보다 변동폭이 두 배 더 크게 나타나고 있음(R관리도의 CL비교)

- Xbar관리도 : B라인은 도금두께의 평균값이 목표값으로부터 치우침 25%발생

(치우침 25% = 치우침량/한쪽규격폭=(52.486−50)/10 = 2.486/10)

(2) 두 개의 라인에 대하여 조치 검토사항
 ① A라인은 도금두께의 산포를 두 배 감소하기 위한 관련요인을 규명하여 조치 필요
 ② B라인은 도금두께의 중심을 2.5만큼 하향으로 조정하기 위한 관련요인을 규명하여 조치 필요

(3) 필요시 관리도외에 히스토그램을 추가로 이용하여 분포를 파악해도 좋다

# 알아두면 좋은 Tip

## > Xbar-R관리도 해석

주요품질특성에 대하여 자주 사용하는 관리도인 Xbar-R 관리도에 대한 해석 방법을 정리하였다.

① 관리도는 주요품질특성의 변동을 관리하는 방법으로 이상원인과 우연원인에 의한 변동을 구분하여 관리상태를 확인하기 위하여 활용한다.

② 주요특성에 대하여 시료를 각 3개씩 측정하여 Xbar-R관리도를 작성 하였다. 관리도의 관리상한 및 관리하한인 UCL, LCL은 규격이 아닌, 정규분포성질인 $\mu \pm 3\sigma$에 해당하는 공식을 이용하여 계산하게 된다.
(Xbar는 각 3개 시료에 대한 평균, R은 3개 시료의 최대값과 최소값이 차이)

**그림3.4 관리도 작성 예시**

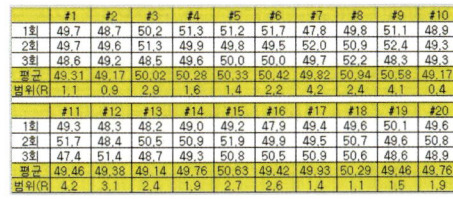
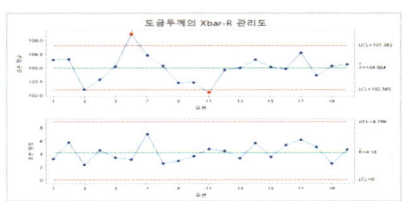

③ Xbar관리도는 군간변동을 나타내면서 4M에 대한 관리능력을 보여주고 있으며, R관리도는 군내변동을 나타내면서 기술능력인 설비 또는 제품설계능력을 보여주게 된다. 만일 Xbar관리도에서 이상점이 발견되면 4M에 의한 영향을 규명해주어 개선점을 찾아야 하고, R관리도에서 이상점이 발견되면 설비자체의 능력 또는 제품설계상의 능력에서 개선점을 찾아야 한다. 그리고 제조공정 기본준수에 충실하면 Xbar관리도에서는 이상상태가 발생할 가능성이 낮아지고, 설비의 정밀성 확보능력 또는 설계단계에서의 변동감소 능력이 확보되면 R관리도에서는 이상상태가 발생할 가능성이 낮아진다.

# 3. 상자그림

## 3.1 상자그림 개념

고품의 현상파악을 위하여 층별이외에 추가적으로 상자그림이 필요할 수 있다는 말씀인가요?

좋은 질문입니다.

물론 층별분석에서의 히스토그램이나 Xbar-R관리도를 사용할 수도 있지만 계량형데이터의 경우에는 상자그림을 이용하여 원인분석 방향을 설정하기 위한 유용한 정보를 도출할 수 있습니다.

데이터의 분포를 상자그림으로 표시하여 층별에서 설명되지 않은 정보를 얻을 수 있게 됩니다.

예시를 통하여 자세히 알아볼까요?

상자그림(box plot)이란 주어진 데이터를 5개의 중요특성인 최소값, Q1, 중위수, Q3, 최대값을 상자와 선으로 나타낸 그림으로 데이터의 중심과 산포 모양을 개략적으로 파악 할 수 있으며, 이상치(outlier) 여부를 파악 할 때도 사용한다. 이처럼 상자그림을 통하여 얻게 되는 정보는 크게 5가지로 나타낼 수 있다.

① 분포의 대칭성을 파악 할 수 있다..
② 데이터의 중심 위치를 파악 할 수 있다.
③ 산포의 정도를 가늠할 수 있다.
④ 분포의 꼬리 형상을 파악할 수 있다.
⑤ 데이터의 이상관측치 여부를 확인할 수 있다.

상자그림(box plot) 그림은 아래와 같으며, 데이터의 분포를 간략하게 살펴볼 수 있다.

**그림3.5 상자그림 개념**

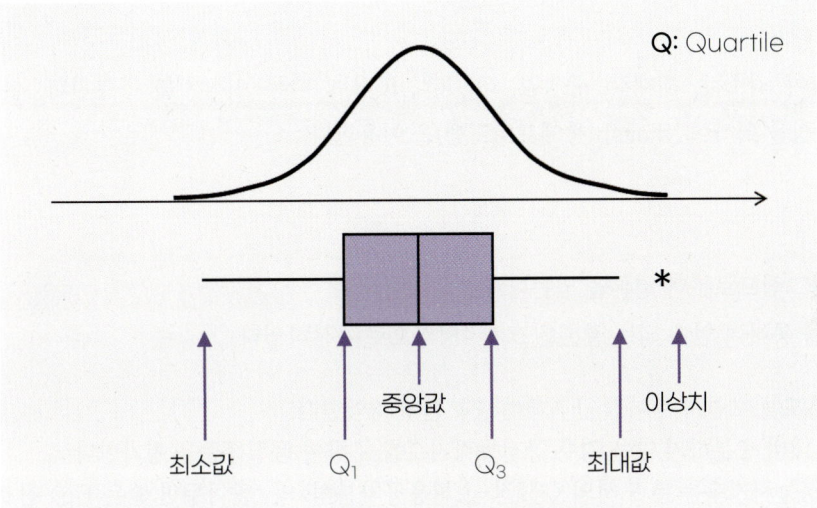

- $Q_1$ : 데이터를 크기순으로 나열하여 25%에 해당하는 값
- $Q_3$ : 데이터를 크기순으로 나열하여 75%에 해당하는 값
- IQR : Inter Quartile Range, $Q_3 - Q_1$
- 이상치 : (최소값-1.5×IQR) 또는 (최대값+1.5×IQR)을 초과한 값

일반적으로 상자그림을 작성하기 위한 제품의 결과치는 계량치에 해당된다.

품질이슈를 해결하기 위하여 과제의 현상을 파악할 대상이 정해지면 이에 대한 데이터를 수집하여 상자그림을 작성하여 필요한 품질정보를 얻게 된다. 수집한 데이터를 원인 영역별로 구분한 경우에는 층별을 진행하여 상자그림을 나타내도 된다.

이에 대한 자세한 순서 및 품질정보 내용은 다음과 같다.

순서1) 해당데이터(결과치인 계량치)에 대하여 상자그림을 작성한다.

해당 데이터에 대한 상자그림을 작성하여 중심, 산포, 이상치를 파악한다. 그리고 전체에 대한 데이터 개수는 많을 수록 좋으며 30~100개 정도를 권한다.

필요시 하나의 특성에 대한 데이터는 시간단위, 로트단위 또는 모델단위로 구분하여 상자그림을 작성해도 된다.

이를 위하여 최소값, 최대값, 중앙값, $Q_1$, $Q_3$, IQR에 따른 이상치를 구분한다. 본 교재에서는 상자그림 작성을 위하여 Minitab(통계프로그램)을 이용한다.


순서2) 상자그림으로부터 결론을 얻는다.

상자그림을 통하여 얻게 되는 결론은 크게 4영역으로 구분하였다.

① 전체 분포를 보면서 주어진 규격대비 충분한지 파악한다.
  - 규격대비 충분하지 않을 경우 공정능력지수를 구하여 품질수준을 평가한다.
    (공정능력지수는 본 도서의 〈제5장-3.허용공차분석〉의 〈알아두면 좋은 Tip〉 참조)
② 중심값이 규격의 중앙에 위치한지 파악한다.
  - 중심값이 규격의 중앙으로부터 치우침이 큰 경우에는 중심값을 이동시키는 조치가 필요하다.
  - 치우침은 〈치우침량/규격한쪽 폭〉으로 구하여 50% 이상 벗어나면 검토가 필요하다. 치우침량은 목표값과 평균값의 차이를 말한다.
③ 산포가 중심값을 기준으로 좌우(또는 상하) 대칭인지 파악한다.
  - 4M관리가 잘 진행되고 있으면 산포는 중심을 기준으로 대칭인 경우가 많다.
  - 상자그림의 가운데의 IQR상자크기가 상대적으로 작을수록 산포는 작다고 본다.
④ 이상치가 존재한지 파악한다.
  - 이상치가 많이 존재할 경우에 돌발성으로 판단하고 이에 대한 원인분석이 필요하다.

# 3. 상자그림
## 3.2 상자그림 일반적인 사례

> **상황)** 공정에의 주요특성인 코팅두께에 대한 현상 및 규격만족도를 파악하기 위하여 위치별로 측정한 값을 수집하였다. 현상에 따라 코팅두께의 분포를 보고 중심값 만족도, 산포 만족도, 이상치 여부를 파악하고자 한다. (코팅두께 규격 : 8000±2000)

EXCEL DATA 3.4

| TOP | BOTTOM | CENTER | LEFT | RIGHT |
|---|---|---|---|---|
| 8620.00 | 8098.63 | 8244.03 | 8058.82 | 7595.84 |
| 7905.95 | 8001.68 | 8324.36 | 8107.54 | 7627.72 |
| 7887.73 | 8013.42 | 8389.32 | 8133.50 | 7797.42 |
| 7801.95 | 8067.40 | 8099.69 | 8164.10 | 7868.24 |
| 7809.66 | 8077.49 | 8288.33 | 7951.01 | 8010.93 |
| 8013.40 | 8167.99 | 8048.59 | 8106.41 | 7946.73 |
| 7937.59 | 8027.72 | 8239.27 | 8202.11 | 7826.38 |
| 7846.11 | 8137.82 | 8190.98 | 8082.63 | 7781.51 |
| 7871.01 | 8422.87 | 8401.85 | 8010.15 | 7982.03 |
| 7946.50 | 8252.68 | 8077.21 | 8262.94 | 7837.29 |
| 8062.99 | 8008.29 | 8155.73 | 7957.54 | 7996.76 |
| 8591.00 | 7951.31 | 8225.24 | 8026.64 | 7784.68 |
| 7763.44 | 8408.47 | 8268.42 | 7773.69 | 7971.14 |

순서1) 해당데이터(결과치인 계량치)에 대하여 상자그림을 작성한다.

　수집된 데이터로부터 분포를 파악하기 위하여 전체 데이터에 대하여 상자그림을 작성한다. 데이터를 정렬하여 Minitab의 워크시트에 입력 후 상자그림을 작성한다.

　- Tool : 그래프 〉 상자그림-----상자그림은 〈단일Y-단순〉


순서2) 상자그림으로부터 결론을 얻는다.
　① 전체 분포를 보면서 주어진 규격대비 충분한지 파악한다.
　　- 주어진 규격은 6000~10000 이므로 규격대비 충분하다는 것을 파악할 수 있다.

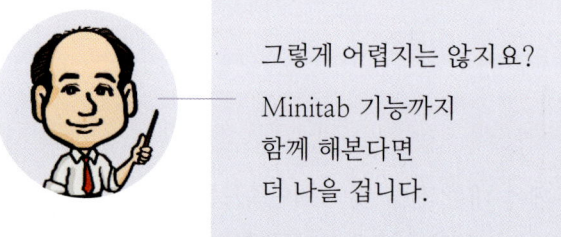
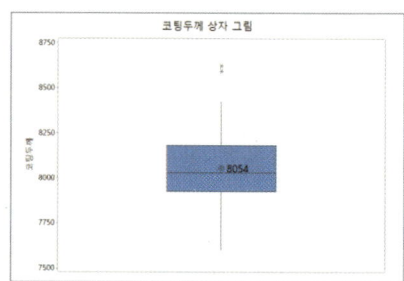

| | Minitab 기능 | 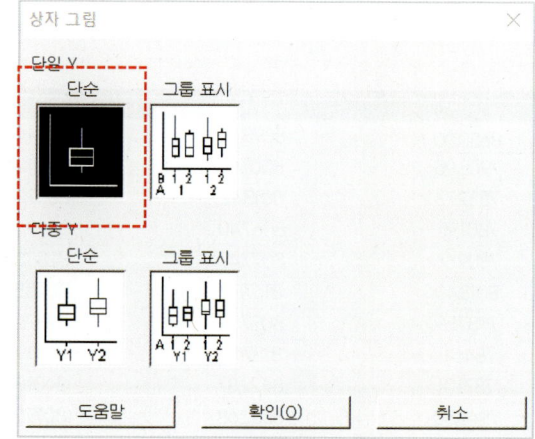 | |
|---|---|---|---|
| | | 데이터 정렬 모습 | 상자그림 기능 |

② 중심값이 규격의 중앙에 위치한지 파악한다.
    - 목표값은 8000이므로 중심값(평균 8054)이 규격의 중앙에 위치하고 있다.
    - 치우침은 〈치우침량/규격한쪽 폭〉으로 구하여 50% 이상 벗어나면 검토가 필요하다.
      현재 치우침량은 (8054-8000)/2000 = 0.027(2.7%)이다.

③ 산포가 중심값을 기준으로 좌우(또는 상하) 대칭인지 파악한다.
    - 중심을 기준으로 대략적으로 상하 대칭임을 보여주고 있다.

④ 이상치가 존재한지 파악한다.
    - 규격상한쪽에 이상치가 존재하고 있다. (상자그림에서 * 표시는 이상치를 의미함)
    - 이상치의 문제여부 파악을 위하여 위치별로 구분하여 추가 분석을 진행해도 된다.
    - 필요에 따라 전체 데이터에 대하여 공정능력지수를 나타내도 좋다.

# 3. 상자그림
## 3.3 제품 위치별로 비교한 사례

 **상황)** 이전 상자그림 사례에서 보여준 데이터를 기준으로 제품의 위치별 비교를 통하여 문제영역을 구분하고자 한다.

EXCEL DATA 3.4

| TOP | BOTTOM | CENTER | LEFT | RIGHT |
|---|---|---|---|---|
| 8620.00 | 8098.63 | 8244.03 | 8058.82 | 7595.84 |
| 7905.95 | 8001.68 | 8324.36 | 8107.54 | 7627.72 |
| 7887.73 | 8013.42 | 8389.32 | 8133.50 | 7797.42 |
| 7801.95 | 8067.40 | 8099.69 | 8164.10 | 7868.24 |
| 7809.66 | 8077.49 | 8288.33 | 7951.01 | 8010.93 |
| 8013.40 | 8167.99 | 8048.59 | 8106.41 | 7946.73 |
| 7937.59 | 8027.72 | 8239.27 | 8202.11 | 7826.38 |
| 7846.11 | 8137.82 | 8190.98 | 8082.63 | 7781.51 |
| 7871.01 | 8422.87 | 8401.85 | 8010.15 | 7982.03 |
| 7946.50 | 8252.68 | 8077.21 | 8262.94 | 7837.29 |
| 8062.99 | 8008.29 | 8155.73 | 7957.54 | 7996.76 |
| 8591.00 | 7951.31 | 8225.24 | 8026.64 | 7784.68 |
| 7763.44 | 8408.47 | 8268.42 | 7773.69 | 7971.14 |

순서1) 해당 데이터(결과치인 계량치)에 대하여 상자그림을 작성한다.
　수집된 데이터로부터 분포를 파악하기 위하여 위치별로 구분하여 상자그림을 작성한다. 데이터를 정렬하여 Minitab의 워크시트에 입력 후 상자그림을 작성한다.

　- Tool : 그래프 〉 상자그림-----상자그림은 〈단일Y-그룹표시〉

순서2) 상자그림으로부터 결론을 얻는다.
　① 위치별 상자그림으로부터 중심값 및 산포의 크기를 비교한다.
　　- 주어진 규격(6000~10000)을 기준으로 위치별로 중심은 차이가 있으며,
　　　산포의 크기는 큰 차이가 없는 것으로 나타남

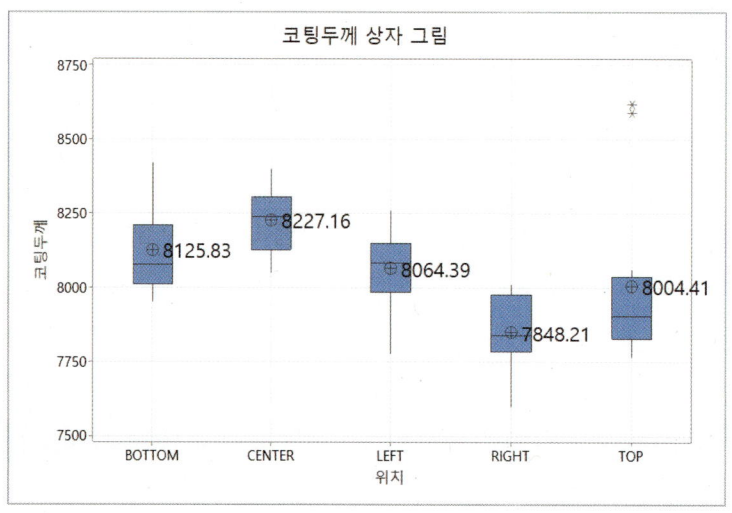

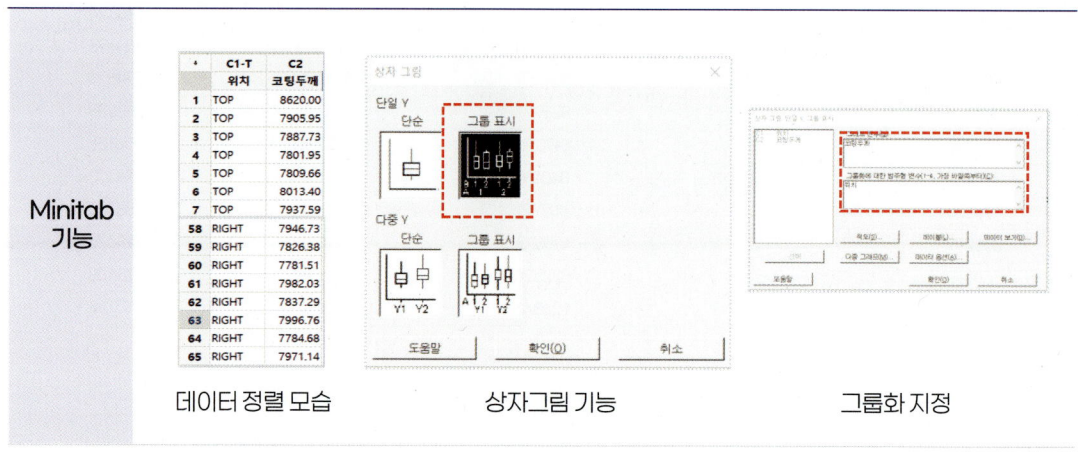

| 데이터 정렬 모습 | 상자그림 기능 | 그룹화 지정 |

② 중심값이 규격의 중앙(목표값 8000)에 위치한지 파악한다.
   - CENTER위치의 중심값(평균 8227)이 가장 상향에 있다.
   - RIGHT위치의 중심값(평균 7848)이 가장 하향에 있다.
   - 위치별 중심값의 차이에 대한 경향을 파악하여 필요시 중심값 정렬을 위한 개선을 실행한다.

③ 산포가 중심값을 기준으로 좌우(또는 상하) 대칭인지 파악한다.
   - 중심을 기준으로 상하 대칭임을 보여주고 있지만, 공정특성상 필요시 관련 요인에 대하여 개선을 실행한다.
   - 규격폭(6000~10000)대비 산포는 만족스러워 보인다. 만일 규격 만족도에 대한 정량화가 필요한 경우에는 공정능력지수를 추가로 구해도 된다.

④ 이상치가 존재한지 파악한다.
  - TOP위치에 이상치가 존재하고 있다. (상자그림에서 *표시는 이상치를 의미함)
    이상치의 경우 데이터의 확인 및 문제여부 파악을 위하여 이상치 데이터에 대한
    추적이 필요할 수 도 있다.

생각보다 어렵지는 않은데요.
유용하게 활용할 수 있을 것 같습니다.

그래요. 잘 따라오고 있군요.
이제 모델간 비교에 따른 상자그림 사례를 살펴봅시다.

# 3. 상자그림

## 3.4 모델간 비교한 사례

**상황)** 시장에서 불량이 발생하여 불량발생에 대한 근본적인 대응을 하기 위하여 BoB(Best of Best-최상의 제품)와 WoW(Worst of Worst-최악의 제품)을 비교하면서, 개선 실마리를 찾기 위하여 두 개의 모델을 기준으로 생산한 최종검사 데이터를 수집하였다. 상자그림을 작성하여 차이점을 비교하여 대응방안을 검토하고자 한다. 제품은 출하이전에 전수검사를 통하여 규격을 만족한 제품만 출하기 때문에 규격 만족도에 대한 분석은 진행하지 않았다. (검사항목 : 전류)

앞에서도 나오긴 했는데요. BoB , WoW! 자주 사용하는 용어가 아니어서 이해하는 게 조금 어색하네요!!

모델을 기준으로 할 경우 BoB는 시장에서 불량이 거의 발생하지 않은 모델, WoW는 시장에서 문제가 지속적으로 발생하고 있는 모델을 의미합니다. 그리고 제품을 기준으로 할 경우 BoB는 매우 우수한 제품이고, WoW는 매우 좋지 않은 제품을 의미합니다. 어렵지 않아요.

EXCEL DATA 3.5

| WoW모델 | | | BoB모델 | | |
|---|---|---|---|---|---|
| W로트1 | W로트2 | W로트3 | B로트1 | B로트2 | B로트3 |
| 1284 | 1346 | 1300 | 1097 | 1195 | 1072 |
| 1280 | 1343 | 1300 | 1096 | 1192 | 1069 |
| 1277 | 1319 | 1299 | 1082 | 1179 | 1066 |
| 1277 | 1317 | 1299 | 1079 | 1134 | 1060 |
| 1276 | 1316 | 1292 | 1075 | 1130 | 1058 |
| 1269 | 1311 | 1292 | 1068 | 1115 | 1057 |
| 1268 | 1303 | 1291 | 1067 | 1114 | 1056 |
| 1268 | 1295 | 1291 | 1066 | 1110 | 1055 |
| 1266 | 1292 | 1290 | 1065 | 1110 | 1054 |
| 1265 | 1289 | 1290 | 1061 | 1109 | 1053 |
| 1265 | 1284 | 1284 | 1060 | 1106 | 1051 |
| 1261 | 1283 | 1284 | 1058 | 1104 | 1051 |
| 1255 | 1280 | 1283 | 1058 | 1103 | 1051 |
| 1255 | 1280 | 1281 | 1057 | 1097 | 1048 |
| 1255 | 1277 | 1281 | 1057 | 1096 | 1048 |
| 1252 | 1273 | 1280 | 1056 | 1096 | 1047 |
| 1251 | 1273 | 1280 | 1055 | 1094 | 1047 |
| 1251 | 1272 | 1279 | 1055 | 1094 | 1047 |

PART 02

수집된 데이터를 로트 별로 구분하여 상자그림을 작성하면 됩니다.

순서1) 해당 데이터(결과치인 계량치)에 대하여 상자그림을 작성한다.
 수집된 데이터로부터 두 개 모델의 차이점을 비교하기 위하여 로트별로 구분하여 상자그림을 작성하였다.

- Tool : 그래프 〉 상자그림-----상자그림은 〈다중Y-단순〉

Minitab 기능

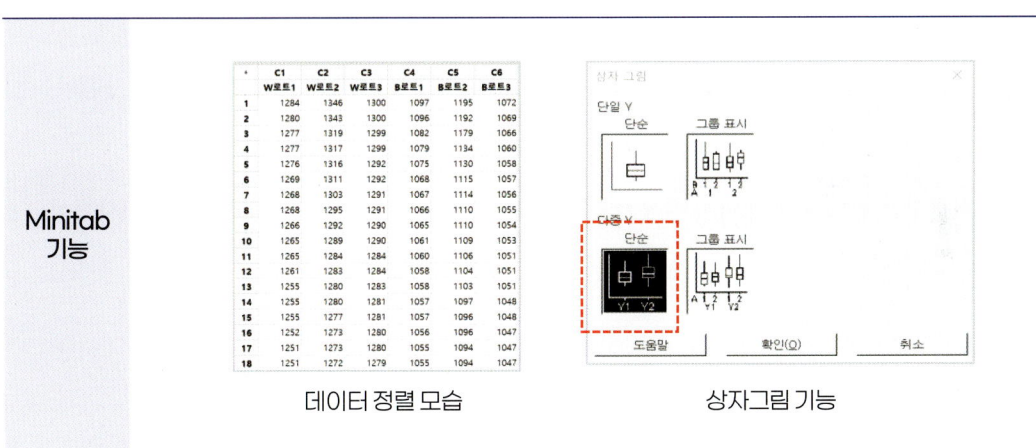

데이터 정렬 모습                    상자그림 기능

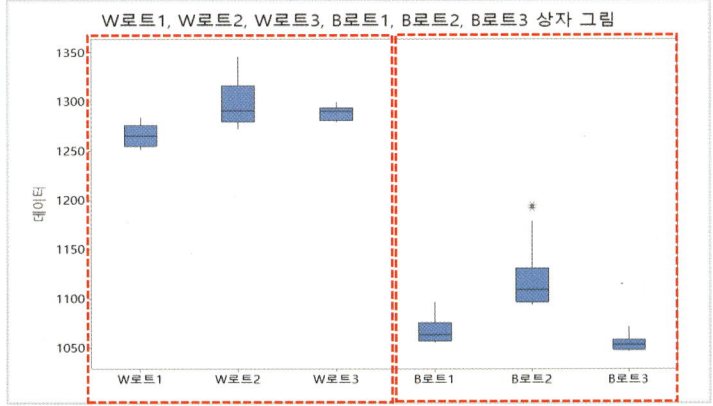

89

순서2) 상자그림으로부터 결론을 얻는다.

① BoB와 WoW모델의 전체적인 분포를 보면서 모델간 차이를 비교한다.
- 두 모델간 규격이 다를 수 있으며, 규격만족도를 평가하기 위하여 필요시 공정능력 지수를 구하여 규격만족도를 확인할 수 있다. (여기서는 생략)
- 두 모델간 중심값의 차이가 뚜렷하게 다름을 알 수 있다.
- 두 모델은 모두 로트간 산포가 불규칙해 보이지만, 중심값에 더 집중이 필요해 보인다.

② 중심값에 대하여 비교한다.
- 두 개의 모델간 중심값의 차이에서 문제해결 실마리를 검토할 수 있다.
- 중심값 차이는 설계관점의 대응을 우선적으로 검토해주어야 한다.
- 설계자로부터 WoW모델의 중심값이 높음으로 인하여 고품발생에 영향을 줄 수 있다는 기술적인 의견이 있었다.

③ 산포에 대하여 비교한다.
- 두 개의 모델간 산포의 불규칙 정도는 유사하기 때문에, 고품발생 관점에서는 관심사항이 아닐 수 있다.

④ 이상치를 파악한다.- 두 개의 모델에서 이상치가 발생하여, 고품발생 관점에서는 관심사항이 아닐 수 있다.

⑤ 결론
- WoW모델에서의 고품발생원인은 높은 전류로 인하여 고온에 의한 작동불량이 발생할 수 있다는 것으로 이에 대한 조사 및 설계변경을 검토하기로 하였다.
- 이상치 발생 및 로트간 산포는 두 모델간 큰 차이를 보여주고 있지 않기 때문에 고품발생 영향 영역에서 제외하기로 하였다.

# 4. 3현

## 4.1 3현이란

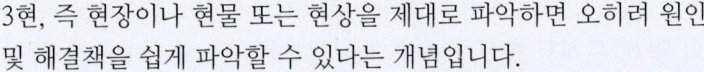
3현? 사실 오랜만에 들어보는 용어인데요…
어떻게 활용하는지 어려울까 봐 겁나네요..

아니에요. 오히려 쉬운 방법입니다.
3현, 즉 현장이나 현물 또는 현상을 제대로 파악하면 오히려 원인 및 해결책을 쉽게 파악할 수 있다는 개념입니다.
3현은 고품의 현상파악, 원인규명, 해결책 찾을 때 쉽게 활용 할 수 있고, 오히려 좋은 성과가 있으니 함께 알아봅시다.

품질문제 발생시 이를 해결하는 3현 방법은 두 영역에 대하여 진행을 할 수 있다. 첫 번째 영역은 결과계에 대한 접근 방법으로 고품 유형 및 발생정도를 확인하여 원인분석 방향을 설정하면서 실마리를 찾아 가는 것, 두 번째 영역은 원인계에 대한 접근 방법으로 4M요소 (설비간, 치공구간, 원재료간, 작업자간, 설비내, 원재료내)의 차이를 비교하고 정해진 기준과의 차이를 확인하면서 그 차이가 부적합품 발생에 관련되는지 경험 또는 데이터를 통하여 문제요인을 규명하는 것이다.

**표3.3 3현을 통한 발견 요소**

| 3현 구분 | 실행 내용 |
|---|---|
| 현장 | 문제는 현장에서 발생하고 진짜 원인은 현장에 존재하기 때문에 반드시 현장상황, 조건, 방법을 통해 문제의 진짜 원인을 추구한다. |
| 현물 | 문제의 진짜 원인은 현물에 따라 달라지기 때문에 현물을 세심히 관찰하면서 특이사항을 확인하면서 진짜 원인을 추적한다. |
| 현상 (현실) | 문제발생에는 과정이 존재한다. 제조 프로세스에 대하여 원리, 원칙에 입각한 고품 및 관련요인의 현상분석을 실시한다. |

# 4. 3현

## 4.2 3현 활용사례

고품해결을 위하여 이의 해결 실마리를 발견한 다양한 3현 활용 사례들이다. 각 사례별 상황 및 3현 내용이다.

**사례1) 커넥터 불량 개선**

S사의 최종제품에는 100여가지 부품이 조립되어진다. 그리고 조립부품들의 작동을 위한 전기적인 연결을 위하여 몇 개의 커넥터가 포함되어 있으며, 특정모델은 시장에서 제품 작동 오류가 자주 발생하고 있었으며, 이는 커넥터의 체결상태가 불안정하기 때문인것으로 파악되었다. 이의 해결을 위하여 설계자와 함께 문제를 풀어가는 과정에 제조현장을 방문하여 작업자와 함께 직접 제품을 보면서 의견을 나누어 해결점을 찾았다.

| 3현 확인 | 해결책 도출 |
|---|---|
| 커넥터 체결을 위한 제품 구성품의 체결할 공간이 확보되지 않아 부족한 공간에서 억지로 체결작업을 진행하고 있었다. | 커넥터 체결(조립)공간을 확보하도록 구성품 주변의 다른 구성품 각도를 비스듬히 30도 틀어 주어 조립공간을 확보하여 억지로 체결이 되지 않도록 설계변경을 하였다. |

## 사례2) PCB솔더링 불량 개선

Y사는 CEO는 PCB 솔더링 불량을 100ppm수준으로 개선하라고 기술팀에 지시를 하였다. 기술팀에서는 다양한 시도를 하였지만, 100ppm은 무리라고 하면서 기술팀 자체적으로 개선방안을 찾는데 혼선을 가지고 있었다. 어떻게 접근해야 할지 기술팀과 의견을 나누면서 현장을 점검하고 개선 실마리를 찾을 수 있었다.

### 1) 솔더링 불량 발생 일자별 변동을 확인하여 목표달성 가능성 확인

최근 3개월 동안의 동일 모델에 대한 일자별 솔더링 불량 발생 변동을 조사하여 평균 불량률은 1,500ppm수준, 일자별 100ppm이하 발생일자의 점유율은 44%로 나타났으며, 이는 불량목표 100ppm달성을 위한 답이 현장에 있다는 것을 의미하기 때문에 공정의 4M기준으로 3현을 실시하여 개선이 필요한 4M영역을 발견하였다.

**그림3.6 솔더링 불량 일자별 추이 및 3현 확인 내용 일부**

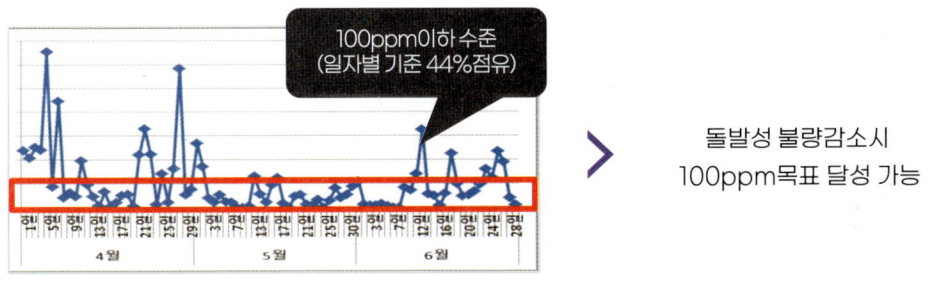

| NO | 3현 확인내용 | 솔더링 불량 영향 |
|---|---|---|
| 1 | 설비 수평도 벗어남 | 미납 |
| 2 | 지그 고정나사 빠져 있어 무게 차이 발생 | 전달된 온도 차이로 소납 불량 발생 |
| 3 | 플럭스가 균일하게 분사되고 있지 않음 | 미납, 소납 불량 |
| 4 | Bare PCB의 밀봉 상태가 불안정하게 관리되고 있어 부분적으로 습기에 취약한 상태 | |

### 2) 3현 실시 결과

3현을 실시한 결과 그 동안 너무 큰 개선에 집중하면서 사소한 요소를 간과하고 있었다는 것을 인지하게 되었으며, 3현 방법을 모든 공정의 4M으로 수평전개하여 CEO가 강조하는 100ppm을 초과 달성하였다.

### 사례3) 회로 쇼트불량 개선

S사는 그룹사의 부품 국산화전략으로 신제품을 개발하여 국산화 성공을 하였으며, 고객사로부터 제품성능에 대하여 승인을 받아 양산에 들어 갔다. 신제품 특성상 양산을 진행하면서 제품에 대한 신뢰성 모니터링을 하면서 제품 일부 회로에서 쇼트가 발생하여 이에 대한 원인규명을 위하여 신제품 개발인력 20여명이 참여하여 잘못된 영역을 찾고자 했지만 용이하지 않아 TFT활동을 전개하기로 하였다.

1) 설계자의 기존 활동 현황 확인

| 기존 활동 현황 | 세부 내용 |
| --- | --- |
| 품질문제 규명 어려움 | 제품을 오븐에 건조시키는 공정에 집중하여 원인규명을 시도하였지만, 원하는 결과를 얻지 못함 |
| 오븐 건조조건 변수 | 가스종류 및 양, 건조온도 및 시간, 오븐에 가스 이물질 잔류 |
| 오븐 건조 조건에 집중한 배경 | 과거에 유사한 문제발생시 오븐의 변수에서 해결책을 찾은 경험이 있었기 때문 |
| 오븐 건조 조건간 유의차 확인 | 오븐 건조 조건간 유의차가 없음을 확인하여 기존 활동 방향이 잘못됨을 인지 |

기존 활동 현황을 살펴보면서 기존 활동내용이 유의성이 없다는 것과 쇼트불량이 특정한 지점에서 주로 발생하고 있다는 것을 공유하여, 기존의 제품 및 공정조건을 변경하기 보다는 제조공정의 4M에 대하여 3현 중심으로 TFT활동을 전개하여 쇼트불량 발생 원인을 찾을 수 있었습니다.

2) TFT활동 추진 결과

| 활동 구분 | 결과 |
|---|---|
| 쇼트불량유형 확인 | - 불량 발생 크기 : 신뢰성 시험시 4% 발생<br>- 불량 발생 위치 : 제품의 코너에서 집중 발생 |
| 오븐 건조 조건 변수 | 쇼트 불량발생 위치와 관계 없는 것으로 판단하여 제외 |
| 원인규명 방법 | 3현 중심으로 제품의 코너에 영향을 주는<br>공정내 4M 변수를 조사하기로 함 |
| 3현 확인결과 | - 작업자간 제품의 취급방법에서 차이 발견<br>- 취급 방법에 따른 쇼트불량 유의차 확인<br><br>제품 취급 방법<br>쇼트free  VS  쇼트발생 |

3현으로 확인하고 의견들을 취합하여 제품의 취급방법에 대한 차이를 발견하여 해결책을 낼 수 있었던 사례입니다.

다른 사례들도 함께 살펴보도록 합시다.

네, 사례를 보니 더 이해가 되는 것 같습니다. 좋아요!!

### 사례4) 공정조건에 대한 실측 사례

  품질개선을 위하여 공정 인풋요소인 4M관련 작업기준에 대한 실행여부는 매우 주요한 사항이다. 그리고 공정 아웃풋인 제품 특성이 균일하지 않을 경우 공정이 불안정하다고 판단하게 된다. 공정이 불안정할 경우 생산성 및 품질향상에 불리할 수밖에 없다. 생산성과 품질이 요구하는 수준을 확보하지 못하면 이로 인한 원가 및 납기는 시급한 이슈가 되어 기업 경쟁력에 큰 걸림돌로 작용하게 된다. 그러므로 공정을 안정적이고 아웃풋을 균일하게 가져가는 방법으로 공정인풋요소인 4M이 주어진 기준으로부터 균일하게 관리되어야 한다. 4M에 대해서는 제조공정도에 관리기준이 명시되어 있으며, 이를 기준으로 3현을 실시한 내용 일부를 나타냈다.

| 공정구분 | 대상 | 확인내용 | 조치 | 효과 |
|---|---|---|---|---|
| 도금 | 온도 | 도금온도실측결과 유의하게 차이발생 | 써머커플 교체 | 도금불량 감소 |
| 세척 | pH | pH실측결과 유의하게 차이발생 | pH모니터링 | 세척효과 향상 |
| 교반 | RPM | 반죽을 섞는 회전체 RPM이 기준과 상이 | 모터 교체 | 작업표준 변경 |
| 노광 | 진공도 | 두 대의 설비의 진공도를 크로스체크 한 결과 진공도 눈금이 상이 | 누수 발생한 호스 교체 | 노광오류 개선 |
| 열용접 | 설비 수평도 | 설비수평상태 기울어짐 (가로/세로방향 측정) | 설비수평조정 | 제품불균형개선 |

4M은 공정에 따라서 달라질 수 있으므로 사내 전문가들의 의견들을 종합해서 정리하고 문제점을 공유하면서, 참여활동 분위기를 조성하고 유지관리 활동을 전개하는데 효율적입니다.

그림3.7 4M에 대한 3현 결과 예시

| 대상 | 도금온도 | 세척pH | 가스량 |
|---|---|---|---|
| 모습 | | | |
| 결과 | - 셋팅온도 : 45℃<br>- 표시온도 : 44.9℃<br>- 실측온도 : 57℃ | - 관리기준 : 9 ~ 10<br>- 실측pH : 12 | - 관리눈금 : 0.3 ~ 0.5<br>- 실제눈금 : 0.60 |

예시를 보니, 도금 온도에서 셋팅온도와 실측온도가 차이가 나네요.

그리고 세척 pH에서도 관리기준과 실측PH 차이가 나고 있네요..
가스량도 마찬가지이고요. 이런 부분이 3현을 통해서 발견할 수 있네요.

네 맞습니다. 공정4M에 대한 3현 중에 중요한 요소를
간혹 소홀히 하는 경우가 있습니다.

① 게이지에 나타난 설비조건은 실측을 통하여 확인이 필요하다는 것입니다.
② 게이지의 값이 관리기준을 벗어날 경우 즉시 조치를 해주어야 한다는 것입니다.
③ 설비의 중요한 관리요소는 게이지로 연결하여 나타내기 때문입니다.

이는 〈사소한 차이를 방치해서는 안된다!〉는 작업표준 준수
문화를 만들어 가는 것이기도 합니다.

위에서 보여준 다양한 3현 사례들은 고품해결에 유용하게 활용한
내용들입니다.

네, 이제 저는 3현 활동 전문가가 된 것 같습니다.

# 알아두면 좋은 Tip

## > 계량형 데이터에 대한 측정오차 평가 개요

일반적으로 데이터의 신뢰성 확보를 위하여 MSA (measurement system analysis, 측정시스템 분석)을 실시하게 되고, 이를 위하여 정확성과 정밀성을 평가하게 된다. 정확성은 해당계측기의 검교정을 통하여 필요에 따라 조치를 취하게 된다. 상황에 따라 계측기의 정확성을 주기적으로 점검하기 위하여 회사내부에서 마스터 시료를 이용하여 정확성을 평가하기도 한다. 그리고 정밀성은 Gage R&R방법을 통하여 정밀오차 수준에 따라 조치를 취하게 된다.

그림3.8 측정시스템분석 구분

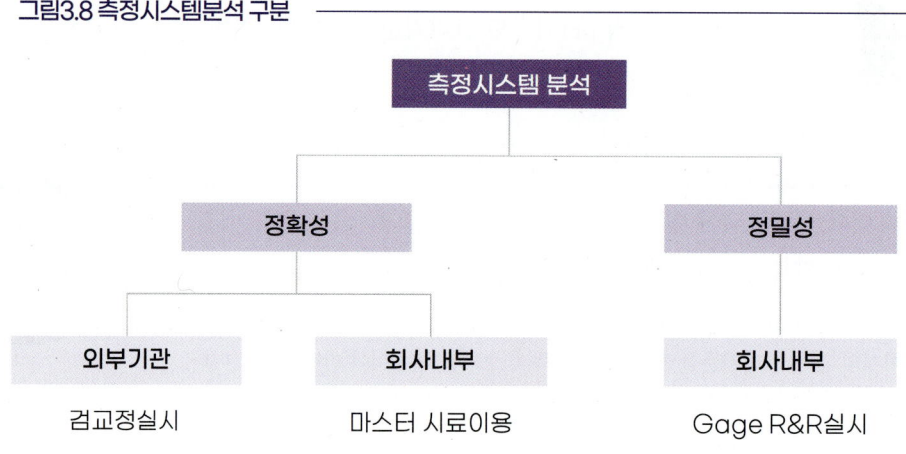

# 알아두면 좋은 Tip

## > 계량형 데이터에 대한 측정오차 평가 절차

회사내부에서 마스터를 이용하여 간이방법으로 측정오차의 정확성과 정밀성(반복성)을 평가하는 절차를 정리하였다.

> ① 하나의 시료를 준비하여 이를 반복 25~30회 측정을 실시한다.
> ② 이에 대하여 평균과 표준편차를 계산한다.
> ③ 평균값을 기준으로 참값과 비교하여 오차에 대하여 정확성을 평가한다.
> ④ 표준편차를 기준으로 오차변동인 반복성을 평가한다.

< 정확성 계산 및 합격여부 결정 기준>

- $\dfrac{치우침량}{규격폭}$ 을 %로 나타내어 5% 이하이면 합격이고, 10% 이상이면 불합격으로 판단한다. 여기에서 규격폭은 제품기준이다.

- 만일 참값을 모를 경우에는 정확성은 평가할 수 없다. 여기에서 치우침량은 '|평균-참값|'으로 나타낸다.

< 반복성 계산 및 합격여부 결정 기준>

- $\dfrac{오차변동}{규격폭}$ 을 %로 나타내어 10% 이하는 합격이고, 30% 이상은 불합격으로 판단한다.

- 여기에서 오차변동은 '6 × 표준편차'로 한다.

## 알아두면 좋은 Tip

### > 계량형 데이터에 대한 측정오차 평가 예

측정오차 간이 평가방법에 대하여 예시를 살펴본다.
① 하나의 마스터 시료로 25회 반복측정을 실시한다.

EXCEL DATA 3.6

| 24.95 | 25.01 | 24.98 | 25.02 | 25.02 |
| 25.00 | 25.00 | 24.99 | 25.01 | 24.99 |
| 24.99 | 25.02 | 25.00 | 24.98 | 24.97 |
| 25.02 | 25.00 | 24.98 | 25.03 | 24.99 |
| 25.01 | 25.01 | 25.04 | 24.96 | 25.01 |

② 이에 대한 평균과 표준편차를 구한다.

$\bar{x} = 24.999 \quad S = 0.0216$

③ 평균을 기준으로 정확성을 계산한다. (참값=25.0 규격 24~26)

$$정확성 = \frac{평균값과 참값의 차이}{규격폭} = \frac{25-24.999}{26-24} = 0.05\%$$

정확성은 5% 이하이므로 합격
(참값을 모르면 정확성을 판단할 수 없다)

④ 표준편차를 기준으로 오차변동(반복성)을 계산한다.

$$오차변동 = \frac{변동폭}{규격폭} = \frac{6 \times 0.0216}{26-24} = 6.48\%$$

반복성(오차변동)은 10% 이하이므로 합격이다.

# 제 4 장

CHAPTER

# Analysis 및 Solution 단계 활용 수법 일반

1. 주요요인 후보 정리
   1.1 매트릭스를 이용한 주요요인 후보 선정
   1.2 주요요인 후보를 트리 구조로 정리하는 방법
   1.3 주요요인 결정을 위한 인과관계 분석 방향

2. 상관/회귀분석
   3.1 상관분석이란
   3.2 회귀분석이란
   3.3 상관/회귀분석 활용사례

3. 0-1산점도
   3.1 산점도 개념
   3.2 0-1산점도 활용사례

4. Pre-control chart
   4.1 Pre-control chart란
   4.2 Pre-control chart의 3가지 법칙
   4.3 Pre-control chart활용 절차
   4.4 Pre-control chart활용 장점

## 원인분석 전개는..

Problem단계의 현상을 기준으로 나열한 원인들이 모두 개선이 필요한 문제점인가요? 너무 많아서 어떤 요인부터 개선해야 될지 모르겠어요.

맞습니다. 모든 원인을 살펴보기는 현실적으로 어렵지요.

그래서 우리는 영향요인을 나열하면서 추가할 요인을 보완하여 최종적으로 영향요인을 정리한 후, 이들로 부터 주요요인 후보를 선정해야 합니다.

영향요인 중 절반 이상은 검토할 필요 없는 요인으로 구분되는 경우가 많기 때문이지요.

걱정했는데 다행입니다.
그런데 정말 중요한 요인인지 어떻게 파악하지요? 논의만 하면 되나요?

아닙니다. 주요한 요인을 결정하는 순서가 있습니다.

첫번째, 영향요인을 기준으로 주요요인 후보를 선정한다
이를 위하여 영향요인별로 중요도 점수를 부여합니다.

두번째, 주요요인후보를 기준으로 주요요인을 결정합니다.
이를 위하여 3현 또는 인과관계 분석을 진행하여, 최종적으로 주요 요인을 결정합니다.

그럼, 주요 요인 결정관련 방법을 하나씩 살펴보도록 합시다.

# 1. 주요요인 후보 정리

## 1.1 매트릭스를 이용한 주요요인 후보 선정

Problem단계에서 고품발생 현상을 기준으로 영향요인을 나열하게 된다. 영향요인을 나열하면서 추가할 요인을 보완하여 최종적으로 영향요인을 정리한 후, 이들 로부터 주요요인 후보를 선정한다. 영향요인 중 절반 이상은 검토할 필요 없는 요인으로 구분되는 경우가 많다. 영향요인에서 주요요인 후보를 선정하기 위하여 각 요인별로 여러 사람의 경험을 기준으로 한 중요도(중요할수록 높은 점수)를 부여하여, 상대적으로 높은 점수를 받은 요인을 주요요인 후보로 선정하게 된다. 이를 위한 순서는 아래와 같다.

**순서1) 영향요인을 4~5가지 영역으로 그룹핑한다.**

영향요인을 유사한 원인영역으로 구분하여 그룹핑한다. 일반적으로 4M으로 구분하여 그룹핑하는 경우가 많으며, 필요에 따라 설계영역을 포함할 수도 있다.

**순서2) 그룹핑한 요인을 매트릭스에 작성하여 중요도 점수를 부여한다.**

매트릭스 세로방향에 그룹핑한 요인을 작성하고 상단 가로방향으로 중요도를 평가할 관련자(5~10명)를 명시하여 개인별로 브라인딩(blinding, 상대방이 점수를 보지 못하도록 하는)방법으로 점수를 부여한다. 이 때 점수는 중요할 수록 높은 점수를 부여한다. (일반적으로 중요도 약함-1점, 보통-3점, 강함-5점으로 하지만, 기업 환경에 따라 1,3,9점 또는 10점 척도로 하는 경우도 있음)

**순서3) 중요도 점수를 기준으로 주요요인 후보를 선정한다.**

요인별로 여러 개인이 평가한 점수를 합산하여 상대적으로 높은 점수를 얻은 요인을 주요요인 후보로 한다. 상대적으로 높은 점수를 표현하기 위하여 각 요인의 점수에 대한 점유율(하나의 요인에 대한 점수/전체요인의 점수합계)로 나타내면, 주요요인 후보를 선정하기 위한 기준을 용이하게 정할 수 있다.

### 표4.1 매트릭스를 이용한 주요요인후보 선정 예

| 구분 | 영향요인 | 중요도 평가(1~5점) ❶ | | | | | 중요도 점수 ❷ | ❸ | 주요요인 후보 ❹ |
|---|---|---|---|---|---|---|---|---|---|
| | | 박oo | 최oo | ... | 김oo | 이oo | 합계 | 점유율 | |
| 설비 | 온도 | 3 | 5 | ... | 5 | 3 | 33 | 8.0% | ● |
| | : | : | : | : | : | : | : | : | : |
| | 금형 마모도 | 1 | 1 | ... | 1 | 1 | 8 | 1.9% | |
| 방법 | 작업순서 | 1 | 1 | ... | 3 | 1 | 10 | 2.4% | |
| | 예열방법 | 3 | 3 | ... | 1 | 3 | 23 | 5.5% | |
| | : | : | : | : | : | : | : | : | : |
| 부품 | P기어 백래쉬 | 3 | 1 | ... | 1 | 3 | 21 | 5.1% | |
| | R기어 백래쉬 | 1 | 3 | ... | 1 | 1 | 12 | 2.9% | |
| | P모터 홀센서 | 5 | 5 | ... | 5 | 3 | 45 | 10.8% | ● |
| | : | : | : | : | : | : | : | : | : |
| | M모터 오작동 | 5 | 3 | ... | 5 | 3 | 35 | 8.4% | ● |
| | 핑거간 거리 | 3 | 1 | ... | 1 | 1 | 10 | 2.4% | |
| 설계 | 재질 | 3 | 1 | ... | 1 | 3 | 15 | 3.6% | |
| | 형상 | 5 | 5 | ... | 5 | 3 | 45 | 10.8% | ● |
| | 저항 | 3 | 1 | ... | 3 | 1 | 22 | 5.3% | |
| | : | : | : | : | : | : | : | : | : |
| | P치수 공차 | 5 | 5 | ... | 5 | 3 | 46 | 11.1% | ● |
| 기타 | 기어끼임 | 1 | 1 | ... | 3 | 3 | 15 | 3.6% | |
| | : | : | : | : | : | : | : | : | : |
| 총 합계 | | | | | | | 415 | 100% | |

매트릭스 작성 참조 )

① 평가자가 각 요인별로 고품영향 중요도를 점수 1,3,5(또는 1,3,9)로 부여한다.
  개인별로 요인에 대한 점수는 브라인딩 방법으로 진행하는 게 바람직하다.

② 각 요인별 중요도 점수를 합산한다. 합산한 결과를 합계하여 총 합계를 나타낸다.

③ 각 요인별 점수 합계를 총 합계로 나누어 준다.
  예) 맨 위 요인인 온도에 대한 점유율은 (합계 33/ 총합계415)=8.0%이 되며,
  이들 점유율의 총 합계는 100%가 된다.

④ 점유율이 상대적으로 큰 요인을 주요요인 후보로 정하여 ●로 표시하였다.
  또는 점유율을 크기순으로 누적하여 그 합이 70~80%가 되는 요인들을
  주요요인 후보로 정할 수 있다.

# 1. 주요요인 후보 정리

## 1.2 주요요인 후보를 트리 구조로 정리하는 방법

주요요인 후보를 기준으로 고품발생 인과관계를 분석하게 된다. 그리고 인과관계를 분석하기 이전에 고품과 주요요인후보들의 관계를 트리 구조인 FTA(Fault Tree Analysis)로 작성하여 고품해결 중간과정에 대한 보완할 요소 및 이후 활동방향에 대하여 정리한다.

매트릭스 방법은 그래도 이해하기 쉬웠는데, FTA는 용어가 다소 부담이 됩니다.

앞의 제2장에서 일부 나왔던 부분이라서 충분히 이해할 수 있습니다.

다시 용어를 설명한 후에 사례를 통해서 살펴보도록 하겠습니다.

우선, 용어를 먼저 다시 정리해보면, FTA를 작성하면서 맨 상단에는 정상(Top)사상에 해당하는 고품명(또는 고품관련 성능)을 위치시키고, 맨 하단에는 기본(Basic)사상인 주요요인 후보를 위치시키면서 정상사상과 기본사상의 중간에는 중간(Middle)사상으로서 주요요인을 구분하는 그룹핑 영역을 나타낸다. 각 사상간에는 게이트로 연결해주어 사상간의 관계를 나타낸다. 주로 사용하는 게이트는 OR(초승달 모양), AND(반달모양)을 사용한다. OR, AND는 이후 인과관계 분석을 통하여 추가로 수정하게 되므로 처음에는 모두 OR게이트로 표시해도 된다. OR게이트는 하위사상이 해당 상위사상에 독립적으로 영향을 주는 경우를, AND게이트는 하위사상들의 조합으로 해당 상위사상에 영향을 주는 경우를 말한다.

요인정리를 위하여 작성한 트리 구조의 FTA예시입니다.
하나는 주요요인 후보기준으로 작성한 예시이고,
다른 하나는 영향요인 기준으로 작성한 예시입니다.
과제 상황에 맞추어 활용하면 됩니다.

주요 요인 후보 기준과 영향요인 기준은 어떤 차이가 있나요?
어떤 기준으로 하는 것이 더 좋은 건가요?

주로 주요요인 후보로 트리를 작성하지만, 과제 상황에 따라,
영향요인 기준으로 트리를 작성해도 됩니다. 이해를 돕고자
아래 예시를 참조하면 됩니다.

**그림4.1 주요요인 후보 기준으로 트리 작성 예시**

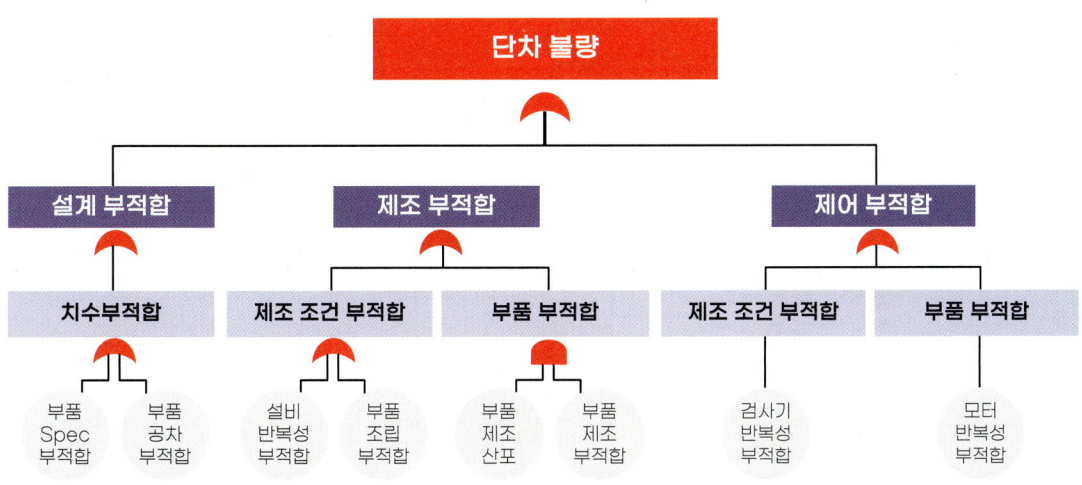

## 그림4.2 영향요인 기준으로 트리 작성 예시

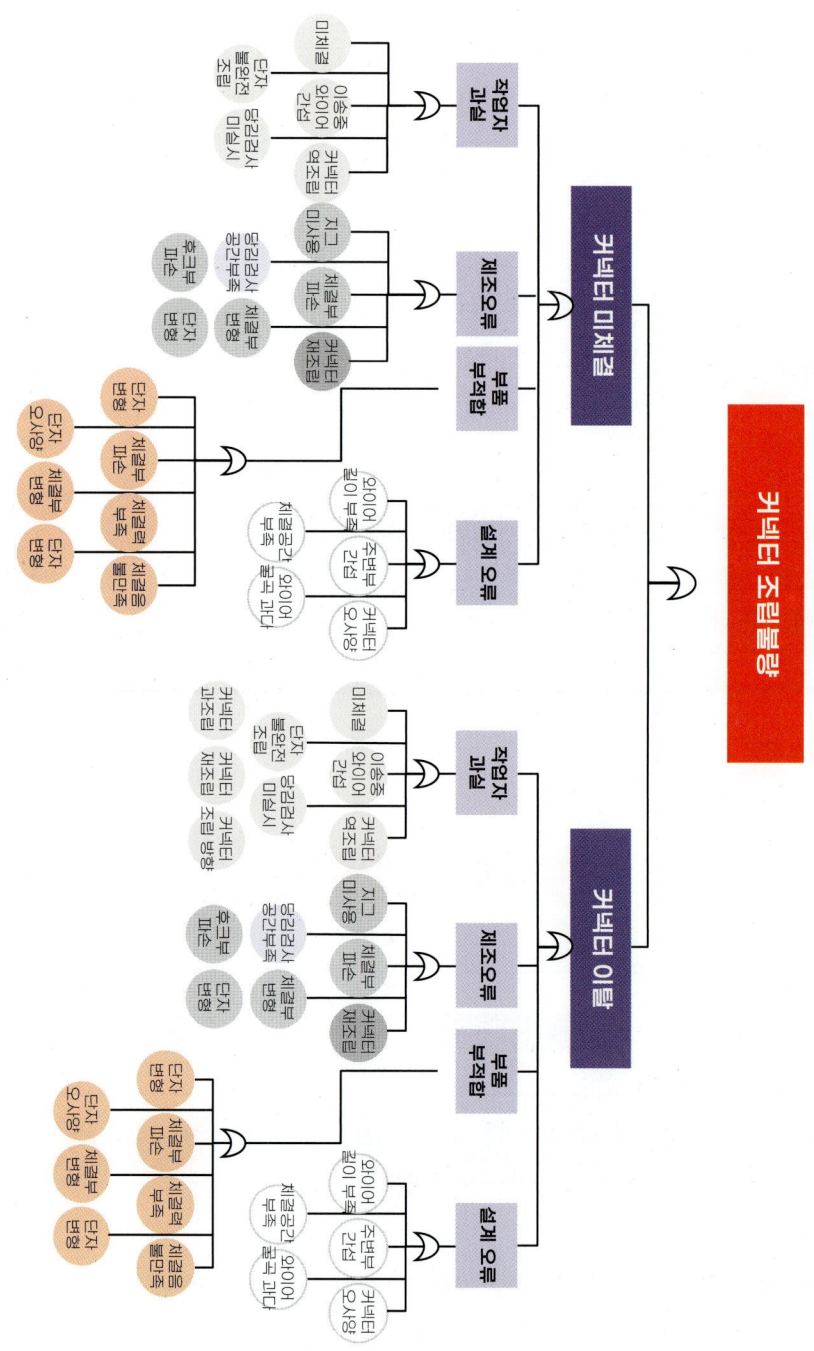

# 1. 주요요인 후보 정리

## 1.3 주요요인 결정을 위한 인과관계 분석 방향

고품발생에 영향을 주는 주요요인을 규명하기 위하여 인과관계 분석 방법에 대한 계획을 수립하게 된다. 인과관계 분석을 위하여 기존자료를 이용하거나 추가 실험을 통하여 주요요인을 결정하게 된다.

인관관계 분석은 다양하게 사용되는데, Problem단계 결과에 따라 Analysis및 Solution단계를 진행하게 된다. 즉,〈설계관점으로 접근〉해야 할지, 〈제조공정의 4M관점으로 접근〉해야 할지 판단하여 고품해결활동을 전개하게 된다. 핵심원인별로 인과관계를 규명하고 이를 해결하기 위하여 다양한 방법을 이용하게 된다.

**표4.2 수법별 사용 시기**

| 수법 | 언제 사용하는가 | 결과물 활용 |
|---|---|---|
| 3현 | 주요요인 후보에 대한 문제점을 파악하기 위하여 확인이 필요할 경우 | 주요요인후보의 문제점 발견 |
| 상관/회귀 분석 | 주요요인후보에 대하여 상관성 및 영향성 파악 | 인과관계규명 및 개선방향 제시 |
| 0-1산점도 | 주요요인 후보의 조합에 의한 고품발생에 영향을 주는 조건 규명 | 조합에 의한 문제발생조건 대응 |
| 직교배열 실험 | 주요요인 후보에 대하여 인과관계 규명 및 최적조건을 찾기 위하여 실험 진행 | 핵심원인규명 및 개선방향 제시 |
| 샤이닝 기법 | BoB와 WoW의 비교를 통하여 핵심원인규명 및 최적조건 도출 (짝비교,부품추적실험,변수추적실험) | 핵심원인규명 및 개선방향 제시 |
| 허용공차 분석 | 주요변수에 대한 허용공차의 적합성 확인 및 공차 재설정 | 관리기준 설정 |
| Pre-control chart | 개선이후의 주요항목/특성에 대한 유지관리 | 유지관리 |

# 알아두면 좋은 Tip

> 고품과 주요요인후보에 대한 인과관계 분석 진행 예시

고품에 영향을 주는 주요요인후보에 대한 인과관계 분석을 위하여 각 요인별 검증해야 할 요소를 정리하여 검증방법을 작성하여 이를 담당자별로 분담하여 진행하고 검증결과를 정리하여 주요요인을 결정한 사례이다. 필요에 따라 인과관계 검증계획시 실시 일정 및 담당자를 구분하여 업무분담을 진행해도 좋다.

표4.3 주요요인정리 예시

| 구분 | 주요요인 후보 | 검증내용 (가설) | 검증/분석 방법 | 검증결과 | 주요 요인 | 별첨 |
|---|---|---|---|---|---|---|
| 조립 | 부품 조립 | 부품 조립성 저하 | 3현 | - | | |
| 부품 | 랙기어 | 기어 품질에 따라 불량 발생 가능성 큼 | 부품 추적 및 짝비교 직교배열 실험 | 기어류 부품 품질에 따라 높이 수준 변화 (랙기어 크기) (웜휠기어 각도) | ● | 📊 |
| | 모터기어 | | | | - | |
| | 피니언기어 | | | | - | |
| | 웜휠 기어 | | | | ● | |
| | 모터 홀센서 | 홀센서 산포로 인한 반복성 저하 | 센서 특성확인 | ±0.4 공차 변경의 원인 | ● | 📊 |
| 계측기 | 조정오류 | 기준점 조정시 불량 발생 | 상관분석 | - | - | - |
| | 제품 반복성 | 측정 반복성 저하 | 게이지 R&R | 측정 반복성 떨어짐 | ● | 📊 |
| : | : | : | : | : | : | : |
| 기타 | 설계 공차 | 설계공차 부적절 | 공차분석 | 부적절 | | - |

110

## 2. 상관/회귀분석

### 2.1 상관분석이란

상관분석(correlation analysis)이란 변수간의 관계(선형성질)를 확인하는 방법으로 상관계수 $r$을 구하여 확인한다. 상관계수 $r$은 −1과 1사이의 값으로 상관계수의 절대값이 1에 가까우면 상관성이 높은 경우이고 0에 가까우면 상관이 없는 것을 의미한다. 그리고 상관계수 부호는 두 변수간의 비례 성질은 양수, 반비례 성질은 음수가 된다.

흠, 갑자기 복잡한 이야기가 나오네요.
조금 어려운 것 같아요.

그렇죠. 분석이라는 용어가 나오다 보니 어려울 겁니다.

우선, 상관계수는 $x$라는 변수와 $y$라는 변수간의 관계정도를 나타냅니다.

$x$변수와 $y$변수간의 차이를 곱으로 관계를 살펴보고, 이를 표준화하기 위해 표준편차로 나누어 준다고 보면 됩니다.

이들 간의 자료를 살펴본 후 이들의 상관성을 검토하게 됩니다. 하나씩 살펴봅시다.

변수간의 상관계수는 제곱합을 이용하여 구하게 된다.

**그림4.3 상관계수 구하는 공식**

$$r = \frac{SS_{xy}}{\sqrt{SS_{xx} \times SS_{yy}}} = \frac{\Sigma(x_i-\bar{x})(y_i-\bar{y})}{\sqrt{\Sigma(x_i-\bar{x})^2 \Sigma(y_i-\bar{y})^2}}$$

- 상관계수에 대한 유의성은 $t$값을 구하고 $t$분포를 이용하여 판단한다.

  ($SS_{xy}$ : $x$와 $y$의 제곱합, $SS_{xx}$ : $x$의 제곱합, $SS_{yy}$ : $y$의 제곱합)

### 그림 4.4 상관계수 의미 판단 기준

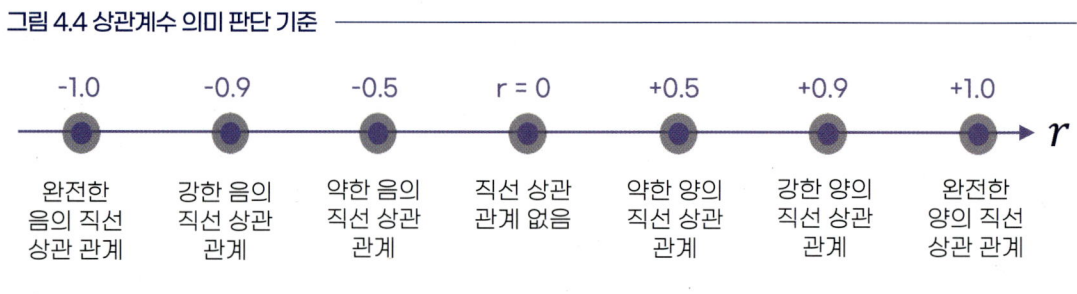

앞의 공식에 따라 $r$이라는 값이 나오게 되면 $r$값에 따라서 위의 기준으로 상관정도를 알 수 있다. 그리고 필요에 따라 상관계수의 유의성을 확인해도 된다.

예제) 온도와 인장강도 데이터를 활용하여 두 변수간의 관계정도를 파악하기 위하여 상관분석을 전개하고자 한다.

EXCEL DATA 4.1

| 온도 | 125 | 131 | 115 | 135 | 129 | 120 | 139 | 136 |
|---|---|---|---|---|---|---|---|---|
| 인장강도 | 42 | 53 | 36 | 55 | 45 | 42 | 60 | 53 |

① 수집한 데이터를 기준으로 독립변수와 종속변수의 관계를 알아보기 위하여 데이터를 정렬하여 Minitab에서 상관분석을 진행한다.

– Tool : 통계분석 > 기초통계 > 상관분석

**Minitab 기능**

| + | C1 온도 | C2 인장강도 |
|---|---|---|
| 1 | 125 | 42 |
| 2 | 131 | 53 |
| 3 | 115 | 36 |
| 4 | 135 | 55 |
| 5 | 129 | 45 |
| 6 | 120 | 42 |
| 7 | 139 | 60 |
| 8 | 136 | 53 |

데이터 정렬 모습 　　　 상관분석 기능

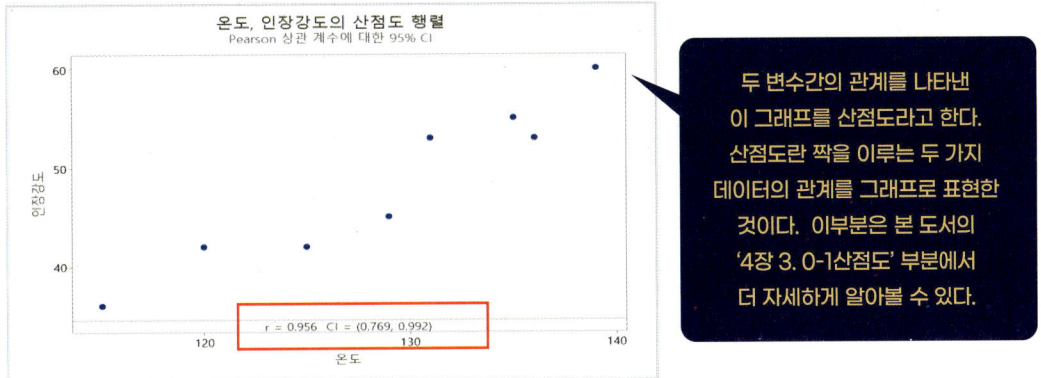

② 산점도와 상관계수($r$ = 0.956)를 동시에 보여주고 있으며, 두 변수의 상관정도는 매우 강한 양의 관계이다.

③ 만일 상관계수의 유의성에 대한 확인이 필요할 경우에 아래의 공식에 따라서 진행한다.

$$t_0 = \frac{r\sqrt{n-2}}{\sqrt{1-r^2}} = \frac{0.956\sqrt{8-2}}{\sqrt{1-0.956^2}} = 7.98$$

여기에서 $t$값 (유의수준 5%, 자유도 ($n-2$)에 해당, 여기에서는 6)을 $t$분포표에서 찾으면 2.447이다. (상관계수 유의성 검정시 유의수준 5%는 양쪽면적을 기준으로 함)
$t_0$ 값이 $t$값보다 크므로 상관계수는 유의하다고 볼 수 있다. (유의수준 5%)

④ 인관관계를 규명하면서 상관분석을 실시할 경우에 본 예시처럼 상관계수가 유의할 경우에 온도는 인장강도에 영향을 준다고 볼 수 있다.

# 2. 상관/회귀분석

## 2.2 회귀분석이란

회귀분석(regression analysis)이란 변수 간의 관계를 함수식으로 나타내는 방법이다. 회귀분석의 종류는 단순회귀, 곡선회귀, 다중회귀분석, 반응표면분석이 있다. 독립변수를 $x$, 종속변수를 $y$라고 할 경우에 회귀분석 종류를 구분해본다.

**그림4.5 각 회귀분석에서 함수식(회귀계수 $b_i$)**

① 단순회귀분석 : $x$가 한 개이면서 1차 함수식인 경우, $y = b_0 + b_1 x$

② 곡선회귀분석 : $x$가 한 개이면서 곡선 함수식인 경우, $y = b_0 + b_1 x + b_{11} x^2$

③ 다중회귀분석 : $x$가 여러 개이면서 1차 함수인 경우, $y = b_0 + b_1 x_1 + b_2 x_2$

④ 반응표면분석 : $x$가 여러 개이면서 2차 함수인 경우,

$$y = b_0 + b_1 x_1 + b_{11} x^2 + b_2 x_2 + b_{22} x_2^2 + b_{12} x_1 x_2$$

회귀계수를 구하는 방법은 최소자승법(데이터와 기준치의 차이가 최소가 되도록 계수를 결정하는 방법)을 이용한다. 이를 위하여 행렬을 이용하지만, 단순회귀의 $b_1$, $b_0$을 구하는 공식은 다음과 같이 구할 수 있다.

**그림4.6 단순회귀분석의 회귀계수 $b_1$, $b_0$ 공식**

$$\text{기울기 } b_1 = \frac{SS_{xy}}{SS_{xx}} = \frac{\sum (X_I - \bar{X}) \sum (y_i - \bar{y})}{\sum (x_i - \bar{x})^2} \qquad \text{절편 } b_0 = \bar{y} - b_1 \bar{x}$$

그렇다면, 회귀분석을 통해서 $x$와 $y$변수간의 관계를 식으로 나타낼 수 있다는 거네요!!!
그런데, 이 회귀식이 적합한지 아닌지 우리가 어떻게 판단할 수 있나요?

잘 이해하고 있네요.

회귀식이 적합한지 아닌지는 결정계수 값을
이용해서 알 수 있습니다.

결정계수에 대한 설명을 간단히 해보고 회귀분석에 대한
사례와 함께 이해해보도록 합시다.

회귀분석에서는 회귀식의 해석능력을 확인하기 위하여 결정계수 $R^2$을 구한다. 결정계수는 회귀식의 설명비율을 의미하는 것으로 0~1사이에 있는 값이다. 만일 회귀식과 데이터가 100% 일치하면 결정계수 $R^2 = 1$이 되며, 결정계수 $R^2$값이 0.5(또는 0.65)이상이면 설명능력이 좋다고 본다.

그림4.7 단순회귀 $R^2$ 공식

$$R^2 = \frac{SS_{회귀}}{SS_{yy}} = \frac{\sum(y_i - \hat{y}_i)^2}{\sum(y_i - \bar{y})^2} \quad (\hat{y}_i는 y_i의 추정값)$$

회귀분석에서는 회귀식의 유의성을 판단하기 위하여 잔차분석 및 분산분석을 실시한다. 그러므로 회귀분석에서는 회귀식을 기준으로 $R^2$, 분산분석을 통하여 최종적으로 회귀식의 활용여부를 판단하게 된다. (회귀식의 유의성 판단 기준 : $R^2 \geq 0.5$ & 회귀식의 P값 $\leq 0.1$)

잔차분석과 분산분석은 이 과정에서 어려울 수 있지만,

뒤에 〈알아두면 좋은 Tip〉에 설명을 해 놓았으니 참고하면
좋을 것 같습니다.

예제) 온도와 인장강도 데이터를 활용하여 두 변수간 관계식을 규명하는
회귀분석을 전개하고자 한다.

EXCEL DATA 4.1

| 온도 | 125 | 131 | 115 | 135 | 129 | 120 | 139 | 136 |
|---|---|---|---|---|---|---|---|---|
| 인장강도 | 42 | 53 | 36 | 55 | 45 | 42 | 60 | 53 |

① 수집한 데이터를 기준으로 산점도를 작성하여 선형 또는 곡선의 경향을 보여주면 관련되는 변수간 관계식을 구하게 된다. 그리고 상기 데이터는 상관분석 예시에서 상관성이 유의하다는 것을 보여주고 있기 때문에 선형식을 구한다. 이를 위하여 데이터를 정렬하여 Minitab에서 회귀분석을 진행한다.

- Tool : 통계분석 〉 회귀분석 〉 회귀분석 〉 적합회귀모형

| Minitab 기능 | 데이터 정렬 모습 | 회귀분석 기능 |

② 선형 회귀식은 최소자승법을 이용하여 구하게 된다.
　　본 예시에서는 Minitab을 이용하였지만, 공학용 계산기 또는 엑셀을 이용하여 구할 수 있다.

**회귀 방정식**
인장강도 = -73.0 + 0.942 온도

**모형 요약**
S　　R-제곱　R-제곱(수정)　R-제곱(예측)
2.59396　91.36%　　89.93%　　　86.30%

두 변수의 회귀식에 대한 결정계수($R^2$)는 89.93%로 설명력이 높다는 것을 보여주고 있다.

③ 품질문제해결 과정에서 회귀식은 변수간 정보로 이용하여 조건에 따른 특성의 예측 또는 조건의 관리기준을 설정할 때 활용할 수 있다.

# 알아두면 좋은 Tip

## > 회귀분석에서의 잔차분석 이해

: 잔차(residual)란 측정값과 적합치(추정값)의 차이를 말한다.
온도에 따라 인장강도를 조사하여 회귀식을 기준으로 계산한 값이다.

표4.4 잔차 정리 예시

| NO | 1 | 2 | 3 | … | 비고 |
|---|---|---|---|---|---|
| 온도 | 125 | 131 | 115 | … | x |
| 인장강도 측정값 | 42 | 53 | 36 | … | y |
| 인장강도 추정값 | 44.72 | 50.37 | 35.30 | … | y' |
| 잔차 | -2.72 | 2.63 | 0.70 | … | y − y' |

: 잔차를 기준으로 그래프를 작성하여 정규성, 등분산성, 독립성을 확인한다.

그림 4.8 잔차 상황 예시

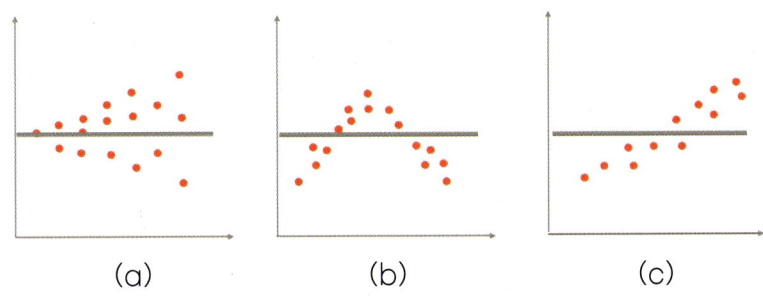

(a)　　　　　(b)　　　　　(c)

(a)의 그림은 등분산성에 의심이 가능 경우라고 볼 수 있다.
(b)의 그림은 독립성 및 선형성에 의심이 가는 경우라고 볼 수 있다.
(c)의 그림은 고려중인 변수 이외에 다른 변수가 필요한 경우일 수 있다.

잔차분석을 통하여 특별한 규칙이 발견되지 않으면 회귀식에 대한 분산분석을 진행하여 회귀식의 유의성을 판단하게 된다.

# 알아두면 좋은 Tip

## > 회귀분석에서의 분산분석 이해

: 회귀분석에서의 분산분석은 회귀식의 유의성을 확인하는 방법이다.

**그림 4.9 분산분석 전개 예시**

모형 요약

| S | R-제곱 | R-제곱(수정) | R-제곱(예측) |
|---|---|---|---|
| 2.59396 | 91.36% | 89.93% | 86.30% |

분산 분석

| 출처 | DF | Adj SS | Adj MS | F-값 | P-값 |
|---|---|---|---|---|---|
| 회귀 | 1 | 427.13 | 427.128 | 63.48 | 0.000 |
| 　온도 | 1 | 427.13 | 427.128 | 63.48 | 0.000 |
| 오차 | 6 | 40.37 | 6.729 | | |
| 총계 | 7 | 467.50 | | | |

| 구분 | 제곱합<br>SS | 자유도<br>DF | 분산<br>MS | 분산비<br>F | 유의할<br>확률<br>P |
|---|---|---|---|---|---|
| 회귀식 | ① | ④ | ⑦ | ⑨ | ⑩ |
| 오차 | ② | ⑤ | ⑧ | | |
| Total | ③ | ⑥ | | | |

: 분산분석표의 각 값을 구하는 공식

① $SS_{회귀(온도)} = \sum(\hat{y}_i - \bar{y})^2 = (44.72 - \bar{y})^2 + (50.37 - \bar{y})^2 + \cdots + (55.08 - \bar{y})^2 = 27.13$
② $SS_{오차} = SS_{총계} - SS_{회귀} = 467.50 - 427.13 = 40.37$
③ $SS_{총계} = \sum(y_i - \bar{y})^2 = (42 - \bar{y})^2 + (53 - \bar{y})^2 + \cdots + (53 - \bar{y})^2 = 467.50$
④ $DF_{회귀} = 회귀계수 - 1 = 2 - 1 = 1$
⑤ $DF_{오차} = DF_{총계} - DF_{회귀} = 7 - 1 = 6$
⑥ $DF_{총계} = 총데이터 개수 - 1 = 8 - 1 = 7$
⑦ $MS_{회귀} = SS_{회귀} / DF_{회귀} = 427.13 / 1 = 427.13$
⑧ $MS_{오차} = SS_{오차} / DF_{오차} = 40.37 / 6 = 6.73$
⑨ $F_{회귀} = MS_{회귀} / MS_{오차} = 427.13 / 6.73 = 63.48$
⑩ P값은 ⑨에 대하여 ④, ⑤를 기준으로 산출한다.

$R\text{-제곱} = (SS_{총계} - SS_{오차}) / SS_{총계} = SS_{회귀} / SS_{총계} = 427.13 / 467.50 = 0.9136$

회귀식의 유의한 정도는 분산분석의 회귀항의 P값이 0.05(또는 0.1)이하일 때, 회귀식은 유의하다고 결론을 내린다. 결정계수는 회귀식의 설명력을 나타내며, $R^2$ & $R^2_{adj}$이 0.5(50%) 또는 0.65(65%)이상이면 설명력은 좋다고 판단한다.

# 2. 상관/회귀분석

## 2.3 상관/회귀분석 활용사례

> **상황)** 엔진부품을 생산하는 절삭공정의 맨 마지막에 제품의 절삭상태를 평가하기 위하여 주요특성인 휠 언바란스(unbalance)양을 측정한다. 측정한 휠 언바란스양이 주어진 기준을 벗어나면 추가 작업이 필요하며, 이로 인한 생산 낭비는 공정자동화에 장애가 되고 있다. 이를 개선하기 위하여 주요원인을 규명하고 개선점을 찾고자 6개의 BoB, WoW 제품에 대하여 데이터를 수집하였다. (휠 언바란스양 규격 : 10이하)

EXCEL DATA 4.2

| 시료구분 | 원인계 | | | | | | 결과계 |
|---|---|---|---|---|---|---|---|
| | 내경 | 축경 | 외경 | 갭 | 간격 | 각도 | 휠 언바란스 |
| BoB | 24.226 | 29.992 | 42.377 | 0.014 | 0.084 | 0.05 | 4.2 |
| WoW | 24.225 | 29.989 | 42.379 | 0.031 | 0.081 | 0.043 | 23.5 |
| BoB | 24.223 | 29.992 | 42.379 | 0.018 | 0.031 | 0.009 | 5 |
| WoW | 24.223 | 29.991 | 42.378 | 0.039 | 0.044 | 0.072 | 22.5 |
| BoB | 24.228 | 29.993 | 42.377 | 0.008 | 0.047 | 0.018 | 3.8 |
| WoW | 24.227 | 29.994 | 42.378 | 0.039 | 0.071 | 0.041 | 21 |

충분히 해볼 수 있을 것 같습니다.
그럼 여기서 종속변수는 결과계($y$)인 휠얼바란스로 선택을 하고 독립변수($x$)는 원인계의 데이터를 사용하면 되겠네요!

1) 이에 대하여 주요원인을 규명하기 위하여 상관분석을 실시한다.
2) 이들의 관계식을 찾아서 관리기준을 설정하고자 회귀분석을 진행한다.

수집한 데이터를 Minitab에 입력하여 상관분석과 회귀분석을 실시하여 이를 분석한 결과이다.

① 상관분석을 실시한 결과 〈갭〉과 〈휠 언바란스양〉의 상관계수 $r$이 0.937로 이들의 상관성이 매우 높다는 것을 보여주었다.

- Tool : 통계분석 > 기초통계 > 상관분석

```
상관계수
              내경     축경    외경    갭     간격   각도
축경         0.525
외경        -0.650  -0.519
갭          -0.347  -0.185   0.453
간격         0.431  -0.203  -0.194  0.148
각도        -0.229  -0.318  -0.158  0.636  0.396
휠언바란스  -0.235  -0.397   0.463  0.937  0.274  0.631
```

② 상관성이 높은 〈갭〉과 〈휠 언바란스양〉의 관계식을 구하기 위하여 회귀분석을 실시하였다.

- Tool : 통계분석 > 회귀분석 > 회귀분석 > 적합회귀모형

**회귀 방정식**
휠언바란스 = -3.96 + 696 갭

**모형 요약**

| S | R-제곱 | R-제곱(수정) | R-제곱(예측) |
|---|---|---|---|
| 3.86985 | 87.77% | 84.72% | 76.75% |

회귀식에 대한 결정계수 $R^2$가 84.72%로 설명력이 높다는 것을 보여주고 있어, 이 식을 기준으로 관리기준을 설정한다.

> 잘 따라오고 있군요.
> 상관분석과 회귀분석을 통해 두 변수간의 관계를 값으로 이해할 수 있었습니다. 이제 시각화를 위한 산점도를 작성해봅시다.

③ 이들의 관계식을 기준으로 관리기준을 시각화 하기 위하여 산점도를 작성하였다.

- Tool : 그래프 > 산점도 ----- 산점도는 〈회귀선 표시〉

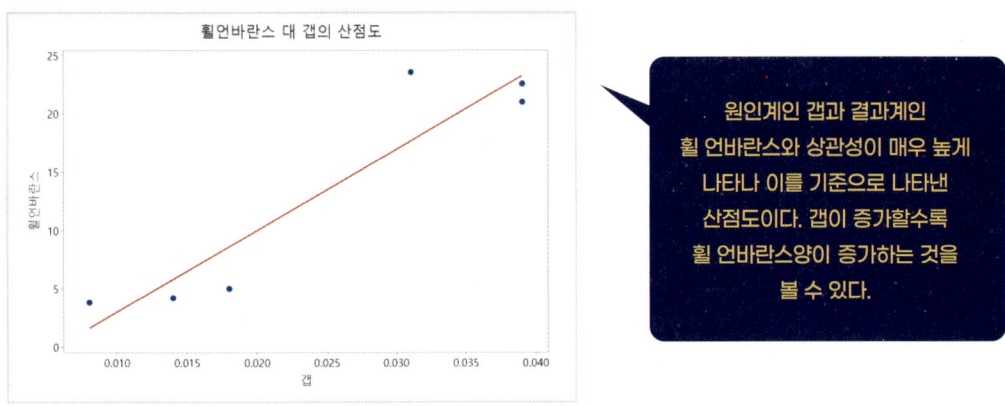

산점도에서 회귀선을 기준으로 휠 언바란스양(세로축)에 규격 10인 지점과 이에 대응되는 갭(가로축)의 기준값을 선으로 나타내었다.

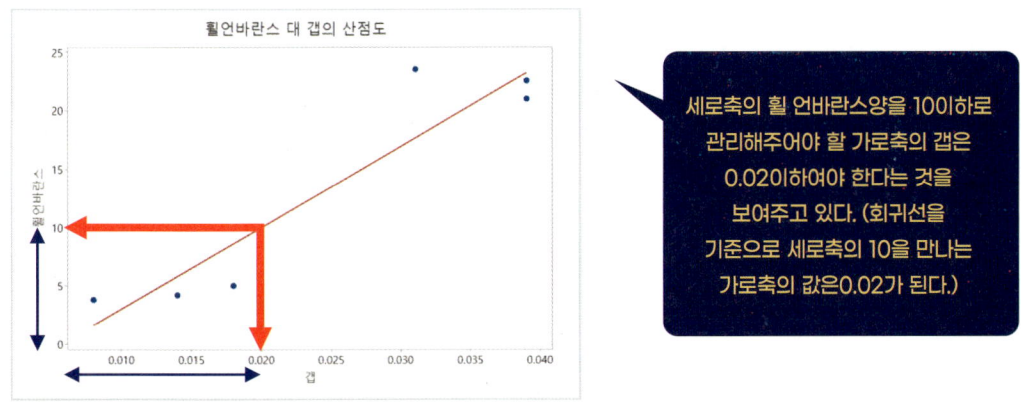

요구하는 휠 바란스양을 10이하로 관리하기 위해서 갭은 0.02이하로 관리해주어여 한다. 본 분석을 통하여 휠 언바란스량에 영향을 주는 원인을 규명하고 관리기준을 설정하기 위하여, 추가로 시료를 30개로 증가하여 재현성을 확인하여 마무리 하였다. (기존에는 〈갭〉을 주요한 변수로 구분하지 않아 관리 하고 있지 않았음)

# 3. 0-1산점도

## 3.1 산점도 개념

산점도(scatter plot)란 짝을 이루는 두 가지 데이터의 관계를 알아보기 위해 데이터를 그래프로 표현한 것이다. 변수간의 규칙을 확인하기 위하여 필요에 따라 산점도를 작성하여 상관분석 및 회귀분석을 연계하여 활용하여 필요한 정보를 얻기도 한다.

그리고 산점도를 변형하여 0-1산점도를 정리하였다. 여기에서 0-1의미는 양품-불량품을 의미하는 내용으로 가로, 세로축에 원인계변수를 나타내면서 각 조합에서의 제품의 GOOD(0으로 표시)와 BAD(1로 표시)를 구분하여 표시하여 정리한 산점도이다.

산점도는 원인계와 결과계의 경향을 파악하는 용도이지만, 0-1산점도는 변수들간의 조합에 따라 양품 또는 불량품발생의 조합을 파악할 수 있다.

산점도와 0-1산점도의 이해를 돕기 위하여 아래의 그림에 산점도를 보면서 해석을 하였다

**그림4.10 산점도와 0-1산점도의 해석**

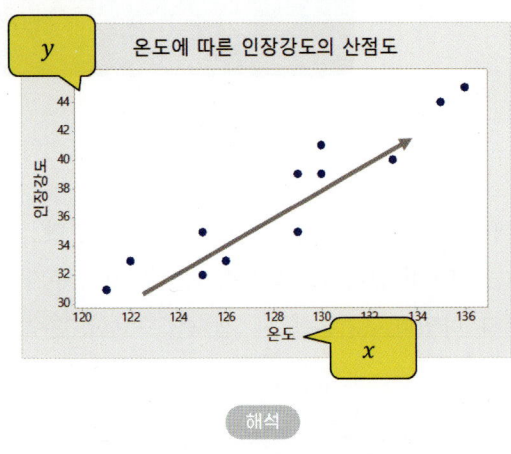
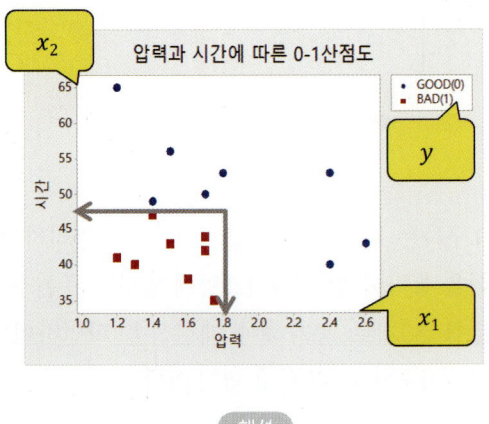

해석: 온도가 증가하면 인장강도가 증가한다.

해석: 압력이 1.8이하이면서 시간이 48이하일 때 불량(BAD)이 발생한다.

# 3. 0-1산점도
## 3.2 0-1산점도 활용사례

> **상황1)** 상관/회귀분석 사례에서 진행한 데이터를 기준으로 0-1산점도를 작성하여 〈갭〉의 조건에 따른 BoB & WoW를 포함하여 시각적으로 나타내고자 한다. 이 때 가로축에 〈갭〉을 , 그리고 갭과 관련된 변수인 〈각도〉, 〈간격〉을 세로축에 나타내어 각 각에 대하여 BoB는 〈0〉의 개념으로 WoW는 〈1〉의 개념으로 구분하여 0-1산점도를 작성한다. (본 장의 2.3 상관/회귀분석 활용 사례 참조)

- Tool : 그래프 〉 산점도 ----- 산점도는 〈그룹표시〉

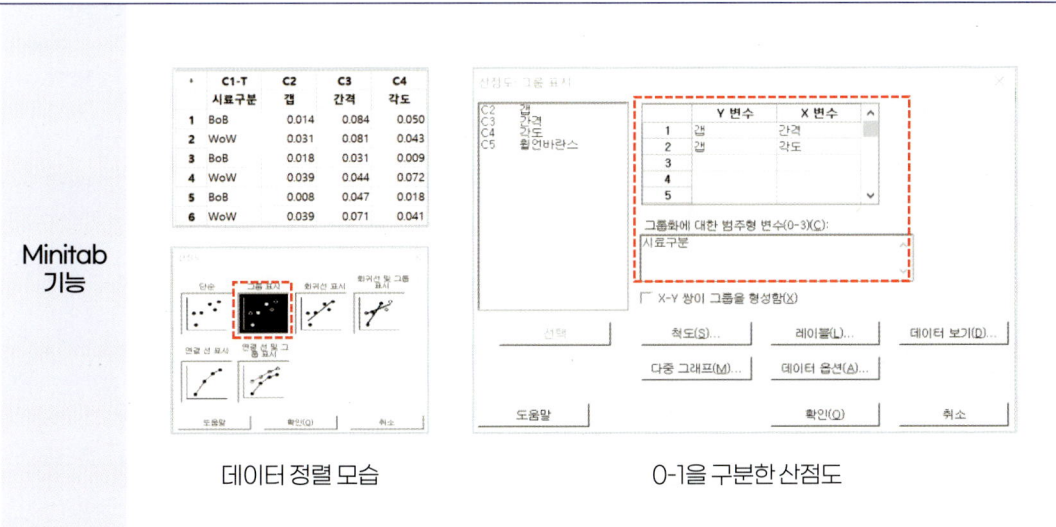

데이터 정렬 모습          0-1을 구분한 산점도

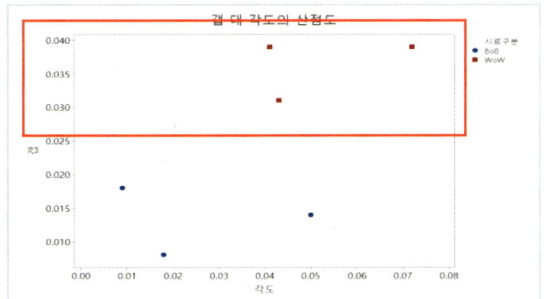

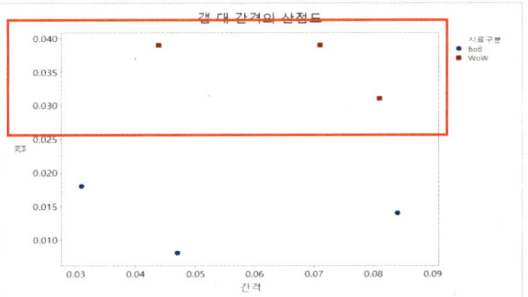

〈갭〉과 〈각도〉의 0-1산점도에서는 각도의 크기와 관계없이 갭이 일정값을 벗어나면 WoW가 된다는 것을 보여주고 있다. 마찬가지로 〈갭〉과 〈간격〉의 0-1산점도에서도 간격의 크기와 관계없이 갭이 일정값을 벗어나면 WoW가 된다는 것을 보여주고 있으므로 휠 언바란스양은 변수들의 조합에 의한 영향이 아니고 〈갭〉변수가 독립적으로 영향을 주고 있다는 것을 알 수 있다.

 **상황2)** 온도와 시간에 따른 데이터를 수집하여 BoB와 WoW에 영향을 주는 상황을 파악하고자 한다. Minitab을 이용하여 0-1산점도를 작성하였다.

그림 4.11 0-1산점도 작성 예시

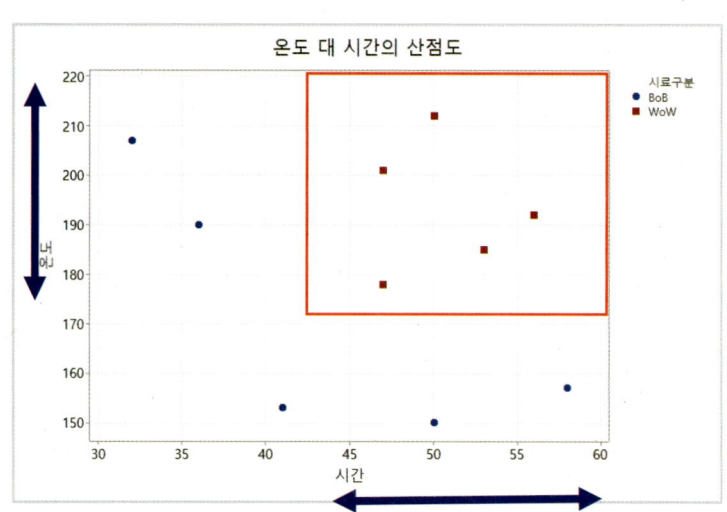

| 시료구분 | 온도 | 시간 |
|---|---|---|
| BoB | 150 | 50 |
| BoB | 153 | 41 |
| BoB | 157 | 58 |
| BoB | 190 | 36 |
| WoW | 178 | 47 |
| WoW | 185 | 53 |
| BoB | 207 | 32 |
| WoW | 201 | 47 |
| WoW | 192 | 56 |
| WoW | 212 | 50 |

EXCEL DATA 4.3

① WoW는 시간과 온도의 독립적인 영향으로 발생하고 있지 않음을 보여주고 있다. 즉, 시간의 변화에 따라 WoW가 발생하지 않고 있음을 보여주고 있으며, 마찬가지로 온도의 변화에 따라서도 WoW가 발생하지 않고 있음을 보여주고 있다. WoW는 시간이 증가하면서 온도가 증가한 조합의 조건에서 발생하고 있음을 보여준다.

② 고품(WoW)가 발생하고 있는 조건은 시간은 45이상이면서 온도가 170이상인 경우에 발생하고 있으므로 이에 대한 추가 조사 및 대응책이 필요하다.

## 4. Pre-control chart

이미 저는 관리도(control chart)를 알고 있는데요.
Pre-control chart는 다른 건가요?
꼭 Pre-control chart를 사용해야 하나요?

유사한 개념으로 보면 됩니다.

주로 사용하는 Xbar-R관리도(control chart)는 공정의 우연변동과 이상변동을 관리하는 방법이고, Pre-control chart 는 주요특성값이 목표값에 근접하도록 관리하는 방법입니다.

Xbar-R관리도는 규격이 제시되지 않지만, Pre-control chart는 규격이 제시되어 관리하게 된다는 것이 큰 차이라고 볼 수 있습니다.

즉, Pre-control chart는 규격기준으로 관리한다고 볼 수 있습니다.

왜죠? 어떻게 관리할 수 있는거지요?

여기서는 영역이 존재합니다.

Green zone, Yellow zone, Red zone 이 있지요.

신호등과 같이 작업자들이 쉽게 판단할 수 있도록 도와주기 때문에 현재의 품질수준 판단 및 개선의 지속성을 가지고 있어 아주 유용한 도구입니다.

자세히 살펴봅시다.

# 4. Pre-control chart
## 4.1 Pre-control chart란

공정의 안정적인 관리를 위하여 Xbar-R관리도에서는 관리한계인 UCL(Upper Control Limit)과 LCL(Lower Control Limit)을 기준으로 관리를 하지만, Pre-control chart에서는 UPCL과 LPCL을 기준으로 주요특성이 목표값인 nominal에 근접하도록 관리한다. 이는 설계 nominal값에 근접할수록 좋은 품질이라는 것을 강조하는 것이다. 그러므로 Pre-control chart는 주요특성이 목표값에 근접하도록 사전에 관리하는 기준선을 설정하여 관리하는 관리도이다. UPCL과 LPCL의 기준선은 주어진 한쪽 허용공차의 각 50%에 해당하는 지점을 기준으로 하고 있다. 목표값 $m$과 UPCL 및 LPCL 사이의 영역을 녹색영역(green zone), 규격과 UPCL 및 LPCL 사이의 영역을 황색영역(yellow zone) 그리고 규격을 벗어난 영역을 적색영역(red zone)으로 구분하여 생산 가능 및 불가능 방법을 제시하고 있다

아래 분포에서 B사 및 G사 모두 제품규격에 만족하지만, 품질수준은 B사보다 G사가 더 우수하다는 것을 나타내고 있다. 즉 B사는 황색영역(yellow zone)에 많이 분포하고 있고 G사는 녹색영역(green zone)에 많이 분포하고 있다.

관리기준이 색상별로 구분되어 나타나 있네요!

**그림4.12 UPCL 과 LPCL의 관리기준**

# 4. Pre-control chart

## 4.2 Pre-control chart의 3가지 법칙

Pre-control chart를 효율적으로 활용하기 위하여 관련 3가지 법칙이 있다.

**법칙1 )**

- 규격범위를 4등분하여 중앙의 절반이 Pre-control 범위가 됨
- 3개의 zone으로 구분
    ① Green zone - Pre control 지역
    ② Yellow zone - Pre control limit과 Spec limit사이
    ③ Red zone - Spec limit를 벗어난 부분

**법칙2 )**

- 공정능력을 개략적으로 결정 가능
    ① 5units의 연속적인 샘플이 모두 Green zone에 들어보면 관리상태로 보고 연속생산 가능
    ② 일단 Green zone에 데이터가 모두 존재하면 Cpk 1.33이상으로 간주
- Green zone을 벗어난 units개수가 기준을 초과하면 반드시 변동요인 제거해주어야 함

**법칙3 )**

- 일단 양산에 들어가면 정기적으로 2units의 연속적인 샘플을 취함

| 상황 | 조치 |
|---|---|
| 2units Green zone | 계속 생산 |
| 1unit Green zone<br>1unit Yellow zone | 계속 생산 |
| 2units Yellow zone | 생산 중단 |
| 1unit Red zone | 생산 중단 |

- 샘플링 횟수
    생산이 한 번 중단된 때부터 다음 생산이 중단될 때까지 걸린 시간을 6으로 나눔

Pre-control chart활용영역은 연속공정으로 관리상태이고 공정능력지수를 1.33이상으로 유지하고 싶을 경우에 적용한다. 즉 주요특성값이 UPCL과 LPCL사이에 있게 되면 공정능력지수는 1.33이상을 확보했다는 것을 의미한다. (공정능력지수 1.33은 우수한 품질수준을 말함)

**그림4.13 Pre-control chart 관리 규칙**

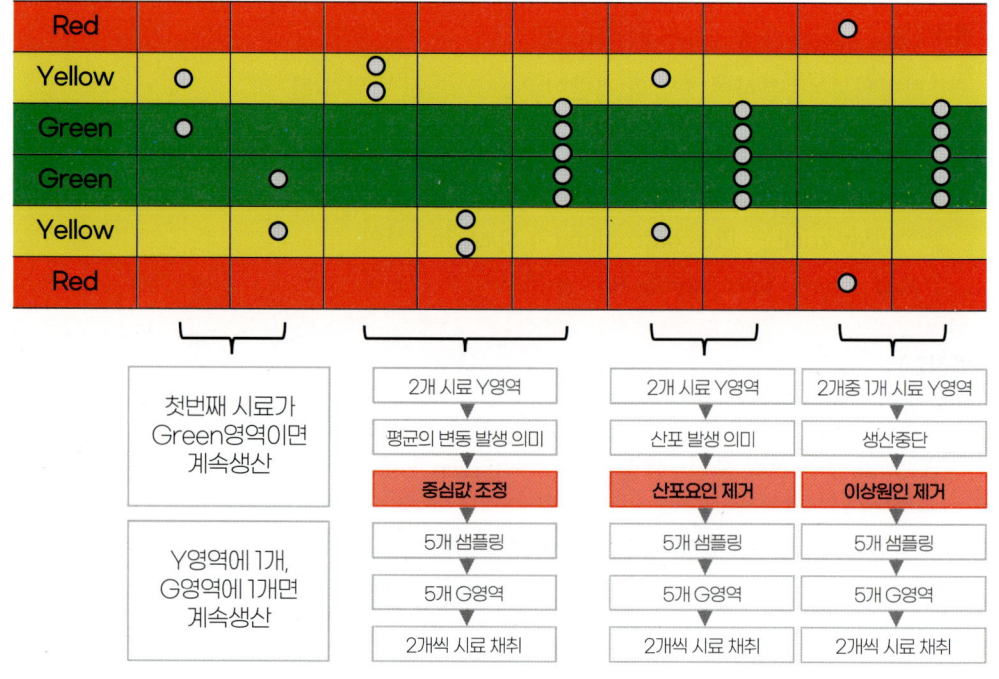

위의 규칙을 보면 샘플링한 데이터의 값이 Green zone에 있게 되면 안정상황으로 생산은 계속 진행할 수 있지만, Yellow zone에 있게 되면 경고상황으로 중심이동 또는 산포감소를 검토해주어야 한다. 그리고 Red zone에 있게 되면 규격을 벗어난 위험상황으로 무조건 조치를 해주어야 한다. 그리고 Yellow 및 Red zone상황에서 조치를 취하게 되면 그 이후에 샘플링한 5개의 데이터 값이 Green zone에 위치해야 생산을 재개 할 수 있다.

Pre-control chart의 내용은 어렵지 않으니, 이의 활용절차와 장점을 살펴보도록 합시다.

# 4. Pre-control chart

## 4.3 Pre-control chart활용 절차

Pre-control chart를 효율적으로 활용하기 위하여 아래의 내용에 따라 진행한다.

### 1) 주요품질특성 선정
- 공정을 이해하고 관리가 필요한 주요품질특성을 확인한다. 또한 필요시 품질특성에 영향을 주는 공정 변수를 사전에 파악하여 문제발생시 빠른 대응을 할 수 있도록 가이드 해준다.

### 2) 데이터 수집 계획
- 품질특성 데이터의 수집관련 주기 및 측정방법에 대한 기준을 정한다.

### 3) control limits 설정
- 규격을 기준으로 UPCL, LPCL을 설정하여 Green/Yellow/Red zone을 설정한다.

### 4) Pre-control chart 작성
- Pre-control chart 관리기준에 따라 데이터를 표시하고 예방관리를 전개한다.

### 5) 조치 및 개선
- 관리한계를 초과하는 이상이 감지되면 조치를 취하고 공정을 안정하면서 일관된 품질을 유지하도록 모니터링을 지속적으로 진행한다.

그림4.14 Pre-control chart 양식

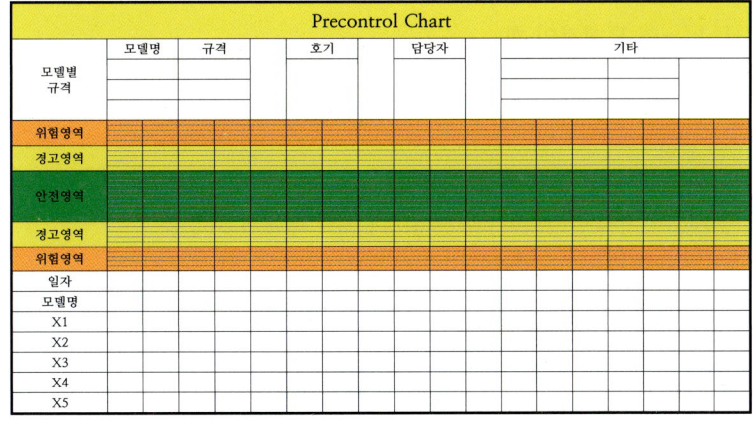

# 4. Pre-control chart
## 4.4 Pre-control chart활용 장점

Pre-control chart의 특징은 simple, speedy, co-work으로 압축하여 표현할 수 있다. 이의 세부내용은 아래와 같다.

① 간편성 (simple)
  Pre-control chart 작성이 간단하고 이해하기 쉬우며, 각 데이터 포인트를 개별적으로 표시하고 관리한계를 시각적으로 표현하기 때문에 관리자 및 작업자도 품질의 현재 수준을 쉽게 확인할 수 있다.

② 빠른 문제해결 (speedy)
  작은 조건 변화나 품질문제를 빠르게 인지하여 조치를 신속하게 취할 수 있으며, 이러한 사전조치를 통하여 공정의 불필요한 낭비를 줄일 수 있다.

③ 관리자 및 현장사원의 참여 촉진 (co-work)
  관리자 및 현장사원이 공정의 주요품질현상을 주시하면서 품질관리의 참여와 의욕을 높이면서 품질확보의 성취감을 얻게 된다.

---

**장점**
① 작업자로 하여금 규격만족여부에 부담을 줄어준다.
② 공정능력지수 개념이 가미되어 현재의 규격만족도를 확인할 수 있다.
③ 적, 황, 녹색의 쉬운 육안 판단으로 사전예고를 효과적으로 인식할 수 있다.
④ 한족 규격관리에도 적용 가능하다.
  : 제품의 상한(또는 하한)치와 평균의 중간선을 PCL으로 활용한다.

**Pre-control chart의 통계적인 힘**
① 최대 $\alpha$ 위험율은 약 2%이다.
② 최대 $\beta$ 위험율은 약 1.5%이다.
③ Cpk에 따른 판단
  - 0.8수준이면 99%정도 라인 정지 발생
  - 1.33수준이면 공정은 안정되며 Pre control limit이내에서 관리 됨
  - 2.0이상이면 zero defect로 연속생산 가능

---

상기와 같은 여러 이득이 있는 반면에 통계적인 공정관리를 제대로 대체하지 못하기 때문에 통계적인 관리가 필요한 경우에는 다소 신뢰성이 떨어지는 한계성이 있다.

# 알아두면 좋은 Tip

## > Pre-control chart vs Xbar-R관리도 차이점 비교

Pre-control chart와 Xbar-R관리도는 제조 공정의 주요특성에 대한 예방관리 및 안정성을 확보하기 위하여 활용하는 주요한 통계적인 도구이며, 이들의 차이점은 아래와 같다.

표 4.5 Pre-control chart와 Xbar-R관리도 차이 비교

| 구분 | Pre-control chart | Xbar-R관리도 |
|---|---|---|
| 목적 | 개별데이터를 제어하면서 목표값 일치 추구 | 공정의 장기적인 안정성 추구 |
| 데이터 변환 | 없음 | 평균과 범위 |
| 시료수 | 품질변동 크기에 따라 설정 (2~7개) | 2~10개 |
| 통계적인 관리 | 약함 | 강함 |
| 관리한계 | 규격 기준으로 결정 | 규격과 무관 |
| 규격만족도 판단 | 시각적으로 빠르게 판단 | 별도로 확인 |
| 이상상태 판단 | 단순함 | 8가지의 rule |
| 공정변화 탐지 | 약함 | 강함 |

실무 사례가 있는 고질적인 품질문제 해결 방법

CHAPTER

# Analysis 및 Solution단계 활용 수법 심화

## 1. 직교배열실험법
   1.1 직교배열이란
   1.2 직교배열실험 데이터 분석
   1.3 2수준계 직교배열 활용사례
   1.4 3수준계 직교배열 활용사례

## 2. 샤이닌 기법
   2.1 샤이닌 기법이란
   2.2 짝비교방법 활용하기
   2.3 부품추적실험법 활용하기
   2.4 변수추적실험법 활용하기
   2.5 B vs C실험법 활용하기

## 3. 허용공차분석
   3.1 허용공차란
   3.2 공차분석이란
   3.3 RSS방법에 의한 공차 설정방법
   3.4 몬테카를로시뮬레이션 방법에 의한 공차 설정방법

## 과연 우리 회사는??

D사

양산중인 제품에 대하여 신뢰성 중간 평가를 하면서 쇼트문제가 발생하여 출하를 진행하지 못하면서 양산이 중단되었다. 설계 담당자는 기존의 경험을 기반으로 단변량 실험을 하면서 원인을 찾으려고 시도했지만 해결이 되지 않아서 고객사에서 납기문제가 제기되었다.

K사

여러 모델중 특정모델에서만 발열의 신뢰성 문제가 발생하여 설계자는 이의 원인을 찾는데 어려움을 겪고 있다.

S사

제품에서 발생하는 고온으로 제품의 변형 및 변색이 지속적으로 반복하여 발생되어 근본원인을 규명하지 못해 고객으로부터 고품 이슈가 되고 있다.

품질문제를 해결하기 위하여 단변량식 접근과 다변량식 접근을 혼합하여 전개하 는 방법을 권합니다.

단변량식만의 접근은 문제의 근원을 찾는 과정에서 자칫 엉뚱한 방향으로 대응을 전개할 우려가 있기 때문입니다.

그러므로 주요 원인 후보를 규명하는 과정에 단변량 뿐만이 아니라 다변량 관점으로 문제 여부를 조사하고, 실험이 필요한 일부는 다변량으로 접근하는 직교배열 실험법을 권합니다.

단별량, 다변량의 용어도 자주 접하지 않아 다소 새로운 용어 같기도 합니다. 또한 다변량으로 접근하는 방식도 염두에 두어야 하기때문에, 과연 우리가 해낼 수 있을까요? 어떻게 해야 되는지 잘 모르겠어요.

## 과연 우리 회사는??

하나의 변수로 접근하는 것은 단변량 방법이고, 여러 개의 변수로 접근하는 것은 다변량 방법입니다. 지금까지 다양한 품질 과제를 전개해 본 결과 다변량 접근 방법이 필요한 경우를 더 많이 경험해보았습니다.

### D사

설계 담당자는 기존의 경험을 기반으로 단변량 실험을 하면서 원인을 찾으려고 시도했지만 해결이 되지 않아 여러 요인으로 직교배열실험을 시도한 결과, 근본원인은 생각지도 않은 곳에 있었다는 것을 알게 되어, 이에 대한 조치를 통하여 신뢰성 문제를 해결하였다.

### K사

다양한 설계변수로 직교배열실험을 실시하여 핵심원인을 찾고 이를 해결하기 위한 최적조건을 찾아 이를 설계표준으로 설정하여 고품 문제를 해결하였다.

### S사

고품 문제를 해결하기 위해 시장에서 문제가 되는 모델과 그렇지 않은 모델을 분류하여, 이를 BoB, WoW로 구분하여 관련 설계변수를 상호비교하는 샤이닝기법의 짝비교 방법과 0-1산점도를 이용하여 고품을 발생시키는 설계변수의 조합을 규명하여 고품문제를 해결하였다.

고품을 해결한 사례들을 살펴보면, 조합이나 다양한 변수를 이용해서 원인을 찾고 이에 대한 조치를 통하여 해결했었다 는 것을 알 수 있습니다.

조금 어려울 수는 있지만, 고품문제 해결을 하기 위한 유용한 수단이 될 수 있습니다. 또한 생각보다 어렵지 않습니다. 함께 한 단계씩 알아보도록 합시다.

# 1. 직교배열실험법

## 1.1 직교배열실험이란

직교배열(直交配列, Orthogonal Array)실험이란 완전요인배치실험과 다르게 모든 조합의 일부에 대해서만 실험을 실시하는 방법으로 부분요인배치(Fractional Factorial Design)실험에 해당된다. 여기에서 직교(直交)란 '직각으로 교차한다'를 의미하며, 직교배열이란 실험의 조합이 균형 있게 배열되어 있는 것을 말한다. 직교배열표는 고차의 교호작용을 교락시켜 실험의 크기를 최소화 시켜 놓은 내용으로 완전요인배치 및 다른 부분요인배치 실험에 비하여 실험크기도 매우 작고, 실험 및 분석도 용이하다. 그리고 직교배열표를 만드는 방법은 고등수학의 범주에 해당되어 통계학자들이 가능한 직교배열표를 모두 만들어 제시하였다.

직교배열표 표시방법은 $\langle L_a B^c \rangle$라고 표시하고 $\langle L \rangle$은 라틴방격배열을 의미하고, $\langle a \rangle$는 실험크기를, $\langle B \rangle$는 수준을, $\langle c \rangle$는 배치 가능한 최대 실험요인의 개수를 의미한다. 이를 자세히 살펴보면 다음과 같다.

**그림5.1 직교배열표 표시방법**

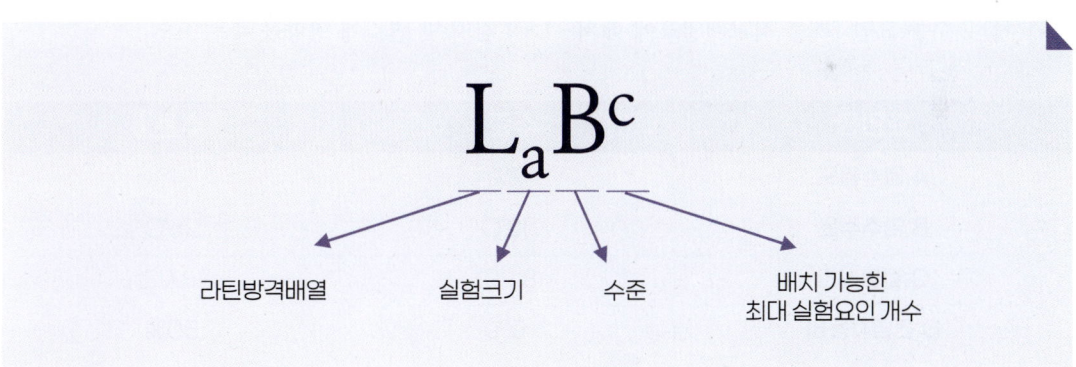

예를 들어 $L_4 2^3$의 직교배열표는 실험크기가 4회이면서 2수준 요인 최대 3개까지 배치가 가능한 직교배열표이다.

직교배열실험이요. 그러면 $L_8 2^7$은 실험크기가 8회이면서 2수준 요인 최대 7개까지 배치가 가능한 직교배열표라고 할 수 있으며, $L_9 3^4$는 실험크기가 9회이면서 3수준 요인 최대 4개까지 배치가 가능한 직교배열표를 의미하겠지요?

네, 잘 이해했습니다.
자주 사용하는 2수준계 직교배열표는 $L_4 2^3$, $L_8 2^7$, $L_{12} 2^{11}$ 가 있으며, 3수준계 직교배열표는 $L_9 3^4$, $L_{18} 2 \times 3^7$ 이 있습니다.

직교배열표를 ⟨$L_a B^c$⟩를 간략히 ⟨$La$⟩로 표시하기도 한다. 즉 $L_4 2^3$는 L4로, $L_8 2^7$은 L8로, $L_{12} 2^{11}$은 L12로, $L_9 3^4$는 L9로, $L_{27} 3^{13}$은 L27로 표시한다. 그리고 자주 사용하는 혼합수준계 직교배열표는 $L_{18} 2^1 \times 3^7$ 며 이를 L18로 표시한다.

이외에도 2수준계의 경우 $L_{16} 2^{15}$, $L_{32} 2^{31}$, $L_{64} 2^{63}$, … 등이 있고, 3수준계의 경우 $L_{81} 3^{40}$, $L_{243} 3^{121}$, …등이 있다. 그리고 혼합수준계의 경우 $L_{36} 2^{11} \times 3^{12}$, … 등이 있다.

실험요인 및 수준에 따른 직교배열표를 살펴보고자 한다.

예시1) 2 수준 요인 7개를 직교배열표에 배치 – L8 : 김치 맛 변질에 영향을 주는 요인

| 요인명 | 수준1 | 수준2 |
| --- | --- | --- |
| A.염수염도 | 7% | 14% |
| B.염수수온 | 12℃ | 25℃ |
| C.절임시간 | 8시간 | 18시간 |
| D.건염사용비 | 0% | 50% |
| E.건염투입위치 | 윗면 | 아래면 |
| F.칼집유무 | 유 | 무 |
| G.압력 | 10% | 50% |

여기에서 2수준 요인 7개에 대한 직교배열실험의 조합은 L8로 하여 다음과 같이 요인을 배치할 수 있다.

* 주) 직교배열표 종류는 ⟨부록1. 직교배열표⟩참조

| 실험<br>NO | A<br>염수염도 | B<br>염수수온 | C<br>절임시간 | D<br>건염<br>사용비 | E<br>건염<br>투입위치 | F<br>칼집유무 | G<br>압력 |
|---|---|---|---|---|---|---|---|
| 1 | 1 | 1 | 1 | 1 | 1 | 1 | 1 |
| 2 | 1 | 1 | 1 | 2 | 2 | 2 | 2 |
| 3 | 1 | 2 | 2 | 1 | 1 | 2 | 2 |
| 4 | 1 | 2 | 2 | 2 | 2 | 1 | 1 |
| 5 | 2 | 1 | 2 | 1 | 2 | 1 | 2 |
| 6 | 2 | 1 | 2 | 2 | 1 | 2 | 1 |
| 7 | 2 | 2 | 1 | 1 | 2 | 2 | 1 |
| 8 | 2 | 2 | 1 | 2 | 1 | 1 | 2 |

예시2) 3 수준 요인 4개를 직교배열표에 배치 – L9 : 김치 맛 변질에 영향을 주는 요인

| 요인명 | 수준1 | 수준2 | 수준3 |
|---|---|---|---|
| A.염수염도 | 7% | 12% | 18% |
| B.염수수온 | 12℃ | 18℃ | 23℃ |
| C.절임시간 | 8시간 | 12시간 | 16시간 |
| D.건염사용비 | 0% | 25% | 50% |

김치 맛 변질에 영향을 주는 요인에 대한 직교배열실험 조합은 L9로 하여 다음과 같이 요인을 배치할 수 있다.

| 실험<br>NO | A<br>염수염도 | B<br>염수수온 | C<br>절임시간 | D<br>건염사용비 |
|---|---|---|---|---|
| 1 | 1 | 1 | 1 | 1 |
| 2 | 1 | 2 | 2 | 2 |
| 3 | 1 | 3 | 3 | 3 |
| 4 | 2 | 1 | 2 | 3 |
| 5 | 2 | 2 | 3 | 1 |
| 6 | 2 | 3 | 1 | 2 |
| 7 | 3 | 1 | 3 | 2 |
| 8 | 3 | 2 | 1 | 3 |
| 9 | 3 | 3 | 2 | 1 |

# 1. 직교배열실험법

## 1.2 직교배열실험 데이터 분석

실험을 마치고 데이터 분석 시 실행해야 할 기본적인 사항은 분산분석, 주효과그래프, 교호작용그래프이다. 그리고 직교배열에서는 교호작용 정보를 희생하기 때문에 교호작용그래프는 필요시에만 작성한다.

직교배열에서는 분산분석대신에 간이분석방법을 사용해도 좋다. 데이터 분석 시 가장 바람직한 방법은 분산분석으로 중요한 요인을 규명하는 것이지만, 분석을 쉽게 접근하기 위해서 간이분석방법을 권하는 것이며, 간이분석으로 쉽게 중요한 요인을 규명할 수 있다.

단 간이분석방법에서는 오차에 대한 부분을 정량화 할 수 없기 때문에 중요한 요인에 대하여 유의수준(또는 신뢰도)을 나타낼 수 없다.

분산분석은 배워서 아는데요, 간이분석방법은 무엇인가요?
그리고 왜 분산분석대신에 간이분석방법을 사용하는게 나은건가요?

분산분석과 간이분석방법은 주요요인을 결정할 때 다소 차이가 있습니다. 예를 들어 분산분석에서는 주요 요인을 결정하기 위해 P값을 기준으로 하지만, 간이분석 에서는 차이에 대한 점유율을 기준으로 주요요인을 결정 합니다.

그래서 분산분석보다 간이분석을 사용할 때 통계적인 지식에 관계없이 쉽게 주요요인을 규명할 수 있습니다. 간이분석을 직접 시행해보면 한 층 더 쉽다는 것을 이해하게 됩니다.

---

\* 주) 분산분석 : 실험데이터의 분산을 분석하는 방법으로 실험 후 변동에 대한 변화의 요인을 통계적으로 규명하는 방법이다.

L4직교배열실험으로 간이분석 방법을 전개하기 위한 실험데이터이다.

EXCEL DATA 5.1

| NO | A | B | C | 실험 데이터 (인장강도) |
|---|---|---|---|---|
| 1 | 1 | 1 | 1 | 30, 32 |
| 2 | 1 | 2 | 2 | 12, 14 |
| 3 | 2 | 1 | 2 | 16, 18 |
| 4 | 2 | 2 | 1 | 34, 36 |

간이분석은 각 요인별 수준에 대한 평균을 구한다.

| 요인 | 수준1 | | | | 수준2 | | | |
|---|---|---|---|---|---|---|---|---|
| | 실험 NO | 실험 DATA | 합 | 평균 | 실험 NO | 실험 DATA | 합 | 평균 |
| A | 1<br>2 | 30, 32<br>12, 14 | 88 | 22 | 3<br>4 | 16, 18<br>34, 36 | 104 | 26 |
| B | 1<br>3 | 30, 32<br>16, 18 | 96 | 24 | 2<br>4 | 12, 14<br>34, 36 | 96 | 24 |
| C | 1<br>4 | 30, 32<br>34, 36 | 132 | 33 | 2<br>3 | 12, 14<br>16, 18 | 60 | 15 |

평균을 구한 후 각 요인별 수준에 대하여 차이를 구한다. 차이는 큰 값에서 작은 값을 빼면 된다. 예를 들면, 수준1에서 A의 평균 22와 수준2에서 A의 평균 26의 차이를 빼 주는 겁니다. 큰 값에서 작은 값을 빼 주어 26-22를 하게 되면 차이 값은 4가 되며, 차이가 클수록 영향이 크다는 것을 의미한다. 그리고 차이가 크다는 것을 상대비교로 나타내기 위하여 차이에 대한 점유율을 구하여 주요요인을 결정한다.

A, B, C요인에 대한 각 수준별 평균값을 다음처럼 간이분석표로 나타내었다.

### 간이 분석표

|  | A | B | C |
|---|---|---|---|
| 수준1 | 22 | 24 | 33 |
| 수준2 | 26 | 24 | 15 |
| 차이 | 4 | 0 | 18 |
| 차이점유율(%) | 18.2% | 0% | 81.8% |

간이분석표에서 차이점유율은 전체 차이의 합에서 각 요인이 차지하는 비율로 나타낸다. A요인의 차이점유율은 4/(4+0+18)=18.2%가 되며, B요인의 차이점유율은 0/22=0%, C요인의 차이점유율은 18/22=81.8%가 된다.

간이분석표로부터의 정보를 통해 주요요인을 판단할 수 있으며, 이를 통해 주효과그래프를 작성하여 최적조건을 결정할 수 있다.

간이분석표로부터의 정보를 도출하는 요령은 세가지로 정리할 수 있다.

> ① 차이가 크면 영향이 크고 차이가 작으면 영향이 작다. 그리고 2수준계에서는 차이를 효과(effects)라고 한다. (차이의 크고 작음을 상대적으로 비교한다.)
> ② 차이점유율을 크기순으로 누적하여 합이 70~80%되는 요인을 주요요인으로 한다.
> ③ 이를 기준으로 주효과그래프를 작성한다.

간이분석 자료를 기준으로 주효과그래프를 작성한다. 주효과그래프는 main effects plot이라고 하며, 요인수준에 따른 반응특성값을 나타낸 그래프이다. 필요시 Minitab을 이용하여 주효과그래프를 작성하면 편리하다.

- Tool : 통계분석 > 분산분석 > 주효과도

| A | B | C | 인장강도 |
|---|---|---|---|
| 1 | 1 | 1 | 30 |
| 1 | 2 | 2 | 12 |
| 2 | 1 | 2 | 16 |
| 2 | 2 | 1 | 34 |
| 1 | 1 | 1 | 32 |
| 1 | 2 | 2 | 14 |
| 2 | 1 | 2 | 18 |
| 2 | 2 | 1 | 36 |

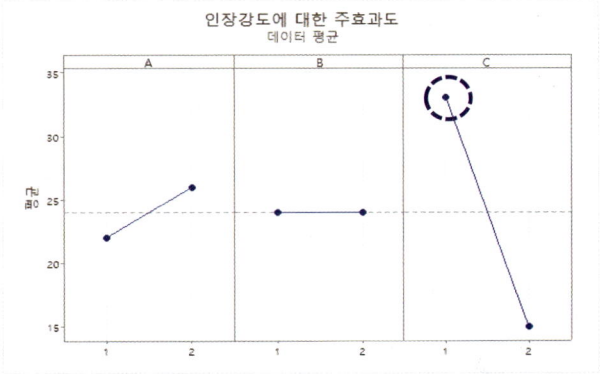

- 주효과그래프를 통해 C요인이 수준간 변화가 크다는 것을 알 수 있었으며, 이의 영향이 크다고 볼 수 있다.

**결론)** 인장강도에 영향을 주는 핵심요인은 C로 나타나며, 인장강도의 문제발생을 해결하기 위하여 인장강도를 $C_1$조건으로 가져간다. 그리고 다른 A, B요인은 인장강도에 미치는 영향이 미미하므로 기존의 관리기준대로 진행해도 된다.

주요 요인을 도출하였으니 직교배열실험은 끝이 난건가요?

실험을 실시하고 데이터에 대한 분석을 마치면 인장강도에 핵심이 되는 주요요인을 결정하여 analysis단계를 마치게 됩니다. 그리고 주요요인을 기준으로 최적조건을 결정하여 solution단계를 이어서 진행하게 됩니다.

그리고 최적조건에 대한 모평균을 추정하여 이에 대한 재현성을 확인해야 되지요. 이부분을 간단히 설명해보도록 하지요.

실험을 실시하고 데이터에 대한 분석을 마치면 인장강도에 핵심이 되는 주요요인과 최적조건을 결정하게 된다. 그리고 최적조건에 대한 모평균을 추정하여 이에 대한 재현성을 확인하게 된다. 모평균 추정은 점추정과 구간추정으로 구분하여 재현성 확인결과가 구간추정 값 범위에 들어오면 재현성이 있다고 판단을 하게 되어 최적조건의 유효성을 확인한다.

(1) 최적조건 재현성 확인 방법
 ① 점추정 방법
  : 모평균 추정은 아래의 공식에 따라 진행한다.

$$\hat{\mu}_{A_1B_1C_1D_1E_1} = \hat{\mu} + a_1 + b_1 + c_1 + d_1 + e_1$$
$$= \bar{T} + (\bar{A}_1 - \bar{T}) + (\bar{B}_1 - \bar{T}) + \cdots + (\bar{E}_1 - \bar{T})$$
$$= \bar{A}_1 + \bar{B}_1 + \bar{C}_1 + \bar{D}_1 + \bar{E}_1 - 4\bar{T}$$

- $\hat{\mu}$ : 전체 실험 데이터의 평균 추정값으로 $\bar{T}$로 함
- $a_i$ : $A_i$조건이 주는 효과로 $(\bar{A}_i - \bar{T})$로 함

② 구간추정 방법
 : 모평균 CI(confidence interval, 신뢰구간)는 〈점추정값 ± 오차〉구간으로 해주면 된다.
 그런데 오차의 크기를 자세히 구하는 방법은 분산분석(ANOVA)을 통하여 오차분산을 이용하지만, 간이방법으로 점추정값의 5~10% 이내로 해준다.

여기에서 구간추정을 위하여 오차를 구하게 됩니다.
이를 위하여 분산분석의 오차항을 활용하면 됩니다.
물론 간이방법으로도 구해볼 수 있습니다.

(2) 최적조건에 대한 재현성 확인 결과
　① 최적조건 결정
　　　: 주요요인인 C를 기준으로 수준1로 해주면 인장강도가 크게 된다.

　② 최적조건에 대한 추정
$$\hat{\mu}_{C_1} = \hat{\mu} + c_1 = \overline{C_1} = 33 \; (간이분석표에서 \; C요인의 \; 수준1 \; 평균)$$
　　　여기에서 구간추정 범위는 33±3으로 하였다 (점추정값의 5~10%범위)

　③ 재현성 확인
　　　: A와 B는 현재조건으로 하여 C요인을 수준1로 하여 시료 5개를 실험하여
　　　인강강도를 확인한 결과 29, 31, 36, 32, 33 (평균 : 32.2)로 되어 재현된다고 판단한다.

(3) 고품해결을 위한 최적조건
　① 도출된 최적조건 결과가 고품해결을 위하여 만족되면 최적조건에 대하여
　　　표준화 및 유지관리를 실행한다.
　② 도출된 최적조건 결과가 고품해결에 만족되지 않으면 추가 요인을 검토해야 한다.
　　　(직교배열실험을 이용한 고품해결조건 결정방법은 뒤의 〈알아두면 좋은 Tip〉참조)

이제 이론을 배웠으니 사례들을 함께 살펴보면 더 이해하기 쉬울 겁니다.

네, 어렵긴 하지만 그래도 처음보다 나아졌습니다.
함께 살펴보도록 하겠습니다.

# 알아두면 좋은 Tip

## > 직교배열실험을 이용한 고품해결조건 결정 방법

아래 도표는 직교배열실험을 통하여 고품해결조건 결정과정을 설명한 내용이다.

그림 5.2 직교배열실험에서의 최적조건 결정 flow

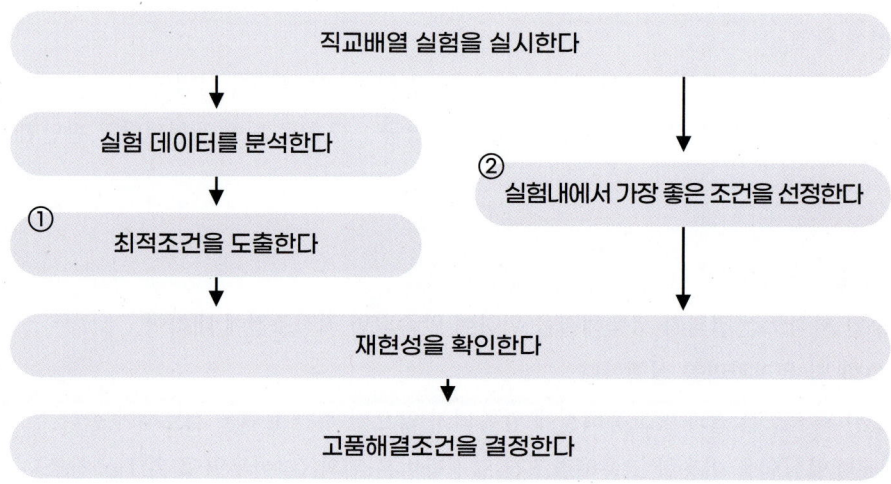

- 고품해결조건 결정 방법
  - ⟨①최적조건⟩과 ⟨②실험내에서 가장 좋은 조건⟩으로 재현성을 확인한다.
  - 재현성을 확인하여 원하는 결과가 나오는 조건을 고품해결조건으로 결정한다.
  - 재현성 확인 기준은 해당조건에 대한 추정값을 기준으로 한다.
- ⟨①최적조건⟩로 결정시 교호작용(interaction-조합에 의한 영향)은 미미하다는 것을 의미한다.
- ⟨②실험내에서 가장 좋은 조건⟩로 결정시 교호작용이 유의할 수 있다는 것을 의미한다.
- 재현성이 나타나지 않으면 실험 자체 데이터를 신뢰할 수 없다는 것을 의미한다.
- 고품해결조건이 원하는 목표에 미치지 못할 경우에는 실험이외의 조건을 추가로 검토한다.

# 알아두면 좋은 Tip

## > 간이분석 결과와 분산분석 결과 비교

|  | A | B | C |
|---|---|---|---|
| 수준1 | 22 | 24 | 33 |
| 수준2 | 26 | 24 | 15 |
| 차이 | 4 | 0 | 18 |
| 차이점유율(%) | 18.2% | 0% | 81.8% |

[간이분석 내용]

| 출처 | DF | Adj SS | Adj MS | F값 | P값 |
|---|---|---|---|---|---|
| A | 1 | 32.000 | 32.000 | 16.00 | 0.016 |
| B | 1 | 0.000 | 0.000 | 0.00 | 1.000 |
| C | 1 | 648.000 | 648.000 | 324.00 | 0.000 |
| 오차 | 4 | 8.000 | 2.000 |  |  |
| 총계 | 7 | 688.000 |  |  |  |

[분산분석 내용]

- 핵심 주요요인 결정
  - 간이분석에서는 C요인 (차이 점유율로 결정)
  - 분산분석에서는 A, C요인 (P값 ≤ 0.05 에 해당하는 요인)
- 분산분석에서 A요인이 유의하지만 영향도는 크지 않음 (SS 상대비교)
- 분산분석에서 주요요인 결정시 신뢰도(1-유의수준)로 나타낼 수 있으며, 오차의 크기를 나타낼 수 있다. (오차에 대한 SS=8, 상대적으로 작음)

| 출처 | DF | Adj SS | Adj MS | F값 | P값 |
|---|---|---|---|---|---|
| A | 1 | 32.000 | 32.000 | 16.00 | 0.016 |
| B | 1 | 0.000 | 0.000 | 0.00 | 1.000 |
| C | 1 | 648.000 | 648.000 | 324.00 | 0.000 |
| 오차 | 4 | 8.000 | 2.000 |  |  |
| 총계 | 7 | 688.000 |  |  |  |

(Adj) SS가 상대적으로 크다는 것은 영향이 크다는 것을 의미

---

DF : degree of freedom (자유도)
Adj SS : adjusted sum of square (제곱합)
Adj MS : adjusted mean square (평균제곱, 분산)
F : 분산비 (by R.A.Fisher)
P : probability (확률)

# 1. 직교배열실험법

## 1.3 2수준계 직교배열 활용사례

직교배열실험의 이해를 돕기 위하여, 실험요인이 7개이고 모두 2수준인 경우에 직교배열 실험을 전개하여 접착력 이슈를 해결하는 예시를 설명한다.

순서1) 직교배열 실험준비

① 과제명 : 접착력 개선
② 평가특성 : 접착력
③ 실험요인 및 수준

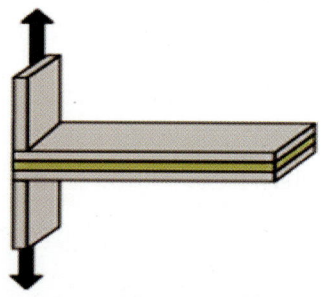

| 실험요인명 | 가능 범위 | 수준1 | 수준2 |
|---|---|---|---|
| A. 온도 | 200~300 | 210 | 290 |
| B. 재질 | Gold, Silver | Gold | Silver |
| C. 압력 | 10~30 | 15 | 20 |
| D. 갭 | 0.5~2 | 0.5 | 1.0 |
| E. 형상 | - | 네모 | 세모 |
| F. 예열유무 | - | 유 | 무 |
| G. 각도 | 15~20 | 15 | 20 |

관련자의 의견을 모아 요인을 나열하여 최종적으로 실험요인을 7개로 선정하여 이들을 모두 2수준으로 정하였다.

실험은 2수준계에 해당하는 직교배열표 $L_8 2^7$을 선정하여 요인을 배치할 수 있겠군요.

순서2) 직교배열 실험실시

① 실험은 2수준계에 해당하는 직교배열표 $L_8 2^7$을 선정하여 요인을 배치한다. $L_8 2^7$은 2수준 요인 7개 까지 배치가 가능한 직교배열표이다. 직교배열표는 본 교재의 부록에 있는 내용을 활용해도 되지만, 편의상 Minitab을 이용하여 직교배열표를 선정해도 된다. Minitab을 이용 시 직교배열표는 〈Taguchi 설계〉 기능을 이용한다.

- Tool : 통계분석 > 실험계획법 > Taguchi 설계 > Taguchi 설계생성

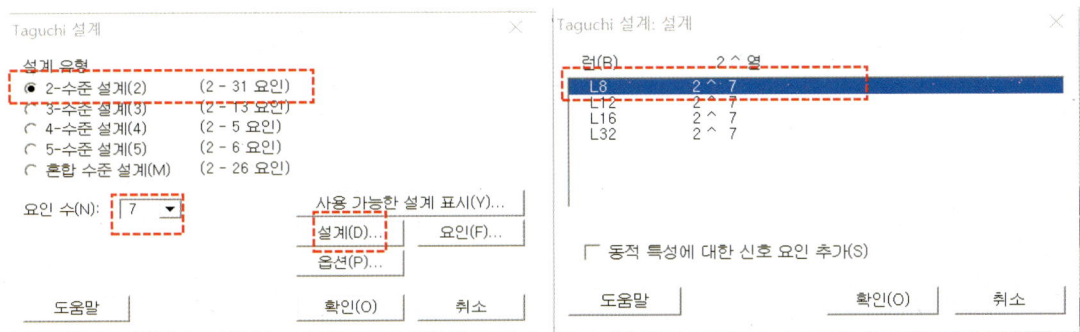

- 좌측그림의 2-수준 설계, 요인수에 〈7〉을 지정해주고, 설계를 클릭하여 우측그림에서 L8을 지정해주면 된다.

| A | B | C | D | E | F | G |
|---|---|---|---|---|---|---|
| 1 | 1 | 1 | 1 | 1 | 1 | 1 |
| 1 | 1 | 1 | 2 | 2 | 2 | 2 |
| 1 | 2 | 2 | 1 | 1 | 2 | 2 |
| 1 | 2 | 2 | 2 | 2 | 1 | 1 |
| 2 | 1 | 2 | 1 | 2 | 1 | 2 |
| 2 | 1 | 2 | 2 | 1 | 2 | 1 |
| 2 | 2 | 1 | 1 | 2 | 2 | 1 |
| 2 | 2 | 1 | 2 | 1 | 1 | 2 |

② 실험조합에 따라 실험을 진행하여, 각 실험별로 접착력을 측정하였다.

EXCEL DATA 5.2

| NO | A | B | C | D | E | F | G | 접착력 |
|---|---|---|---|---|---|---|---|---|
| 1 | 1 | 1 | 1 | 1 | 1 | 1 | 1 | 46 |
| 2 | 1 | 1 | 1 | 2 | 2 | 2 | 2 | 17 |
| 3 | 1 | 2 | 2 | 1 | 1 | 2 | 2 | 44 |
| 4 | 1 | 2 | 2 | 2 | 2 | 1 | 1 | 25 |
| 5 | 2 | 1 | 2 | 1 | 2 | 1 | 2 | 22 |
| 6 | 2 | 1 | 2 | 2 | 1 | 2 | 1 | 36 |
| 7 | 2 | 2 | 1 | 1 | 2 | 2 | 1 | 15 |
| 8 | 2 | 2 | 1 | 2 | 1 | 1 | 2 | 46 |

순서3) 데이터 분석 실시

실험데이터를 기준으로 데이터 분석을 실시한다. 데이터 분석 시 분산분석 대신에 간이분석방법(요인수준별 평균 및 차이)을 이용하면 편리하다.

| 수준 | A | B | C | D | E | F | G |
|---|---|---|---|---|---|---|---|
| 1 | 33.0 | 30.25 | 31.00 | 31.75 | 43.00 | 34.75 | 30.50 |
| 2 | 29.75 | 32.50 | 31.75 | 31.00 | 19.75 | 28.00 | 32.25 |
| 차이 | 3.25 | 2.25 | 0.75 | 0.75 | 23.25 | 6.75 | 1.75 |
| 차이점유율 | 8.4% | 5.8% | 1.9% | 1.9% | 60.0% | 17.4% | 4.5% |

차이 점유율을 기준으로 누적점유율이 70~80%되는 요인을 주요요인으로 한다.
그 결과 E, F요인은 크기순서의 누적점유율이 77.4%가 되어 주요요인이 된다.
그리고 간이분석 결과를 기준으로 주효과그래프를 작성하면 된다.

- Tool : 통계분석 > 실험계획법 > Taguchi 설계 > Taguchi 설계분석

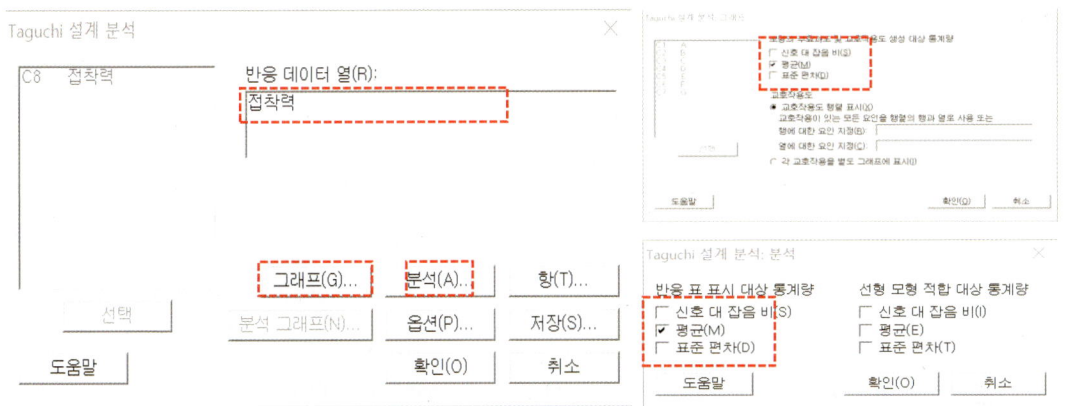

- 좌측그림에서 평가특성인 〈접착력〉을 지정해주고, 〈그래프〉와 〈분석〉을 클릭하여 우측 그림에서 〈평균〉을 지정해주면 평균을 기준으로 간이분석 및 주효과그래프가 작성된다.

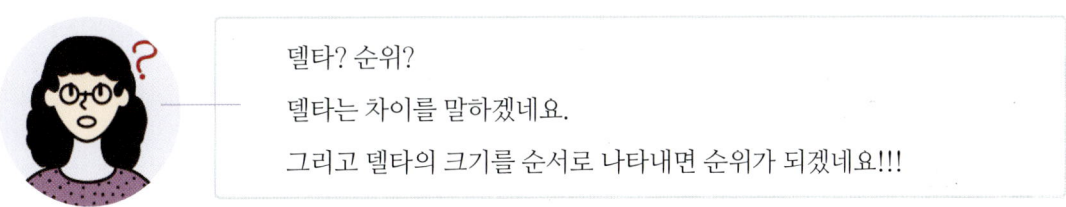

델타? 순위?

델타는 차이를 말하겠네요.

그리고 델타의 크기를 순서로 나타내면 순위가 되겠네요!!!

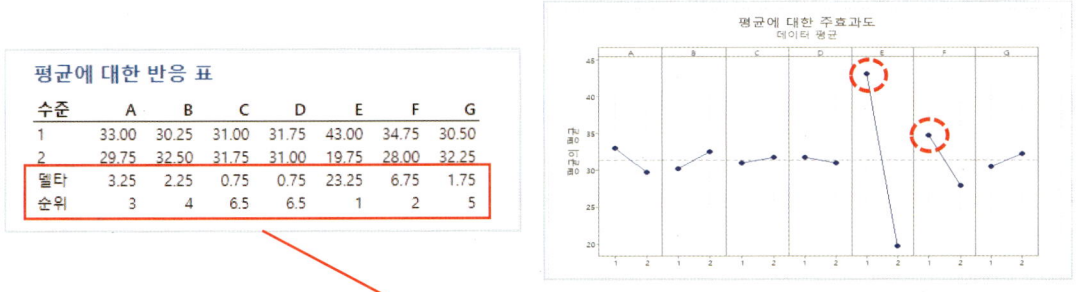

- 좌측의 간이분석결과에서 델타는 〈큰 값-작은 값〉의 차이를 말하고, 순위는 델타의 크기순으로 나타낸 값이다.
- 그리고 주효과그래프는 요인 수준별 평균값 으로 작성한다. 주효과그래프에서 접착력에 영향을 주는 핵심요인은 E, F이며 접착력을 크게 해주는 조건은 $E_1$, $F_1$조건임을 알 수 있다.

순서4) 접착력 향상을 위한 최적조건 결정

  간이분석을 통하여 접착력에 영향을 주는 핵심요인을 결정하고, 주효과그래프를 통하여 접착력 해결을 위한 적조건을 결정한다.

① 주요요인 - E, F
② 최적조건 - $E_1$, $F_1$ (접착력은 클수록 좋음, 주효과그래프 기준)

    간이분석방법에서의 조건별 데이터 값을 적용하면 됨

③ 최적조건에 대한 모평균 추정
    점추정 $\hat{\mu}_{E_1F_1} = \overline{E_1} + \overline{F_1} - \overline{T} = 43.0 + 34.75 - 31.375 = 46.375$
④ 최적조건에 대한 재현성을 확인하고 재현성이 확인되면 마무리한다.
    (재현성 판단 기준-최적조건으로 확인실험을 실시한 평균값이 구간추정범위안에 존재)

네, 이제 조금씩 보이기 시작했어요.
감사합니다.

아닙니다. 잘 따라오고 있습니다.
조금만 더 힘내 봅시다.

## 1. 직교배열실험법

### 1.4 3수준계 직교배열 활용사례

실험요인이 4개이고 모두 3수준일 경우에 직교배열 실험을 실시하고 이를 분석하여 스위치의 접촉 마모량 이슈를 해결하는 예시를 설명한다.

순서1) 직교배열 실험준비

① 과제명 : 스위치의 접촉 마모량 개선
② 평가특성 : 마모량
③ 실험요인 및 수준

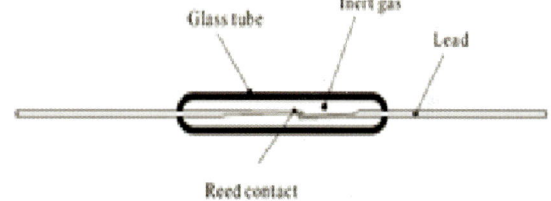

| 실험요인명 | 가능 범위 | 수준1 | 수준2 | 수준3 |
|---|---|---|---|---|
| A. Type | - | R | K | T |
| B. Gap | 0.1~0.5 | 0.2 | 0.3 | 0.4 |
| C. Round | 50~90 | 50 | 70 | 90 |
| D. Thickness | 0.2~0.5 | 0.3 | 0.4 | 0.5 |

관련자의 의견을 모아 요인을 나열하여 최종적으로 실험요인을 4개로 선정하고 이들을 모두 3수준으로 정하였다.

이젠 너무 잘 알지요!!
실험은 3수준계에 해당하는 직교배열표를 $L_9 3^4$ 를 선정하여 요인을 배치하면 됩니다!!

맞습니다. Minitab을 이용해서 실험결과를 해석해보도록 합시다.

순서2) 직교배열 실험실시

① 실험은 3수준계에 해당하는 직교배열표를 $L_9 3^4$를 선정하여 요인을 배치한다. $L_9 3^4$은 3수준 요인 4개 까지 배치가 가능한 직교배열표이다. 직교배열표는 본 교재의 부록에 있는 내용을 활용해도 되지만, 편의상 Minitab을 이용하여 직교배열표를 선정해도 된다.

- Tool : 통계분석 〉 실험계획법 〉 Taguchi 설계 〉 Taguchi 설계생성

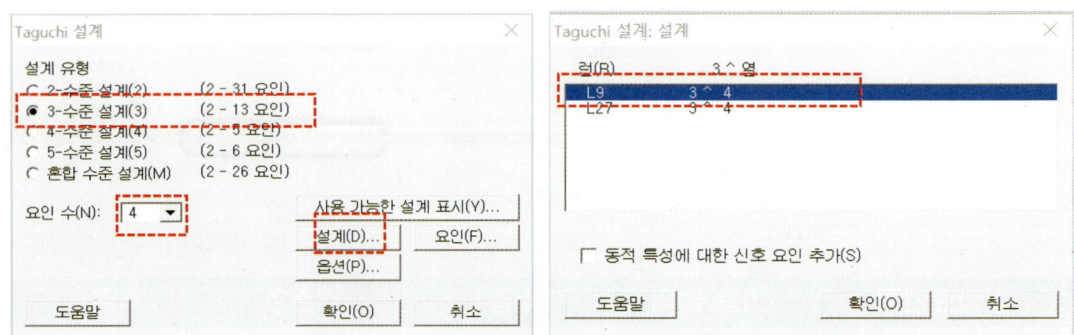

- 좌측그림의 3수준 요인수에 〈4〉을 지정해주고, 설계를 클릭하여 우측그림에서 L9을 지정해주면 된다.

| A | B | C | D |
|---|---|---|---|
| 1 | 1 | 1 | 1 |
| 1 | 2 | 2 | 2 |
| 1 | 3 | 3 | 3 |
| 2 | 1 | 2 | 3 |
| 2 | 2 | 3 | 1 |
| 2 | 3 | 1 | 2 |
| 3 | 1 | 3 | 2 |
| 3 | 2 | 1 | 3 |
| 3 | 3 | 2 | 1 |

② 실험조합에 따라 실험을 진행하여, 각 실험별로 마모량을 측정하였다.

EXCEL DATA 5.3

| NO | A | B | C | D | 마모량 |
|---|---|---|---|---|---|
| 1 | 1 | 1 | 1 | 1 | 4.5 |
| 2 | 1 | 2 | 2 | 2 | 7.1 |
| 3 | 1 | 3 | 3 | 3 | 9.5 |
| 4 | 2 | 1 | 2 | 3 | 8.8 |
| 5 | 2 | 2 | 3 | 1 | 9.2 |
| 6 | 2 | 3 | 1 | 2 | 11.5 |
| 7 | 3 | 1 | 3 | 2 | 5.5 |
| 8 | 3 | 2 | 1 | 3 | 9.3 |
| 9 | 3 | 3 | 2 | 1 | 13.3 |

순서3) 데이터 분석 실시

실험데이터를 기준으로 간이분석을 실시한다.

| NO | A | B | C | D |
|---|---|---|---|---|
| 1 | 7.033 | 6.267 | 8.433 | 9 |
| 2 | 9.833 | 8.533 | 9.733 | 8.033 |
| 3 | 9.367 | 11.433 | 8.067 | 9.2 |
| 차이 | 2.8 | 5.167 | 1.667 | 1.167 |
| 차이점유율 | 25.9% | 47.8% | 15.4% | 10.8% |

차이 점유율을 기준으로 크기순으로 누적점유율이 70~80%되는 요인은 A, B로 이를 접촉마모량에 영향을 주는 핵심요인으로 본다. 그리고 간이분석 결과로 주효과그래프를 작성하면 된다.

- Tool : 통계분석 〉 실험계획법 〉 Taguchi 설계 〉 Taguchi 설계분석

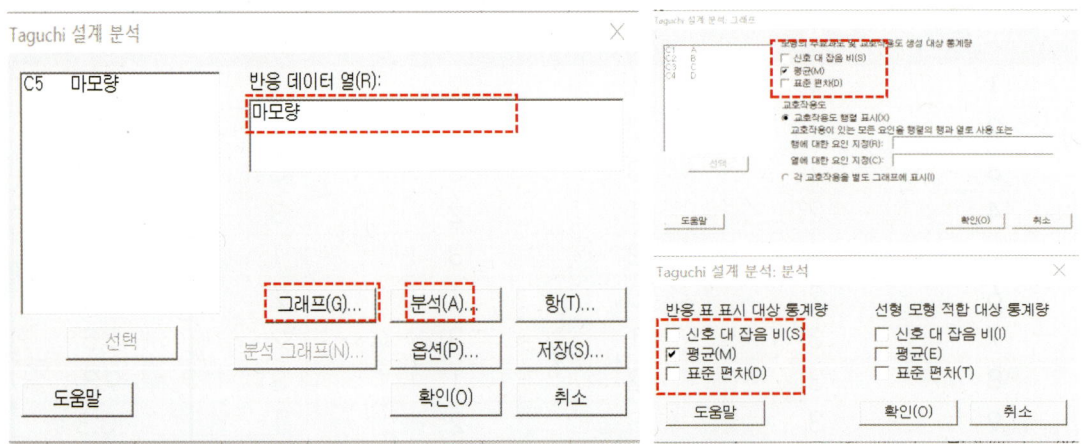

- 좌측그림에서 평가특성인 〈마모량〉을 지정해주고 〈그래프〉와 〈분석〉을 클릭하여 우측 그림과 같이 지정해주면 간이분석 및 주효과도가 작성된다.

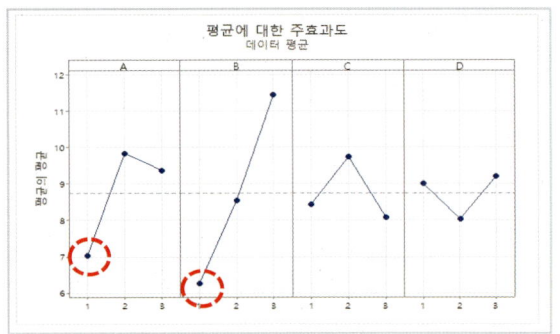

- 좌측은 간이분석 결과이고 우측의 그림은 주효과그래프이다. 주효과그래프에서 마모량을 작게 해주어 품질이슈를 해결해주는 조건은 $A_1$, $B_1$ 조건임을 알 수 있다.

순서4) 마모량을 개선하기 위한 최적조건 결정

간이분석을 통하여 핵심요인을 결정하고, 주효과그래프를 통하여 품질문제 해결조건인 최적조건을 결정한다.

① 주요요인 – A, B
② 최적조건 – $A_1, B_1$ (마모량은 작을수록 좋음, 주효과그래프 기준)
③ 최적조건에 대한 모평균 추정
  점추정 $\hat{\mu}_{A_1 B_1} = \overline{A_1} + \overline{B_1} - \overline{T} = 7.033 + 6.267 - 8.744 = 4.56$
④ 최적조건에 대한 재현성을 확인하고 재현성이 확인되면 마무리한다.

# 과연 우리 회사는??

### D사

주물품을 생산하는 D사에서는 출하직전에 상당수 제품에서 육안으로 보이는 크랙이 발생하여 생산이 중단되었다. 주물제품에서 크랙은 치명적인 불량이기 때문에 생산을 계속 진행할 수 없었다.
30년 동안 주물제품을 생산하면서 이렇게 대량으로 크랙이 발생한 경우가 없었기에 D사에서는 비상 상황이 되어 제조공정의 모든(4M) 조건에 대하여 변동요소를 1주일 동안 조사했다. 하지만 특별히 변동이 큰 요소는 발견되지 않아 오리무중에 빠지게 되었다.

문제 해결을 위해 우선 크랙이 발생하지 않은 제품과 크랙이 발생한 제품을 비교하여 크랙을 대표하는 계량특성으로서 구상화율(Roundness and aspect ratio)를 확인했습니다.
이 값이 클수록 좋은 제품으로, 값이 작을수록 크랙 발생 문제 제품으로 기준을 정하여 구상화율 값이 90% 이상인 경우에 BoB(Best of Best, 최상의 적합품)로, 30% 이하인 경우에 WoW(Worst of Worst, 최악의 부적합품)로 구분하여 BoB제품 8개, WoW제품 8개를 선정하였습니다.

짝비교 방법을 이용하여 부적합 발생 원인에 대하여 인과관계를 규명하여 주요요인에 대하여 아래와 같은 결론을 얻을 수 있었습니다.

1. 주물 크랙을 발생시키는 요인으로 원재료의 〈Si, Mn, P, Cu〉와 공정조건의 〈갭과 압력2〉로 나타났다. 이중 특히 Mn과 압력2는 절대적으로 영향을 주고 있다.

2. 조건별로 'worst' 조건을 제시하여 입고검사 관리기준 및 제조공정 조건 관리기준을 재설정하였다.

3. 주요요인별로 유의성을 나타내어 요인의 중요성을 인식하게 되었다

## 과연 우리 회사는??

짝비교 방법이요? 새로운 기법인가요?
WoW와 BoB를 사용하는 것 같은데요…

맞습니다.

새로운 기법은 아닙니다. 다만 우선 샤이닝 기법의 한 종류라고 보시면 됩니다.

샤이닝 기법은 BoB(Best of Best 최상의 양품)와 WoW(Worst of Worst 최악의 불량품)를 비교하여 차이점을 발견하고, 문제해결을 위한 실마리를 찾을 수 있는 방법입니다.

샤이닝 기법으로 주요요인을 발견하여 이를 최적화하는 방법이 있습니다. 여기에는 5가지 방법이 있는 데, 이 중 하나가 짝비교입니다.

기업에서 쉽고 유용하게 사용할 수 있기 때문에 원인 파악 및 문제해결 시 알아 두면 좋습니다.

샤이닝 기법에는 종류가 많지만 한번쯤은 자세히 알아 둘 필요가 있기 때문에 데이터와 사례를 중심으로 접근해보도록 하겠습니다.

## 2. 샤이닌 기법
### 2.1 샤이닌 기법이란

샤이닌 기법은 도리안 샤이닌(Dorian Shainin, 1914 ~ 2000, 미국)이 정리한 내용으로 주요요인을 발견하여 이를 최적화하는 방법이다. Shainin DOE(Design Of Experiment)라고도 불리며 이는 전통적인 DOE와는 다르고, 또한 복잡한 분석없이 쉽게 접근할 수 있는 단순한 방법이다. 샤이닌 기법은 BoB(Best of Best 최상의 양품)와 WoW(Worst of Worst 최악의 불량품)를 비교하여 차이점을 발견하고, 문제해결을 위한 실마리를 쉽게 찾을 수 있다.

샤이닌 기법 중에 문제의 현상을 파악하기 위해 다변량 차트(multivari chart)가 사용되며, 이를 통하여 제품내 변동, 제품간 변동, 시간에 따른 변동을 그래프로 나타내어 문제발생원인영역을 집중하도록 해준다. 부품추적실험법(Component search)와 짝비교(Paried comparison)은 BoB 와 WoW를 비교하는 방법으로 기존의 데이터 및 제품을 이용하여 문제발생 원인을 찾아내는 방법이다.

변수추적실험법(Variables search)은 변수를 기준으로 Best 조건과 Marginal 조건을 비교하면서 실험하며, 이는 조건을 바꾸어 가면서 실험을 실시하여 문제발생 원인을 찾아내는 방법이다. B vs C 실험법은 최적조건이 결정되면 이의 유의성을 확인하기 위한 방법으로 결정된 최적조건(Best)과 기존조건(Current)을 비교하는 방법으로 최적화 마무리 단계에서 활용한다.

이와 같이 샤이닌 기법은 주로 사용하는 5가지 방법이 있으며, 과제 상황에 맞도록 필요한 방법을 사용하게 된다.

너무 여러 가지라서 언제 어떻게 사용하는 방법이 궁금합니다.

그래요.. 이야기 한 것처럼 5가지 방법이 있는데, 과제 상황에 맞게 필요한 방법을 사용하면 됩니다. 이를 함께 알아보도록 합시다.

샤이닝 기법은 ①다변량 차트(Multi-vari chart) ②짝비교(Paired comparison)방법 ③부품추적(Component search)실험 ④변수추적(Variables search)실험 ⑤B vs C실험으로 구분할 수 있다. 고품해결관련 주로 사용하는 인과관계 분석방법으로 짝비교방법, 부품추적실험, 변수추적실험 그리고 B vs C실험법을 권한다.

표5.1 샤이닝 기법 종류

| Tool | 목적 | 언제 적용 |
|---|---|---|
| Multi-vari chart<br>다변량 차트 | 시간대별, 제품간, 제품내, 장비간, 검사위치간과 같이 관련되는 주요원인 영역을 구분하기 위함 | 불량발생의 현상을 정리하는 경우 |
| Paired comparison<br>짝비교 방법 | 양품과 불량품의 차이가 큰 경우에 원인에 대하여 서로 비교하면서 근본원인 규명 | 핵심원인을 찾기 위하여 제품을 분해할 수 없는 경우 |
| Component search<br>부품추적실험 | 많은 부품/조립품으로부터 주효과와 교호작용의 효과를 파악하여 근본원인 규명 | 핵심원인을 찾기 위하여 제품을 조립/분해가 가능한 경우<br>(조립/분해시 재현이 되어야 함) |
| Variables search<br>변수추적실험 | 주효과와 교호작용효과를 파악하기 위하여 변수별 조건에 따라 실험을 실시하여 근본원인 규명 및 최적조건 도출 | 핵심원인을 찾기 위하여 변수별 standard조건과 marginal조건을 기준으로 조건을 변화시키면서 실험실시 |
| B vs C 실험 | 최적 조건(Better)과 기존조건(Current)의 유의차 비교 | 최적조건에 대한 재현성 평가 |

# 2. 샤이닝 기법
## 2.2 짝비교방법 활용하기

**짝비교**는 많은 변수(제품 및 공정변수)로부터 주요요인을 규명하는 방법으로 제품설계조건 및 제조조건에 대하여 기존 데이터를 기준으로 짝을 이루어 변수별로 조건 비교를 통하여 주요요인을 규명한다. 그리고 제품의 경우에 분해조립이 불가능한 경우, 또는 분해조립을 하여 재현이 되지 않은 경우에도 사용한다.

즉, BoB vs WoW비교를 통하여 핵심변수를 찾아내고 핵심변수의 Worst조건을 찾아내어 핵심변수를 규명하고 유의성 확인을 위하여 튜키테스트(Tukey test) 방법을 이용한다.


(1) 짝비교 진행 순서

① BoB & WoW 제품 각 8개를 확보한다.
② 각 제품에 대하여 주요 요인후보(설계변수 및 공정변수)별 해당되는 조건값을 조사한다.
③ 주요 요인별로 해당 값을 기준으로 크기순(내림순 또는 오름순)으로 나열한다.
④ 주요 요인별로 튜키테스트를 실시하여 전체의 엔드카운트(end count)가
   6이상(유의성 10% 이내)이면 주요원인으로 분류한다.

튜키테스트요? 앤드 카운트요? 흠.. 어려운데요..

아니에요. 용어는 처음 보겠지만 한번 배우면 쉽게 적용할 수 있습니다.

---

* 주1) BoB : Best of Best (최상의 양품), WoW : Worst of Worst (최악의 불량품)
* 주2) 튜키테스트(Turkey Test) : 다중 조건에 대하여 비교를 통하여 이들간의 유의성을 확인하는 검정방법
* 주3) 앤드카운트 : 특정조건의 끝단에서 연달아서 나타나는 BoB 또는 WoW의 개수

짝비교 방법을 전개하기 위하여 BoB 8개, WoW 8개의 총16개 제품관련 데이터를 조사하였다. 이를 통하여 부품간 갭이 제품 특성에 영향을 주는지 알아보고자 한다.

**표5.2 부품 간 갭에 따른 제품 상태**

EXCEL DATA 5.4

| NO | 부품간 갭 | 제품 상태 |
|---|---|---|
| 1 | 0.015 | WoW |
| 2 | 0.018 | WoW |
| 3 | 0.014 | WoW |
| 4 | 0.022 | WoW |
| 5 | 0.019 | WoW |
| 6 | 0.018 | BoB |
| 7 | 0.016 | BoB |
| 8 | 0.023 | BoB |
| 9 | 0.017 | WoW |
| 10 | 0.019 | BoB |
| 11 | 0.011 | WoW |
| 12 | 0.007 | WoW |
| 13 | 0.024 | BoB |
| 14 | 0.023 | BoB |
| 15 | 0.021 | BoB |
| 16 | 0.017 | BoB |

BoB와 WoW 제품 각 8개씩 확보

이 데이터를 크기순으로 정렬을 하며, 튜키테스트를 통해 엔드카운트를 살펴보고 주요 원인을 분류해볼 수 있다.

튜키테스트에 대한 내용을 더 자세히 살펴 본 후 위의 데이터를 활용하여 이해하도록 해야 합니다.
이어서 진행 절차 및 판단 기준을 설명하도록 하지요.

(2) 튜키테스트 진행 절차

① 요인별로 조건(값)의 크기에 따라 크기순으로 열방향으로 나열하여 해당 제품의 BoB & WoW를 확인한다.
② 제일 위에서 이 값들이 전부 좋음(BoB) 또는 전부 나쁨(WoW)으로 연속해서 나타나는 수가 위쪽 엔드카운트이다.
③ 제일 아래에서 이 값들이 전부 좋음 또는 전부 나쁨으로 연속해서 나타나는 수가 아래쪽 엔드카운트이다.
④ 위쪽과 아래쪽 엔드 카운트를 종합하여 종합엔드카운트 수가 크면 주요원인으로 판정한다.

**크기순으로 정렬한 데이터**

| NO | 부품간 갭 | 제품 상태 |
|---|---|---|
| 12 | 0.007 | WoW |
| 11 | 0.011 | WoW |
| 3 | 0.014 | WoW |
| 1 | 0.015 | WoW |
| 7 | 0.016 | BoB |
| 9 | 0.017 | WoW |
| 16 | 0.017 | BoB |
| 2 | 0.018 | WoW |
| 6 | 0.018 | BoB |
| 5 | 0.019 | WoW |
| 10 | 0.019 | BoB |
| 15 | 0.021 | BoB |
| 4 | 0.022 | WoW |
| 8 | 0.023 | BoB |
| 14 | 0.023 | BoB |
| 13 | 0.024 | BoB |

위 엔드카운트 4

종합엔드카운트
= 4(위 엔드카운트)
+ 3(아래 엔드카운트) = 7

아래 엔드카운트 3

참고1) 양끝의 등급이 모두 같으면 엔드카운트는 '0'으로 한다.
참고2) 양쪽의 등급이 WoW이면서 가운데가 모두 BoB이면 데이터를 변환하여/재 정렬하여 엔드카운트를 계산한다.

튜키테스트를 위한 신뢰도 판단 기준은 다음과 같다.

**표5.3 튜키테스트를 위한 신뢰도 판단 기준**

| 종합 엔드 카운트 | 신뢰도 |
|---|---|
| 6 | 90% |
| 7 | 95% |
| 10 | 99% |
| 13 | 99.9% |

종합 엔드 카운트에 따라 신뢰도를 판단할 수 있다. 예를 들어 종합 엔드 카운트가 6 이라면 이때 신뢰도는 90%라고 할 수 있다.

이를 통해 앞의 예제의 종합 엔드 카운트를 살펴보면, 종합 엔드카운트는 4(위 엔드카운트)와 3(아래 엔드카운트)의 합인 7이 나옴으로써 신뢰도 95%로서 부품 간 갭이 제품 특성에 영향을 준다고 할 수 있다. 즉, 부품간 갭이 0.015 이하에서 제품 특성은 나빠진다고 판단할 수 있다.

좋습니다. 아래 표를 보고 이해하면 됩니다. WoW에서 BoB가 나오는 지점인 부품간 갭이 0.015이하에서 제품 특성이 나빠지기 때문에 0.015와 0.016사이에서 그 이상이 되도록 관리기준을 설정해주면 됩니다.

| NO | 부품간 갭 | 제품 상태 |
|---|---|---|
| 12 | 0.007 | WoW |
| 11 | 0.011 | WoW |
| 3 | 0.014 | WoW |
| 1 | 0.015 | WoW |
| 7 | 0.016 | BoB |
| 9 | 0.017 | WoW |
| … | … | … |

부품간 갭이 0.015 이하에서 제품 특성은 나빠짐

(3) 짝비교 사례연구

이제 여러 개의 변수를 기준으로 짝비교 방법을 진행해본다. BoB와 WoW를 각각 8개씩 3개의 변수에 대하여 짝비교를 진행하여 핵심요인을 규명하고 Worst 조건을 규명하고자 한다. 아래의 데이터는 모터의 소음에 영향을 주는 주요요인을 확인하기 위하여 BoB, WoW각 8개 제품에 대하여 3개의 변수에 대하여 값을 조사한 내용이다.

순서1) BoB, WoW제품별로 변수별 조건 정리

BoB & WoW 제품 각 8개를 확보하여 3개의 변수에 대한 값을 조사한다.

EXCEL DATA 5.5

| NO | 제품 상태 | $X_1$(경사도) | $X_2$(치수) | $X_3$(거리) |
|---|---|---|---|---|
| 1 | BoB | 0.018 | 0.051 | 5.5 |
| 2 | BoB | 0.029 | 0.049 | 8.6 |
| 3 | BoB | 0.02 | 0.043 | 8.8 |
| 4 | BoB | 0.026 | 0.072 | 8.9 |
| 5 | BoB | 0.03 | 0.074 | 9.8 |
| 6 | BoB | 0.03 | 0.063 | 9.9 |
| 7 | BoB | 0.018 | 0.069 | 10.9 |
| 8 | BoB | 0.016 | 0.058 | 11.2 |
| 9 | WoW | 0.048 | 0.077 | 7.4 |
| 10 | WoW | 0.051 | 0.049 | 7.8 |
| 11 | WoW | 0.056 | 0.069 | 8.4 |
| 12 | WoW | 0.051 | 0.07 | 8.8 |
| 13 | WoW | 0.053 | 0.048 | 9.3 |
| 14 | WoW | 0.025 | 0.055 | 9.5 |
| 15 | WoW | 0.055 | 0.053 | 9.8 |
| 16 | WoW | 0.039 | 0.045 | 11.1 |

## PART 02

순서2) 변수조건의 크기순으로 정렬하여 엔드카운트 확인

① 변수별로 조건(값)의 크기순으로 열방향으로 정렬하여 해당 제품의 BoB, WoW를 확인한다.
② 제일 위에서 제품상태가 모두 BoB 또는 모두 WoW로 연속해서 나타나는 수가 위쪽 엔드카운트이다.
③ 제일 아래에서 제품상태가 모두 BoB 또는 모두 WoW로 연속해서 나타나는 수가 아래쪽 엔드카운트이다.
④ 제일 위, 아래의 제품등급이 동일하면서 중간에 등급이 섞여 있으면 엔드카운트는 0으로 한다.
⑤ 위쪽과 아래쪽 엔드카운트를 종합하여 종합 엔드카운트 수가 크면 주요원인으로 판정한다.

각 변수($X_1$, $X_2$, $X_3$)별로 엔드카운트를 진행한 결과이다.

| NO | 제품상태 | $X_1$ |
|---|---|---|
| 11 | WoW | 0.056 |
| 15 | WoW | 0.055 |
| 13 | WoW | 0.053 |
| 10 | WoW | 0.051 |
| 12 | WoW | 0.051 |
| 9 | WoW | 0.048 |
| 16 | WoW | 0.039 |
| 5 | BoB | 0.03 |
| 6 | BoB | 0.03 |
| 2 | BoB | 0.029 |
| 4 | BoB | 0.026 |
| 14 | WoW | 0.025 |
| 3 | BoB | 0.02 |
| 1 | BoB | 0.018 |
| 7 | BoB | 0.018 |
| 8 | BoB | 0.016 |
| 위 엔드카운트 | | 7 |
| 아래 엔드카운트 | | 4 |
| 종합 엔드카운트 | | 11 |

| NO | 제품상태 | $X_2$ |
|---|---|---|
| 9 | WoW | 0.077 |
| 5 | BoB | 0.074 |
| 4 | BoB | 0.072 |
| 12 | WoW | 0.07 |
| 11 | WoW | 0.069 |
| 7 | BoB | 0.069 |
| 6 | BoB | 0.063 |
| 8 | BoB | 0.058 |
| 14 | WoW | 0.055 |
| 15 | WoW | 0.053 |
| 1 | BoB | 0.051 |
| 10 | WoW | 0.049 |
| 2 | BoB | 0.049 |
| 13 | WoW | 0.048 |
| 16 | WoW | 0.045 |
| 3 | BoB | 0.043 |
| 위 엔드카운트 | | 1 |
| 아래 엔드카운트 | | 1 |
| 종합 엔드카운트 | | 2 |

| NO | 제품상태 | $X_3$ |
|---|---|---|
| 8 | BoB | 11.2 |
| 16 | WoW | 11.1 |
| 7 | BoB | 10.9 |
| 6 | BoB | 9.9 |
| 5 | BoB | 9.8 |
| 15 | WoW | 9.8 |
| 14 | WoW | 9.5 |
| 13 | WoW | 9.3 |
| 4 | BoB | 8.9 |
| 12 | WoW | 8.8 |
| 3 | BoB | 8.8 |
| 2 | BoB | 8.6 |
| 11 | WoW | 8.4 |
| 10 | WoW | 7.8 |
| 9 | WoW | 7.4 |
| 1 | BoB | 5.5 |
| 위 엔드카운트 | | 0 |
| 아래 엔드카운트 | | 0 |
| 종합 엔드카운트 | | 0 |

$X_1$의 위, 아래 엔드카운트를 합하여 종합 엔드카운트는 11, $X_2$는 종합 엔드카운트가 2이다. 그리고 $X_3$은 위, 아래 등급이 동일하게 나타나고 중간에 등급이 섞여 있는 경우로 엔드카운트는 '0'이다.

순서3) 주요변수 유의성 확인 및 결론

종합 엔드카운트를 기준으로 $X_1$, $X_2$, $X_3$에 대하여 유의성을 판단하기 위하여 튜키테스트를 진행한 결과 제품소음에 영향을 주는 주요변수는 $X_1$(경사도)로 나타난다. (신뢰도는 99%)

즉, 부품의 경사도가 0.039 이하에서 제품 특성인 소음은 나빠진다고 판단할 수 있다.

| 구분 | $X_1$(경사도) | $X_2$(치수) | $X_3$(거리) |
|---|---|---|---|
| 위 엔드카운트 | 7 | 1 | 0 |
| 아래 엔드카운트 | 4 | 1 | 0 |
| 종합 엔드카운트 | 11 | 2 | 0 |
| 신뢰도 | 99% | - | - |
| WORST조건 | 0.039이하 | - | - |

다음 단계들도 용어는 새롭지만 어렵지는 않을 겁니다.
다른 방법들도 하나씩 알아봅시다.

# 알아두면 좋은 Tip

## > 튜키테스트시 가운데 영역에 BoB가 연속되어 있는 경우(1/2)

짝비교를 위하여 조사한 데이터에서 변수의 값을 크기 순으로 정렬하여 가운데에 BoB가 연속인 경우에 데이터 정렬 방법을 설명한다.

① 조사한 데이터에서 변수의 값을 크기 순으로 정렬한다.

EXCEL DATA 5.6

| NO | 제품 상태 | $X_1$ |
|---|---|---|
| 1 | BoB | 0.30 |
| 2 | WoW | 0.18 |
| 3 | WoW | 0.16 |
| 4 | BoB | 0.26 |
| 5 | BoB | 0.48 |
| 6 | BoB | 0.30 |
| 7 | WoW | 0.20 |
| 8 | BoB | 0.51 |
| 9 | WoW | 0.55 |
| 10 | WoW | 0.53 |
| 11 | BoB | 0.51 |
| 12 | WoW | 0.58 |

| NO | 제품 상태 | $X_1$ |
|---|---|---|
| 3 | WoW | 0.16 |
| 2 | WoW | 0.18 |
| 7 | WoW | 0.20 |
| 4 | BoB | 0.26 |
| 1 | BoB | 0.30 |
| 6 | BoB | 0.30 |
| 5 | BoB | 0.48 |
| 8 | BoB | 0.51 |
| 11 | BoB | 0.51 |
| 10 | WoW | 0.53 |
| 9 | WoW | 0.55 |
| 12 | WoW | 0.58 |

가운데 BoB가 연속되어 있는 경우

정렬 후 가운데에 BoB이 연속되어 있는 경우에는 바로 엔드카운트를 산출하지 않고 해당 변수의 SPEC에 해당되는 목표값을 반영하여 튜키테스트를 실시한다.

즉, $X_1$의 데이터에서 목표값(여기서는 0.4)을 빼 준 후 절대값을 취하여 값을 제시한다. 그리고 나서 데이터 정렬 후 튜키테스트를 다시 실시 한다.

# 알아두면 좋은 Tip

> 튜키테스트시 가운데 영역에 BoB가 연속되어 있는 경우(2/2)

② 데이터 변환 후 튜키테스트를 다시 실시한 결과

| NO | 제품상태 | $\lvert X_1 - 0.4 \rvert$ |
|---|---|---|
| 3 | WoW | 0.24 |
| 2 | WoW | 0.22 |
| 7 | WoW | 0.20 |
| 4 | BoB | 0.14 |
| 1 | BoB | 0.10 |
| 6 | BoB | 0.10 |
| 5 | BoB | 0.08 |
| 8 | BoB | 0.11 |
| 11 | BoB | 0.11 |
| 10 | WoW | 0.13 |
| 9 | WoW | 0.15 |
| 12 | WoW | 0.18 |

[ 목표값과 차이 ]

| NO | 제품상태 | $\lvert X_1 - 0.4 \rvert$ |
|---|---|---|
| 5 | BoB | 0.08 |
| 1 | BoB | 0.10 |
| 6 | BoB | 0.10 |
| 8 | BoB | 0.11 |
| 11 | BoB | 0.11 |
| 10 | WoW | 0.13 |
| 4 | BoB | 0.14 |
| 9 | WoW | 0.15 |
| 12 | WoW | 0.18 |
| 7 | WoW | 0.20 |
| 2 | WoW | 0.22 |
| 3 | WoW | 0.24 |

[ 튜키테스트 실시 ]

튜키테스트를 다시 실시 후 종합 엔드카운트가 10이 나왔으며, 이는 신뢰도 99%(유의수준 1%) 라고 할 수 있다. $X_1$ 조건은 유의하며 목표값 0.4로부터 0.15이상 벗어나면 제품특성이 나빠진다고 할 수 있다.

## 2. 샤이닝 기법

### 2.3 부품추적실험법 활용하기

부품추적 실험법은 많은 부품변수로부터 주요요인을 규명하는 방법으로 제품을 분해조립하면서 제품특성을 반복 측정하여 재현이 가능한 경우에 이용하는 방법이다.

> 짝비교와 유사한 방법입니다.
> 다만 부품추적 실험은 반복측정이 어려운 경우에
> 많이 활용된다고 보면 됩니다.

(1) 부품추적 실험 진행 순서

① BoB & WoW의 제품 각 1개씩을 확보한다.

② 검토 할 부품변수(파라미터)를 설정한다.

③ BoB를 3회 분해, 재조립하면서 평가 & WoW를 3회 분해, 재조립하면서 평가한 결과를 기준으로 D/$\bar{d}$ 비율을 계산하여 값이 1.25 이상이어야 부품 추적실험의 다음 단계로 진행이 가능하다. 이는 BoB와 WoW에 대하여 제품 특성의 분별이 가능하다는 것을 의미한다. 여기에서 D, $\bar{d}$ 는 아래 내용을 의미한다.

> D : (BoB 3회 반복측정의 중앙값 − WoW 3회 반복측정의 중앙값)
>
> $\bar{d}$ : (BoB 반복측정값 차이 + WoW 반복측정값 차이)/2

④ BoB & Wow 제품의 주요부품을 상호 교체(바꿔치기)하면서 재조립하여 제품 특성을 측정하여 원래의 BoB제품의 특성값과 WoW제품의 특성값과 차이를 확인하여 결정한계값을 벗어나면 교체(바꿔치기)한 부품은 주요요인으로 판단한다.

여기에서 차이에 대한 기준은 아래 결정한계값을 기준으로 한다.
(관리도 계수 $d_2$를 구하는 방법은 뒤의 〈알아두면 좋은 Tip〉참조)

> 결정한계 : 중앙값(BoB 또는 WoW) $\pm$ 2.776 $\times (\bar{d}/d_2)$
> ( $t_{0.025}$= 2.776 , 관리도 계수 $d_2$= 1.81)
> 여기에서 $t$값은 $t$분포표에서 자유도 4에 해당하는 $t_{0.025}$값을 찾고,
> $d_2$값은 $d_2^*$표를 기준으로 군의 수 $k$=2 , 시료 수 $n$=3에 해당하는 값을 찾는다.

⑤ 다른 주요부품으로 상기 ④과정을 계속해서 진행한다.

⑥ 최종 부품변수(파라미터)까지 확인하고, 주요한 부품들의 조합을 WoW부품 조합과 BoB부품 조합으로 상호교체(바꿔치기)실험을 진행하여 주요요인 여부를 결정한다.

⑦ 주요요인이 발견되면 상기 실험 자료를 기준으로 이원표를 작성하여 주효과그래프와 교호작용그래프를 작성하여 Worst부품조건을 규명한다.

그럼 결정한계를 바탕으로 주요요인을 결정하면 되는군요!!

(2) 부품추적 실험 사례연구

제품성능에 영향을 주는 주요부품을 규명하기 위하여 선정한 주요부품후보를 기준으로 부품추적실험을 진행해본다. BoB와 WoW를 각각 1개씩 준비하여 제품성능에 영향이 크다 생각하는 부품 5개에 대하여 부품추적실험을 진행하여 핵심요인을 규명하고 Worst 규명하고자 한다.

순서1) 부품추적실험을 위한 제품 준비

① BoB & WoW의 제품 각 1개씩을 확보한다.

② 검토할 부품변수(파라미터)를 정한다.

☞ 여러 개의 부품으로 조립된 하나의 제품에 대하여 제품특성에 영향을 주는 부품변수를 규명하기 위하여 BoB, WoW 제품 각 1개씩을 준비하여 어느 부품(A, B, C, D, E)이 문제를 유발시키는지 확인

③ BoB를 3회 분해/재조립하면서 평가하고, WoW에 대해서도 3회 분해/재조립 하면서 평가하여 $D/\bar{d}$ 비율을 계산하여 1.25이상인지 확인한다. 이는 두 개의 제품이 통계적으로 유의차이가 있다는 것을 말한다.

EXCEL DATA 5.7

| 구분 | BoB제품 | WoW제품 |
|---|---|---|
| 1회 측정 | 13 | 34 |
| 2회 측정 | 16 | 38 |
| 3회 측정 | 15 | 35 |
| 중앙값 | 15 | 35 |
| R | 3(max-min=16-13) | 4(max-min=38-34) |
| D | \multicolumn{2}{c}{20 (=35-15)} |
| $\bar{d}$ | \multicolumn{2}{c}{3.5(=(3+4)/2)} |
| $D/\bar{d}$ | \multicolumn{2}{c}{5.71(=20/3.5)} |

여기에서 $D, \bar{d}$ 비율은 아래의 공식을 활용한다.

> $D$ : (BoB 3회 반복측정의 중앙값 − WoW 3회 반복측정의 중앙값)
> $\bar{d}$ : (BoB 반복측정값 차이 + WoW 반복측정값 차이)/2

☞ BoB제품과 WoW제품의 $D/\bar{d}$ 비율 결과 1.25이상일때 다음 단계로 진행 가능하다.

순서2) 부품 상호교체(바꿔치기) 실험 진행

① BoB & Wow 제품의 주요 부품을 상호 교체해가면서 재조립하여 제품 특성을 측정하여 원래의 BoB제품의 특성값과 WoW제품의 특성값과 차이를 확인하여 결정한계값을 벗어나는지 확인한다. 만일 결정한계값을 벗어나면 주요요인으로 결정한다.

② 다른 주요 부품으로 상기 ①과정을 계속적으로 반복하면서 최종 부품변수까지 진행한다.

③ 주요한 부품이 정해지면 이들의 조합으로 WoW부품조합과 BoB부품조합으로 상호교체(바꿔치기) 실험을 진행하여 이들 조합이 주요한지 확인한다.

| 구분 | BoB제품 | WoW제품 | 주요요인 |
|---|---|---|---|
| A부품만 상호교체 | 16 | 19 | YES |
| B부품만 상호교체 | 16 | 35 | |
| C부품만 상호교체 | 14 | 33 | |
| D부품만 상호교체 | 15 | 37 | |
| E부품만 상호교체 | 16 | 16 | YES |
| AE조합으로 확인 | 32 | 17 | YES |
| 결정한계 | 9.63~20.37 | 29.63~40.37 | |

따라서 여기서 주요요인은 A, E, AE로 볼 수 있음

여기서 결정한계란 예측구간의 개념으로 보시면 됩니다. 즉 모집단의 값이 존재할 영역을 추정한 구간입니다.

예측구간 산출시 본 도서에서는 신뢰도 95%를 기준으로 하였습니다. 해당 조건에서 결정한계 구간을 벗어나면 이상치로 판단하여 유의한 주요요인으로 결정합니다.

참고1) A부품만 상호교체(바꿔치기)하는 방법

　　초기의 BoB제품에서 A부품만 WoW로 이동시키어 조립한다. 그리고 마찬가지로 초기의 WoW제품에서 A부품만 BoB로 이동시키어 조립한다. 이렇게 A부품만 상대방 BoB와 WoW제품에서 상호교체하여 성능을 평가하여 성능변화가 없으면 A부품은 주요하지 않다는 것이고, 반대로 성능 변화가 발생하면 주요하다고 판단한다. A부품만 상호교체를 통하여 실험을 마치면 원래 상태로 되돌려 놓는다.

| 구분 | A부품 | B,C,D,E부품 | 비고 |
|---|---|---|---|
| BoB제품 | WoW에 있는 부품 | 그대로 | A부품만 상호교체 |
| WoW제품 | BoB에 있는 부품 | 그대로 | |

참고2) 결정한계 계산 방법

　　결정한계를 구하기 위한 계산식은 아래와 같다.

$$\text{결정한계} : \text{중앙값(BoB 또는 WoW)} \pm 2.776 \times (\bar{d}/d_2)$$

$$(t_{0.025} = 2.776, \text{ 관리도 계수 } d_2 = 1.81)$$

- BoB제품의 결정한계

　BoB중앙값 $\pm\ 2.776 \times (\bar{d}/1.81) = 15 \pm 2.776 \times (3.5/1.81)$

　$= 9.63 \sim 20.37$

- WoW제품의 결정한계

　WoW중앙값 $\pm\ 2.776 \times (\bar{d}/1.81 = 35 \pm 2.776 \times (3.5/1.81)$

　$= 29.63 \sim 40.37$

④ 문제를 발생시키는 주요한 부품은 A, E, (AE)임을 알 수 있다

순서3) 주요변수 최종 결정

① Step1과 Step2에서 진행한 실험데이터를 기준으로 주요요인에 대한 이원표를 작성한다.

Step1에서 실시한 실험은 BoB 3회, WoW 3회를 실시하였고, Step2에서 실시한 실험은 총 12회(5개 부품별로 2회씩, 조합으로 2회)를 실시 하여 전체 실험은 18회 실험이 진행되었다. 이들 18회 실험을 A와 E부품의 BoB조건과 WoW조건으로 구분하여 이원표를 작성한다(나머지 부품들은 중요하지 않으므로 무시한다). 예를 들어 Step1에서 진행한 BoB실험 3회는 A부품은 BoB조건, E부품은 BoB조건으로 진행한 실험결과이므로 이 조합조건으로 실험데이터를 이원표에 작성한다.

EXCEL DATA 5.8

| 구분 | A(BoB) | A(WoW) | 평균 |
|---|---|---|---|
| E (BoB) | 13 | 16 | E(BoB) 15.57 |
| | 16 | 16 | |
| | 15 | | |
| | 16 | | |
| | 14 | | |
| | 15 | | |
| | 17 | | |
| E (WoW) | 19 | 34 | E(WoW) 26.18 |
| | 16 | 38 | |
| | | 35 | |
| | | 35 | |
| | | 33 | |
| | | 37 | |
| | | 32 | |
| 평균 | A(BoB) 16.32 | A(WoW) 25.43 | |

② 조건별 평균으로 주효과그래프를 작성한다.

A(BoB)조건의 평균은 16.32, A(WoW)조건의 평균은 25.43이고, E(BoB) 조건의 평균은 15.57, E(WoW)조건의 평균은 26.18이다. 이를 기준으로 주효과그래프를 작성한다. (조건별 평균을 계산하는 방법은 다음 페이지의 〈알아두면 좋은 Tip〉 참조)

| 구분 | A | E |
|---|---|---|
| BoB 조건 | 16.32 | 15.57 |
| WoW 조건 | 25.43 | 26.18 |

③ 조합별 평균으로 교호작용그래프를 작성한다.

A조건과 E조건의 각 조합별로 평균을 구하여 이를 기준으로 교호작용그래프를 작성한다. (조합별 평균을 구하는 방법은 다음 페이지의 〈알아두면 좋은 Tip〉 참조)

| 구분 | A(BoB) | A(WoW) |
|---|---|---|
| E(BoB) | 15.14 | 16.00 |
| E(WoW) | 17.50 | 34.86 |

④ 주효과그래프와 교호작용그래프를 기준으로 Worst조건을 결정한다.

품질문제를 발생시키는 주요한 부품은 A, E로 나타나지만, 이들의 교호작용이 유의하기 때문에, 조합에 의한 영향을 고려하여 문제되는 Worst조합조건을 결정한다. 성능은 작을수록 좋은 특성이므로 Worst조합은 A(WoW)조건과 E(WoW)조건이 조합으로 조립되었을 때 품질문제가 발생한다. 이를 해결하기 위하여 A부품과 E부품의 WoW부품의 조합을 기준으로 이에 대한 관리기준 또는 개선조건을 설정해야 한다.

## 알아두면 좋은 Tip

> 부품추적실험에서 A, E 조건에 대한 평균값 계산 방법

| 구분 | A(BoB) | A(WoW) |
|---|---|---|
| E (BoB) | 13 | 16 |
|  | 16 | 16 |
|  | 15 |  |
|  | 16 |  |
|  | 14 |  |
|  | 15 |  |
|  | 17 |  |
| E (WoW) | 19 | 34 |
|  | 16 | 38 |
|  |  | 35 |
|  |  | 35 |
|  |  | 33 |
|  |  | 37 |
|  |  | 32 |

① 각 조합별로 평균을 계산한다

| 구분 | A(BoB) | A(WoW) |
|---|---|---|
| E (BoB) | 15.14 | 16.00 |
| E (WoW) | 17.50 | 34.86 |

② 조합별 평균을 기준으로 각 조건별로 평균을 계산한다.

| 구분 | A | E |
|---|---|---|
| BoB조건 | (15.14+17.5)/2=16.32 | (15.14+16.00)/2=15.57 |
| WoW조건 | (16.00+34.86)/2=25.43 | (17.50+34.86)/2=26.18 |

# 알아두면 좋은 Tip

## > $d_2^*$표를 이용하여 관리도 계수를 찾는 방법

$d_2^*$표는 표준편차를 구하기 위하여 사용하는 계수로, R(범위)값을 기준으로 표준편차를 추정시 활용한다. 이 때 R을 구하기 위한 시료 크기 $n$ 과 군의 수 $k$에 따라 값이 결정된다. 예를 들어 R을 구하기 위하여 $n$=3개를 이용하였고 이때 군의 수 $k$=2일 경우에는 $d_2$는 1.808이 된다

| k | \multicolumn{14}{c}{Subgroup size, n} |
|---|---|---|---|---|---|---|---|---|---|---|---|---|---|---|
|   | 2 | 3 | 4 | 5 | 6 | 7 | 8 | 9 | 10 | 11 | 12 | 13 | 14 | 15 |
| 1 | 1.414 | 1.912 | 2.329 | 2.481 | 2.673 | 2.830 | 2.963 | 3.078 | 3.179 | 3.269 | 3.350 | 3.424 | 3.491 | 3.553 |
| 2 | 1.279 | 1.805 | 2.151 | 2.405 | 2.604 | 2.768 | 2.906 | 3.025 | 3.129 | 3.221 | 3.305 | 3.380 | 3.449 | 3.513 |
| 3 | 1.231 | 1.769 | 2.120 | 2.379 | 2.581 | 2.747 | 2.886 | 3.006 | 3.112 | 3.205 | 3.289 | 3.366 | 3.435 | 3.499 |
| 4 | 2.206 | 1.750 | 2.205 | 2.366 | 2.570 | 2.736 | 2.877 | 2.997 | 3.103 | 3.197 | 3.282 | 3.358 | 3.428 | 3.492 |
| 5 | 1.191 | 1.739 | 2.096 | 2.358 | 2.563 | 2.730 | 2.871 | 2.992 | 3.098 | 3.192 | 3.277 | 3.354 | 3.424 | 3.488 |
| 6 | 1.181 | 1.731 | 2.090 | 2.353 | 2.558 | 2.726 | 2.867 | 2.988 | 3.095 | 3.189 | 3.274 | 3.351 | 3.421 | 3.486 |
| 7 | 1.173 | 1.726 | 2.085 | 2.349 | 2.555 | 2.723 | 2.864 | 2.986 | 3.092 | 3.187 | 3.272 | 3.349 | 3.419 | 3.484 |
| 8 | 1.168 | 1.721 | 2.082 | 2.346 | 2.552 | 2.720 | 2.862 | 2.984 | 3.090 | 3.185 | 3.270 | 3.347 | 3.417 | 3.482 |
| 9 | 1.164 | 1.718 | 2.080 | 2.344 | 2.550 | 2.719 | 2.860 | 2.982 | 3.089 | 3.184 | 3.269 | 3.346 | 3.416 | 3.481 |
| 10 | 1.160 | 1.716 | 2.077 | 2.342 | 2.549 | 2.717 | 2.859 | 2.981 | 3.088 | 3.183 | 3.268 | 3.345 | 3.415 | 3.480 |
| 11 | 1.157 | 1.714 | 2.076 | 2.340 | 2.547 | 2.716 | 2.858 | 2.980 | 3.087 | 3.182 | 3.267 | 3.344 | 3.415 | 3.479 |
| 12 | 1.155 | 1.712 | 2.074 | 2.339 | 2.546 | 2.715 | 2.857 | 2.979 | 3.086 | 3.181 | 3.266 | 3.343 | 3.414 | 3.479 |
| 13 | 1.153 | 1.710 | 2.073 | 2.338 | 2.545 | 2.714 | 2.856 | 2.978 | 3.085 | 3.180 | 3.266 | 3.343 | 3.413 | 3.478 |
| 14 | 1.151 | 1.709 | 2.072 | 2.337 | 2.545 | 2.714 | 2.856 | 2.978 | 3.085 | 3.180 | 3.265 | 3.342 | 3.413 | 3.478 |
| 15 | 1.150 | 1.708 | 2.071 | 2.337 | 2.544 | 2.713 | 2.855 | 2.977 | 3.084 | 3.179 | 3.265 | 3.342 | 3.412 | 3.477 |
| $d_2$ | 1.128 | 1.693 | 2.059 | 2.326 | 2.534 | 2.704 | 2.847 | 2.970 | 3.078 | 3.173 | 3.259 | 3.336 | 3.407 | 3.472 |
| k | 2 | 3 | 4 | 5 | 6 | 7 | 8 | 9 | 10 | 11 | 12 | 13 | 14 | 15 |
|   | \multicolumn{14}{c}{Subgroup size, n} |

# 2. 샤이닝 기법

## 2.4 변수추적실험법 활용하기

변수추적 실험법은 많은 변수로부터 주요요인을 규명하는 방법으로 설계 및 공정 변수를 기준으로 표준조건과 한계조건에 대하여 비교하면서 실험을 실시하여 주요요인을 규명하는 방법이다.

(1) 변수추적 실험 진행 순서
① 주요요인 후보를 선정하여 최상(Best, Standard)수준과 최저(Marginal)수준을 정한다. 최상수준과 최저수준은 각 변수의 표준범위 또는 관리범위내에서 목표하는 조건과 한계에 해당하는 조건으로 잡아준다.
② 최상수준조합으로 3회 실험 & 최저수준조합으로 3회 실험을 실시하여 제품특성을 측정하여 $D/\bar{d}$ 비율을 파악한다.

이 때, $D/\bar{d}$ 비율은 1.25 이상 이어야 변수추적실험 다음단계로 진행이 가능하다. 이는 부품추적실험과 마찬가지로 최상수준조합과 최저수준조합 간에 통계적으로 유의차가 있어, 분별이 가능하다는 것을 의미한다.

여기에서 $D, \bar{d}$는 아래 내용을 의미한다.

> $D$ : (최상수준3회 반복측정의 중앙값 − 최저수준3회 반복측정의 중앙값)
> $\bar{d}$ : (최상수준 반복측정값 차이 + 최저수준 반복측정값 차이)/2

앞에서 배운 부품추적과 변수추적이 다른 건가요?
차이가 무엇인지 궁금합니다.

좋은 질문이에요. 부품추적실험은 여러 개의 부품으로 조립되어 있는 제품에 대하여 유의한 부품을 규명하는 방법입니다. 그리고 변수추적 실험은 제품 또는 공정을 기준으로 검토하고 싶은 변수를 기준으로 변수의 조건을 바꾸어 가면서 실험하여 유의한 변수를 규명하는 방법입니다.

*주) 변수와 요인은 동일한 용어이다.

③ 주요요인후보(변수)를 하나씩 최상과 최저수준을 상호 바꿔주면서 제품특성을 측정하여 특성값이 결정한계를 벗어나면 해당변수는 주요요인으로 판단한다. A요인을 기준으로 상호 바꿔주는 실험 방법은 〈A요인은 최저수준 + 다른 요인들은 최상수준〉의 실험과 〈A요인은 최상수준 + 다른 요인들은 최저수준〉으로 실험을 진행하여 특성값을 얻는다.

> 결정한계 : 중앙값(최상수준조합 또는 최저수준 조합) $\pm 2.776 \times (\bar{d}/d_2)$
> ($t_{0.025}= 2.776$ , 관리도 계수 $d_2 = 1.81$)

④ 다음의 주요한 조건을 규명하기 위하여 상기 ③과정을 계속해서 진행한다.

⑤ 최종 변수까지 확인한 이후 주요한 요인들의 조합을 최저수준의 조합과 최상수준의 조합으로 실험을 추가로 진행하여 주요요인 조합에 의한 영향성을 판단한다.

⑥ 주요요인이 발견되면 상기 실험 자료를 기준으로 이원표를 작성하여 주효과 그래프와 교호작용 그래프를 작성하여 Worst조건을 규명한다.

(2) 변수추적 실험 사례연구

제품성능에 영향을 주는 여러 개의 변수 중에서 주요변수에 대한 문제를 발생시키는 Worst 조건을 규명하고자 변수추적실험을 진행해본다. 검토하려는 변수는 6개 (A, B, C, D, E, F)이며, 제품특성은 누설량으로 특성이 작을 수록 좋은 특성이다.

순서1) 변수추적실험을 위한 준비
① 과제해결관련 검토가 필요한 6개의 변수에 대한 최상, 최저 수준을 정한다.

| 주요변수후보 | 최상수준 | 최저수준 |
|---|---|---|
| A.압력 | 50 | 60 |
| B.두께 | STD | 얇음 |
| C.갭 | 5 | 10 |
| D.굽힘량 | 평평함 | 굽음 |
| E.압력 | 100 | 120 |
| F.죄임공구 | 수평 | 각 있음 |

② 최상수준조합으로 3회 & 최저수준조합으로 3회 실험을 실시하여 제품특성(누설량)을 측정하여 D/$\bar{d}$ 비율을 확인한다.

EXCEL DATA 5.9

| 구분 | 최상수준조합 | 최저수준조합 |
|---|---|---|
| 1회 측정 | 4 | 47 |
| 2회 측정 | 4 | 61 |
| 3회 측정 | 3 | 68 |
| 중앙값 | 4 | 61 |
| R | 1 | 21 |
| D | 57(=61-4) ||
| $\bar{d}$ | 11(=(1+21)/2) ||
| D/$\bar{d}$ | 5.18(=57/11) ||

여기에서 D, $\bar{d}$ 비율은 아래의 공식을 활용한다.

> D : (최상수준 3회 반복측정의 중앙값 − 최저수준 3회 반복측정의 중앙값)
> $\bar{d}$ : (최상수준 반복측정값 차이 + 최저수준 반복측정값 차이)/2

최상수준조합과 최저수준 조합에서 D/$\bar{d}$ 값은 1.25이상임을 알 수 있다.

순서2) 변수추적 실험 진행

① 주요요인 후보 하나를 최상수준과 최저수준을 바꿔주면서 제품특성을 측정하여 특성값이 결정한계를 벗어나는지 확인한다. 만일 결정한계를 벗어나면 주요요인으로 결정한다. A요인의 바꿔주기 실험결과는 최상수준조합에서 누설량은 3, 최저수준조합에서는 누설량은 72이며, 이들은 최상수준조합의 결정한계(-12.97~20.87) 및 최저수준조합의 결정한계(44.13~77.87)를 벗어나지 않으므로 A요인은 누설량에 영향이 없다는 것을 알 수 있다. (결정한계 계산은 다음 페이지 참조)

② 다음 주요요인을 규명하기 위하여 상기 ①과정을 계속적으로 반복하면서 최종요인까지 진행한다.

③ 주요한 요인이 D, F로 정해지면 이들의 조합으로 최상수준조합과 최저수준조합에서 추가실험을 진행하여 (DF)조합의 주요 요인 여부를 결정한다.

| 구분 | 최상수준조합 | 최저수준조합 | 주요요인 |
| --- | --- | --- | --- |
| A조건만 상호 바꿈 | 3 | 72 | |
| B조건만 상호 바꿈 | 5 | 47 | |
| C조건만 상호 바꿈 | 7 | 72 | |
| D조건만 상호 바꿈 | 23 | 30 | YES |
| E조건만 상호 바꿈 | 7 | 50 | |
| F조건만 상호 바꿈 | 73 | 18 | YES |
| DF조합으로 확인 | 70 | 4 | YES |
| 결정한계 | -12.87~20.87 | 44.13~77.87 | |

참고1) A조건만 상호 바꾸는 실험 방법

　　초기의 최상수준 및 최저수준의 조합에서 A요인의 조건만 상호 바꾸어 실험을 진행한다. 즉 〈A요인은 최저수준 + B,C,D,E,F는 최상수준〉조합과 〈A요인은 최상수준 + B,C,D,E,F는 최저수준〉조합으로 실험을 진행하여 누설량을 측정하여 결정한계와 비교한다.

참고2) 결정한계 계산 방법

　　결정한계를 구하기 위한 계산식은 아래와 같다.

$$\text{결정한계 : 중앙값(BoB 또는 WoW)} \pm 2.776 \times \times (\bar{d}/d_2)$$
$$(t_{0.025} = 2.776 ,\ \text{관리도 계수 } d_2 = 1.81)$$

- 최상수준조합의 결정한계
  최상수준조합의 중앙값 $\pm 2.776 \times (\bar{d}/1.81) = 4 \pm 2.776 \times (11/1.81)$
  $= -12.87 \sim 20.87$

- 최저수준조합의 결정한계
  최저수준조합의 중앙값 $\pm 2.776 \times (\bar{d}/1.81) = 61 \pm 2.776 \times (11/1.81)$
  $= 44.13 \sim 77.87$

④ 문제를 발생시키는 주요요인은 결정한계를 벗어난 D, F, DF임을 알 수 있다.

순서3) 주요변수 최종 결정

① Step1과 Step2에서 진행한 실험데이터를 기준으로 주요요인에 대한 이원표를 작성한다.

Step1에서 실시한 실험은 최상수준조합 3회, 최저수준조합 3회를 실시하였고, Step2에서 실시한 실험은 총 14회(6개 요인별로 2회씩, (DF)를 묶어 2회)를 실시하여 전체 실험은 20회 실험이 진행되었다. 이들 20회 실험을 D요인과 F요인의 최상수준과 최저수준으로 구분하여 이원표를 작성한다. (나머지 요인들은 주요 하지 않으므로 무시한다.) 예를 들어 Step1에서 진행한 최상수준조합 실험3회(4, 4, 3)는 D요인의 조건은 최상수준, F요인의 조건은 최상수준조건으로 실험을 진행한 실험결과이므로 이 조합조건으로 실험 데이터를 이원표에 작성한다.

EXCEL DATA 5.10

| 구분 | D(최상수준) | D(최저수준) | 평균 |
|---|---|---|---|
| F (최상수준) | 4 | 23 | F(최상) 12.56 |
| | 4 | 18 | |
| | 3 | | |
| | 3 | | |
| | 5 | | |
| | 7 | | |
| | 7 | | |
| | 4 | | |
| F (최저수준) | 30 | 47 | F(최저) 56.19 |
| | 73 | 61 | |
| | | 68 | |
| | | 72 | |
| | | 47 | |
| | | 72 | |
| | | 50 | |
| | | 70 | |
| 평균 | D(최상) 28.06 | D(최저) 40.69 | |

② 이원표를 기준으로 주효과그래프를 작성한다.

D(최상수준)조건의 평균은 28.06, D(최저수준)조건의 평균은 40.69이고, F(최상수준)조건의 평균은 12.56, F(최저수준)조건의 평균은 56.19이다. 이를 기준으로 주효과 그래프를 작성한다.

| 구분 | D | F |
|---|---|---|
| 최상수준 | 28.06 | 12.56 |
| 최저수준 | 40.69 | 56.19 |

③ D와 F의 교호작용은 유의하므로 교호작용 그래프를 작성한다.

| 구분 | D(최상) | D(최저) |
|---|---|---|
| F(최상) | 4.63 | 20.5 |
| F(최저) | 51.5 | 60.88 |

④ 주효과 그래프와 교호작용 그래프를 기준으로 누설량에 대한 Worst조건을 결정한다.

품질문제를 발생시키는 주요한 부품은 D, F로 나타나며, 이들의 교호작용도 유의하기 때문에, DF조합에 의한 영향을 고려하여 Worst조건을 결정한다. 성능이 작을수록 좋은 특성이므로 Worst조합은 D요인의 최저수준과 F요인의 최상수준 조합에서 품질문제가 발생하며, 그리고 F요인의 최저수준은 D요인의 모든 수준조합에서 품질문제가 발생한다. 이를 해결하기 위하여 D, F요인에 대한 관리기준 또는 개선조건을 설정해야 한다. (D(굽힘량)요인의 최상/최저수준은 '평평함/굽힘'이며, F(죄임공구)요인의 최상/최저수준은 '수평/각 있음'이다)

## 2. 샤이닌 기법

### 2.5 B vs C실험법 활용하기

B vs C 실험법은 B(Better)조건과 과 C(current)조건에 대하여 비교 실험을 통하여 유의차를 검증(신뢰도 90% 이상 확보)하는 방법이다. 개선전후 조건에 대한 유의차 검정시 활용해도 된다.

(1) B vs C 실험 진행순서

① B 와 C의 조건에 대하여 실험하기 위한 제품 각 3개 이상씩 준비한다.

② 총 6개 이상의 제품으로 B와 C조건을 랜덤하게 진행을 한다.

③ No overlap 또는 튜키테스트 방법으로 유의차를 평가한다.

**그림5.3 B vs C실험결과**

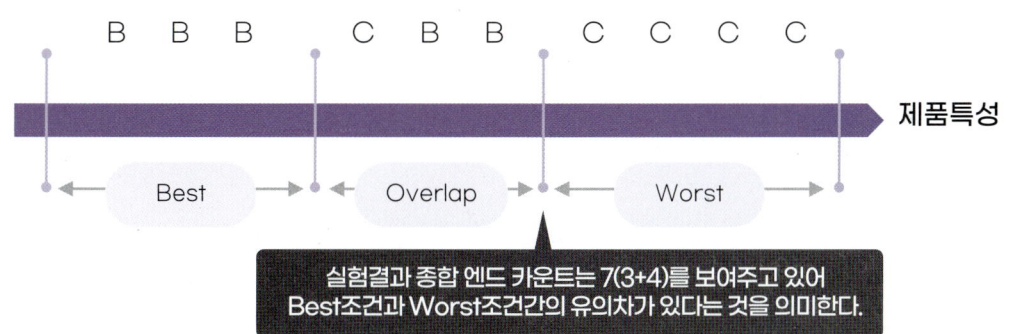

| 종합 엔드 카운트 | 신뢰도 |
|---|---|
| 6 | 90% |
| 7 | 95% |
| 10 | 99% |
| 13 | 99.9% |

(2) B vs C 실험 사례연구

반도체 와이어 본딩공정에서 개선전후 조건으로 유의차를 확인하고자 실험을 진행하였다. 이에 대하여 개선전후에 따른 와이어 장력에 대한 유의차 검정을 진행 하고자 한다. (와이어 장력은 클수록 좋음)

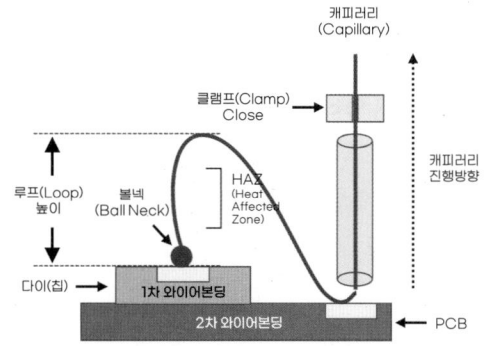

순서1) B vs C 실험 진행

비교할 조건으로 실험을 실시한다. 이 때 시료수는 조건별 최저 3개 이상으로 한다.
- 개선조건(Better)에서의 와이어 장력 : 224, 221, 219
- 기존조건(Current)에서의 와이어 장력 : 209, 217, 210

순서2) 유의차 확인

① 실험결과에 대한 엔드카운트를 확인하기 위하여 와이어 장력을 크기순으로 나타내어 조건간의 중복된 데이터가 있는지 나타내어 엔드카운트를 확인하였다.

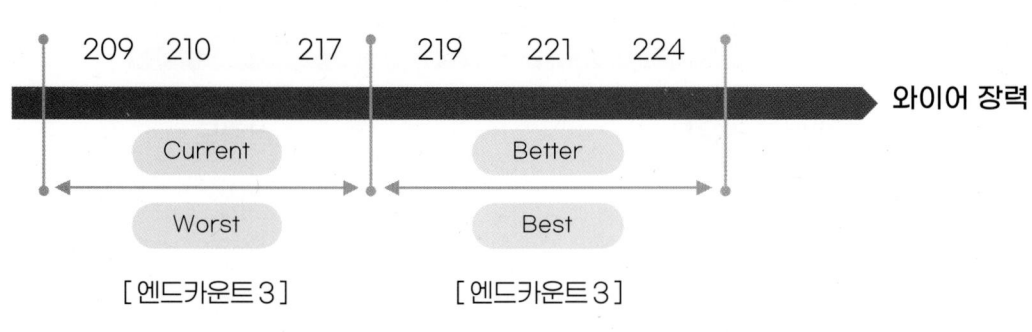

② B vs C실험에 대한 튜키테스트 실시 결과 종합 엔드카운트는 6이므로 두 조건간의 유의차가 있다고 볼 수 있다. (신뢰도 90%)

## 3. 허용공차분석

### 3.1 허용공차란

제품/부품의 규격을 나타낼 때 그 중심과 허용공차로 나타내며, 규정된 최대치를 규격상한, 최소치를 규격하한이라고 하며 이들의 차이를 허용공차라고 한다.

**그림5.4 허용차와 허용공차**

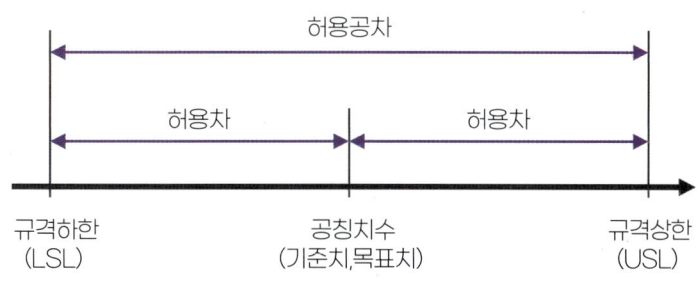

위 그림에서 공칭치수를 목표치라하며 제품의 성능을 결정하거나 이상적 조건에서의 기준치수를 말한다. 그러므로 기술적인 규격은 공칭치수와 허용공차로 나타낸다.

USL, LSL? 허용공차? 관리도 인가요?
참~, 주어진 규격은 USL, LSL & 관리해야 할 한계는 UCL, LCL!

주요요인을 결정하고 이에 대한 변경해야 할 목표값을 결정하게 되면 고품해결활동의 마무리 단계가 됩니다. 그리고 목표값에 대한 허용공차의 재 설정이 필요한 경우에 이의 기준을 설정하는 방법이 있습니다.

해당 구성품 또는 공정이 선형 성질인 경우에는 RSS(Root Sum of Square)방법을 활용하고, 비선형 성질인 경우에는 몬테카를로 시뮬레이션 방법을 활용하여 허용공차를 구할 수 있습니다.

## 3. 허용공차분석

### 3.2 공차분석이란

공차분석은 결과값Y가 고객요구를 만족시키도록 입력값X의 공차를 설정하는 것을 말한다. 이를 위하여 입력값X의 변동이 출력값Y에 어떠한 영향을 미치는지를 파악하여 수용가능한 출력값Y를 얻기 위하여 입력값X를 어떻게 설계해야 하는지를 분석하게 된다.

그림5.5 입력값 변동에 따른 결과값의 변동

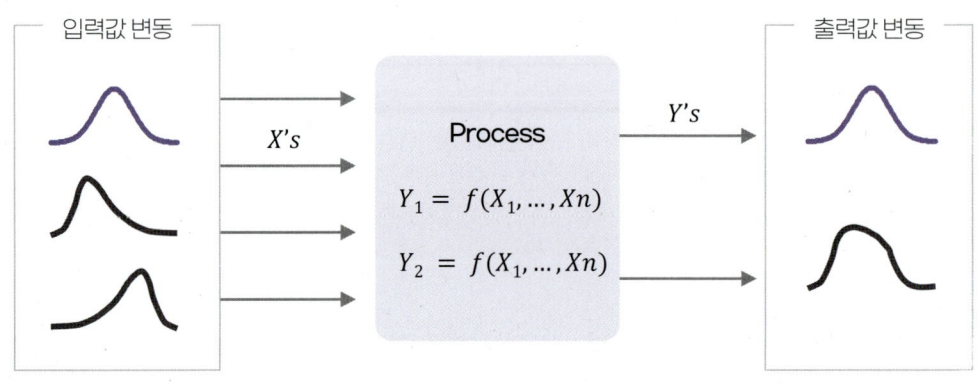

공차분석은 입력값과 출력값의 관계를 나타내는 전이함수를 만드는 능력에 달려 있다.

이러한 전이함수는 단순 기하학적 관계일수도 있고, 또는 이미 알고 있는 공식이거나 기초공학적 일수도 있다. 전이함수를 알 수 없다면 실험계획법이나 회귀분석을 통해서 구할 수 있다. 공차분석을 위하여 자주 사용하는 통계적인 방법은 RSS(Root Sum of Square)와 몬테카를로 시뮬레이션 방법이 있다.

허용공차분석을 위하여 전제되어야 할 사항은 입력값과 출력값과의 규칙을 함수로 나타내야 한다는 것입니다.
제품이 구성품의 단순히 조립(+,−)에 의하여 완성이 되면 이를 선형성질로 하여 RSS방법을 활용합니다. 그리고 제품이 구성품의 완성이 선형성질이 아닌 경우(×, ÷, sin, cos, log,⋯)이면 비선형성질로 하여 몬테카를로 시뮬레이션방법을 활용합니다.

# 3. 허용공차분석

## 3.3 RSS방법에 의한 공차 설정방법

공차분석시 두 개 이상의 치수의 조합으로 이루어진 어떤 구성부품 치수의 합이나 감산으로 이루어 질 때에 이를 선형이라 하며, 구성부품의 치수에 대한 표준편차는 RSS 방법을 이용하여 구할 수 있다. RSS(Root Sum of Square)는 분산으로부터 표준편차를 구하는 과정을 그대로 표현한 내용이다. 즉 분산의 가성성(加成性, $\sigma_{x+y}^2 = \sigma_x^2 + \sigma_y^2$)으로 인하여 표준편차를 구하기 위하여 분산의 제곱근을 구하는 과정을 말한다. 즉, RSS는 $\sigma_{x+y} = \sqrt{\sigma_x^2 + \sigma_y^2}$ (또는 $\sigma_{x-y} = \sqrt{\sigma_x^2 + \sigma_y^2}$) 을 의미한다.

> 흠~ RSS 방법이요? 분산과 표준편차에 대하여 알아보는 건가요?
> 이번에는 조금 어려운데요.. 공식도 많이 나오고요.

> 그런가요?, 좀 더 힘 내보도록 하지요!
>
> 공식은 복잡해 보여도, 우리가 이전에 배웠던 표준편차나 분산에 대한 이해만 하고 있으면 할 수 있습니다.
>
> 차이에 대한 공차를 하나씩 알아보면 됩니다.
> 어렵지 않습니다.

구한 구성부품의 평균과 표준편차를 이용하여 구성부품 또는 독립적인 부품에 대하여 공차분석 및 이에 따른 개선을 진행할 수 있다.

두 부품을 조립할 경우에 객 조립부품에 대한 평균과 표준편차를 이용한 계산 공식을 살펴보면 조립 상황에 따라 두 조립품의 평균은 +또는 -를 해주게 된다. 그리고 허용공차는 표준편차를 기준으로 제곱근을 이용하면서 두 조립품의 독립성 여부 성질에 따라 공분산개념을 반영해준다.

사례를 보면 더 이해할 수 있을 겁니다.
두 가지의 부품을 조립한 제품의 경우에 부품간 서로 독립적인 성질일때의 평균과 표준편차 계산 방법, 그리고 부품간 종속적인 성질일때의 평균과 표준편차 계산 방법에 대하여 사례를 통하여 살펴보도록 합시다.

**그림5.6 두 부품의 치수에 대한 평균($\mu$)과 표준편차($\sigma$) 계산 공식**

두 부품을 조립할 경우      조립품에 대한 평균과 표준편차 계산 공식

| 조립 상태 | 통계량 | 두 부품간의 치수 ||
|---|---|---|---|
| | | 독립적인 경우 | 종속적인 경우 |
| $x+y$ | 평균 | $\mu_{x+y} = \mu_x + \mu_y$ ||
| | 표준편차 | $\sigma_{x+y} = \sqrt{\sigma_x^2 + \sigma_y^2}$ | $\sigma_{x+y} = \sqrt{\sigma_x^2 + \sigma_y^2 + 2cov(x,y)}$ |
| $x-y$ | 평균 | $\mu_{x-y} = \mu_x - \mu_y$ ||
| | 표준편차 | $\sigma_{x-y} = \sqrt{\sigma_x^2 + \sigma_y^2}$ | $\sigma_{x-y} = \sqrt{\sigma_x^2 + \sigma_y^2 - 2cov(x,y)}$ |

부품 $x$ : $\mu_x, \sigma_x$
부품 $y$ : $\mu_y, \sigma_y$

주) 공분산 $cov(x,y) = r \times \sigma_x \times \sigma_y$  ($r$ : 상관계수)

사례1) 두 가지의 부품을 조립한 제품의 평균과 표준편차 계산 예

부품1과 부품2는 서로 다른 협력사에서 입고되었고, 랜덤하게 짝을 이루어 조립을 한다.(이 두 부품은 독립적이라고 알려져 있다.) 각 부품별 높이의 평균과 표준편차는 아래와 같을 경우에 두 부품의 조립으로 인한 평균과 표준편차를 구해 보자.

$\mu_1 = 53.3mm$ , $\sigma_1 = 0.2032mm$
$\mu_2 = 25.7mm$ , $\sigma_2 = 0.1270mm$

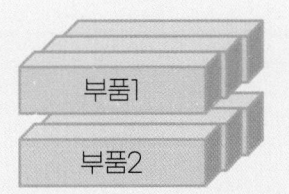

순서1) 두 가지 부품을 조립(쌓기)한 평균을 구한다.

두 가지 부품을 조립한 제품들의 높이에 대한 평균은 $\mu_{1+2} = \mu_1 + \mu_2$가 된다. 그러므로 $\mu_{1+2} = 53.3 + 25.7 = 79.0$ 이다.

순서2) 두 가지 부품을 조립(쌓기)한 표준편차를 구한다.

두 가지 부품을 조립한 제품들의 높이에 대한 표준편차는 $\sigma_{1+2} = \sqrt{\sigma_1^2 + \sigma_2^2}$ 가 된다. 그러므로 $\sigma_{1+2} = \sqrt{0.2032^2 + 0.1270^2} = 0.2396$ 이다.

순서3) 평균과 표준편차 활용

조립품에 대한 평균과 표준편차를 이용하여 조립품에 대한 공차분석, 공정능력분석, 규격을 벗어날 확률을 구하여 개선이 필요한 영역을 검토할 수 있다.

예를 들어 공정능력을 분석하여 만족수준이 아닌 경우

① 조치1 - 두 개의 부품에 대한 평균 이동 또는 산포 감소를 추진할 수 있다.
② 조치2 - 필요에 따라 두 가지 부품에 대한 공차를 조정할 수 있다.

사례2) 사례1의 제품을 다른 부품과 최종 조립한 경우의 평균과 표준편차 계산 예

사례1)에서 조립한 제품을 다른 부품(envelope-열려진 폭이 있는 상자)내부에 삽입하여 최종 제품을 조립할 경우 상자 내부에 간섭없이 조립이 가능한지 분석해보자. (상자 내부에 사례1)의 제품을 삽입시 갭(gap)이 없으면 조립시 간섭이 발생한다. 간섭이 발생하지 않으려면 갭이 0이상이어야 한다.)

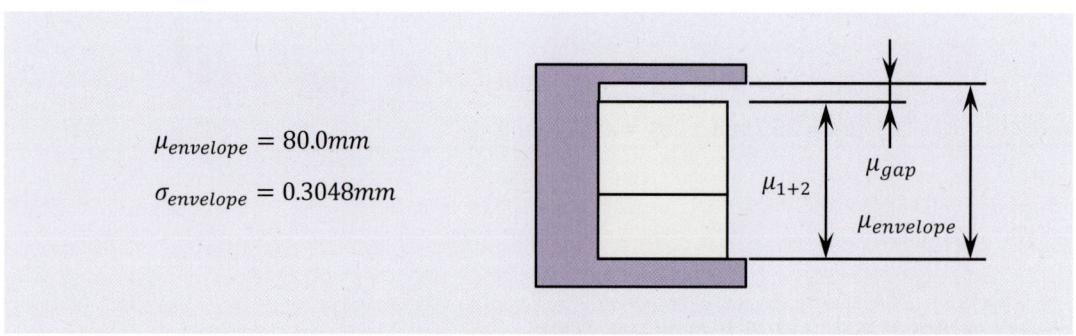

$\mu_{envelope} = 80.0mm$

$\sigma_{envelope} = 0.3048mm$

순서1) 사례1)의 제품과 상자부품을 조립시 갭에 대한 평균을 구한다.

조립시 갭에 대한 평균은 $\mu_{gap} = \mu_{envelpe} - \mu_{1+2}$ 가 된다.

그러므로 $\mu_{gap} = 80.0 - 79.0 = 1.00$ 이다.

순서2) 갭에 대한 표준편차를 구한다.

이에 대한 표준편차는 $\sigma_{gap} = \sqrt{\sigma_{envelope}^2 + \sigma_{1+2}^2}$ 이 된다. (분산의 가성성)

그러므로 $\sigma_{gap} = \sqrt{0.3048^2 + 0.2396^2} = 0.3877$ 이다.

순서3) 평균과 표준편차 활용하여 간섭 가능성을 확인하여 허용공차를 검토한다.

상자 조립후 갭에 대한 평균과 표준편차를 이용하여 간섭(갭>0)이 발생할지 분석을 진행한다. 정규분포를 이용하여 간섭이 발생할 가능성은 0.49%로 나타나기 때문에, 이의 개선을 위한 부품들의 허용공차 조정에 따른 산포감소(또는 중심이동)을 진행해야 한다.

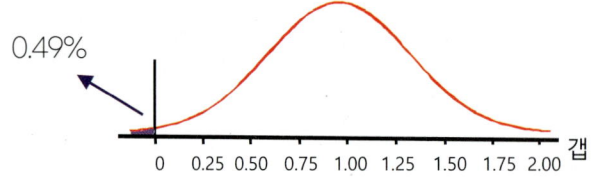

사례3) 부품간 종속적인 경우의 평균과 표준편차 계산 예

세 개의 블록이 삽입되는 제품이 있다. 협력사에서 입고되는 상자와 블록의 평균과 표준편차를 구하여 갭(gap)에 대한 규격 벗어남을 구하여 개선방향을 설정하고자 한다.

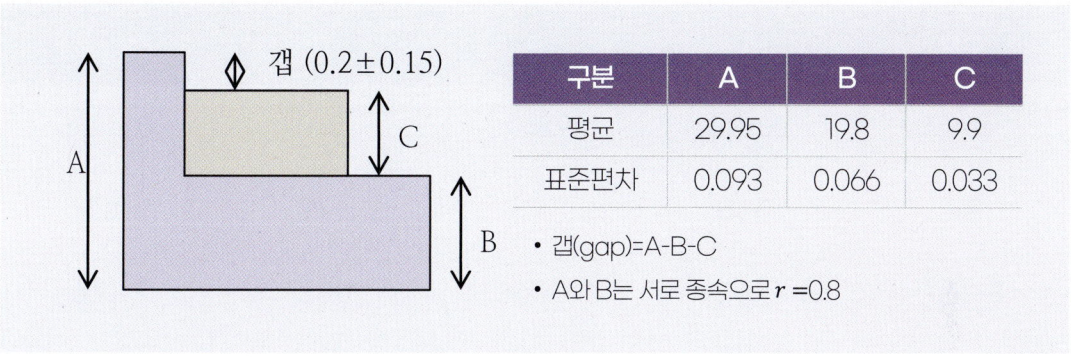

순서1) 갭에 대한 평균을 구한다.

조립시 갭에 대한 평균은 $\mu_{gap} = \mu_A - \mu_B - \mu_C$ 가 된다.
그러므로 $\mu_{gap} = 29.95 - 19.8 - 9.9 = 0.25$ 이다.

순서2) 갭에 대한 표준편차를 구한다.

이에 대한 표준편차는 $\sigma_{gap} = \sqrt{\sigma_A^2 + \sigma_B^2 + \sigma_C^2 - 2cov(A,B)}$ 이 된다. (분산의 가성성)

그러므로 $\sigma_{gap} = \sqrt{0.093^2 + 0.066^2 + 0.033^2 - 2 \times 0.0049} = 0.066$ 이다.
여기에서 $cov(A,B) = r \times \sigma_A \times \sigma_B = 0.8 \times 0.093 \times 0.066 = 0.0049$

순서3) 평균과 표준편차 활용하여 간섭 가능성을 확인한다.

갭에 대한 평균과 표준편차를 이용하여 규격(0.2±0.15)를 벗어날 가능성을 구한다. 정규분포를 이용하여 $\mu_{gap} \pm 3\sigma_{envelope} = 0.25 \pm 3 \times 0.066 = 0.052\sim0.448$ 이 되어 주어진 규격을 벗어난다. ( 규격 0.05~0.35)) 조치를 위하여 다음단계를 실행한다.

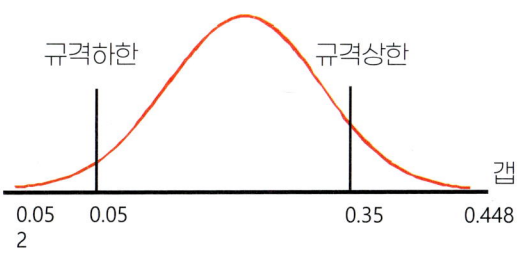

순서4) 규격만족을 위한 조치를 실행한다.

갭에 대한 설계목표값과 현재부품의 품질수준에 대한 현상을 확인하여 필요한 조치사항을 검토한다.

| 구분 | A | B | C | 갭(gap) |
|---|---|---|---|---|
| 설계값 | 30±0.3 | 19.8±0.2 | 10±0.1 | 0.2±0.15 |
| 평균 | 29.95 | 19.8 | 9.9 | 0.25 |
| 표준편차 | 0.093 | 0.066 | 0.033 | 0.066 |
| $\mu \pm 3\sigma$ | 29.671~30.229 | 19.602~19.998 | 9.801~9.999 | 0.052~0.448 |
| 규격만족 | - | - | 규격 벗어남 | 규격 벗어남 |
| 해석 | ② | | | ① |

해석 ①

조립후 갭의 설계값이 적합한지 검토해보자.
- 갭의 목표치인 0.2에 대한 검토

  갭의 평균은 $\mu_{gap} = \mu_A - \mu_B - \mu_C = 30 - 19.8 - 10 = 0.2$로 적합하다
- 갭의 허용공차 ±0.15에 대한 검토 (0.15기준)

갭의 허용공차 $\Delta_{gap} = \sqrt{\Delta_A^2 + \Delta_B^2 + \Delta_C^2 - 2cov(A,B)}$ 은

$\sqrt{0.3^2 + 0.2^2 + 0.1^2 - 2 \times 0.048} = 0.21$이 되어 적합하지 않기 때문에,

갭의 허용공차(±0.15)를 만족하기 위하여 부품A, B, C에 허용공차를 다시 설정해 주어야 한다.
(상기식에서 $cov(A,B) = r \times \Delta_A \times \Delta_B = 0.8 \times 0.3 \times 0.2 = 0.048$이다.)

해석 ②
부품 A, B, C에 대한 허용공차 재 설정

- 갭(gap)의 허용공차를 만족하기 위한 부품A, B, C에 대한 허용공차 설정 방법
$\Delta_{gap} = 0.15 = \sqrt{\Delta_A^2 + \Delta_B^2 + \Delta_C^2 - 2cov(A,B)}$ 식을 이용하여 부품A, B, C의 허용공차를 설정한다.

- 각 부품 A, B, C에 대한 허용공차는 각 부품의 설계 목표값 크기에 따라 동등한 비율로 산출해보자. 각 부품의 설계목표값인 A:B:C=30:19.8:10 이므로 값의 크기에 따른 동등한 비율로 허용공차를 배분하면 A:B:C=Δ:0.66Δ:0.33Δ 이 되어 이를 기준으로 Δ를 구하면 각 부품 A, B, C에 대한 허용공차를 구할 수 있다.

$\Delta_{gap} = 0.15 = \sqrt{\Delta_A^2 + \Delta_B^2 + \Delta_C^2 - 2cov(A,B)}$ 식을 이용하면

$0.15 = \sqrt{\Delta^2 + (0.66\Delta)^2 + (0.33\Delta)^2 - 2 \times 0.8 \times (\Delta \times 0.66\Delta)}$ 으로부터

Δ=0.215이 되어, 이를 A, B, C부품별로 1:0.66:0.33으로 배분한다.

- 각 부품 A, B, C의 설계값에 대한 허용공차 재 설정

| 구분 | | A | B | C | 갭(gap) |
|---|---|---|---|---|---|
| 설계값 | 전 | 30±0.3 | 19.8±0.2 | 10±0.1 | 0.2±0.15 |
| | 후 | 30±0.21 | 19.8±0.14 | 10±0.07 | |

부품 A,B,C에 대한 협력사는 변경된 규격을 만족하기 위한 공정개선을 시도하여 고객이 요구하는 공정능력지수 Cpk목표를 만족해주어야 한다. 필요시 부품C에 대한 금형치수 개선을 병행한다. (공정능력지수 Cpk는 뒤의 〈알아두면 좋은 Tip〉참조)

# 3. 허용공차분석

## 3.4 몬테카를로 시뮬레이션 방법에 의한 공차 설정방법

공차분석시 두 개 이상의 치수의 조합으로 이루어진 어떤 구성부품 치수의 합이나 감산외에 곱으로 또는 sin, cos 혹은 log의 계산 등 여러가지로 표현될 때에 이를 비선형이라 하며, 이에 대한 공차분석은 RSS방법이 적합하지 않기 때문에 몬테카를로 시뮬레이션방법 또는 델타방법으로 공차를 설정할 수 있으며, 본 도서에서는 몬테카를로 시뮬레이션 방법을 이용하여 설명한다.

몬테카를로(monte carlo)는 모나코의 유명한 도박 도시 이름입니다.

도박은 무작위성 이므로, 몬테카를로 시뮬레이션은 확률적 시스템으로 컴퓨터를 이용하여 무작위로 모의실험을 이용하는 것을 의미하지요.

시뮬레이션 횟수를 많게 할 수록 정도는 높아진다고 알려져 있기 때문에 10,000회 이상의 무작위 반복을 권고하고 있습니다.

그림5.7 몬테카를로 시뮬레이션 전개 절차

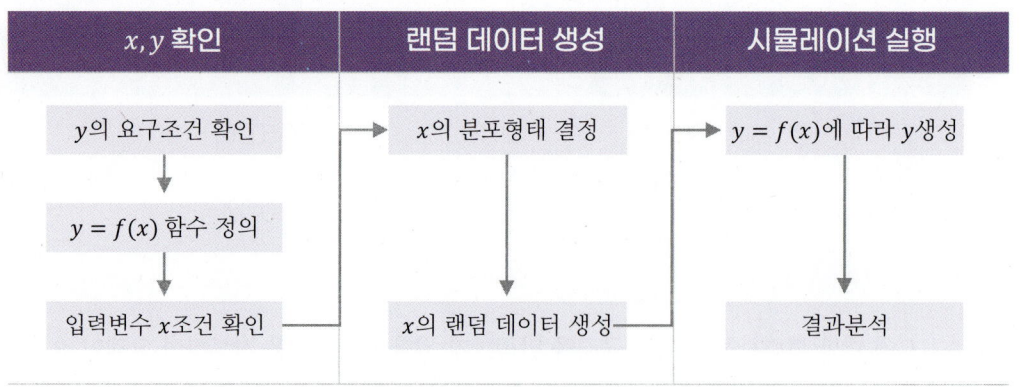

시뮬레이션 결과분석시 필요에 따라 $x$중에서 $y$에 영향을 많이 주는 주요$x$를 발견하여 해당$x$의 공차수정을 위하여 회귀분석을 이용할 수 있다.

사례) 증폭기를 설계하면서 출력전압의 규격만족도를 확보하고자 설계변수에 대한 공차를 확인하고자 한다. 출력전압관련 설계변수는 3개(입력전압, 저항1, 저항2)로 하여 이들 간의 관계함수를 알고 있다. 관계함수는 선형성질이 아니기때문에 몬테카를로 시뮬레이션 방법을 이용한다. 이를 위하여 통계프로그램인 Minitab 기능을 활용하여 설명하고자 한다.

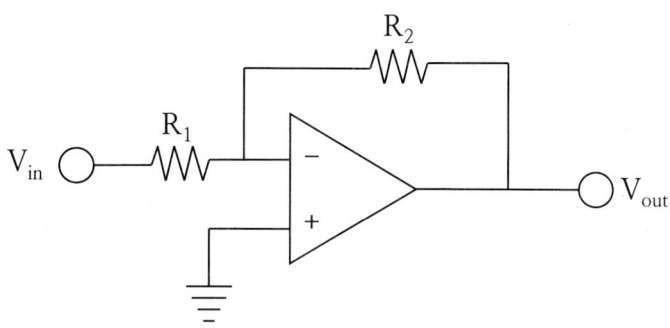

순서1) 설계변수인 $x$와 제품특성인 $y$를 확인한다.

① $y$인 출력전압의 요구 조건 : Vout = 10 ± 2V

② $y = f(x)$에 대한 확인 : Vout=-(R2/R1)×Vin

③ 설계변수에 대한 현재품질수준 확인

| 구분 | 평균 | 표준편차 | 확률분포 |
|---|---|---|---|
| $V_{in}$ | -2V | 0.316V | 정규분포 |
| $R_1$ | 20kΩ | 0.447kΩ | 정규분포 |
| $R_2$ | 100kΩ | 1kΩ | 정규분포 |

순서2) 설계변수에 대한 랜덤데이터를 생성한다.

설계변수별 랜덤데이터는 해당 변수별 확률분포를 기준으로 랜덤데이터를 생성한다. 랜덤데이터는 각 설계변수별 품질수준을 기준으로 생성한다. 랜덤데이터 생성방법은 엑셀 또는 통계프로그램을 이용하면 된다. 본 도서에서는 Minitab의 기능을 이용하여 랜덤데이터를 생성하고자 한다.

- Tool : 계산 > 랜덤데이터 > 정규분포

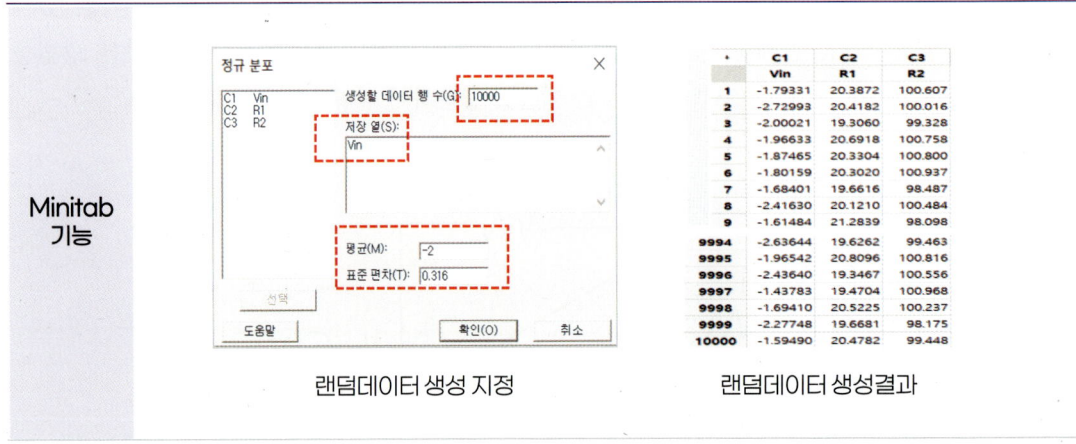

| Minitab 기능 | 랜덤데이터 생성 지정 | 랜덤데이터 생성결과 |

랜덤데이터를 생성시 권장 데이터 수는 데이터의 정확도를 높이기 위하여 각 10,000회 이상을 권하고 있다.

순서3) 전이함수를 기준으로 설계변수에 대한 y를 생성한다.
① 알려진 전이함수는 Vout = 10 ± 2V 이므로 Minitab에서 이를 기준으로 출력전압인 y를 생성한다.

- Tool : 계산 > 계산기 > 함수식 입력

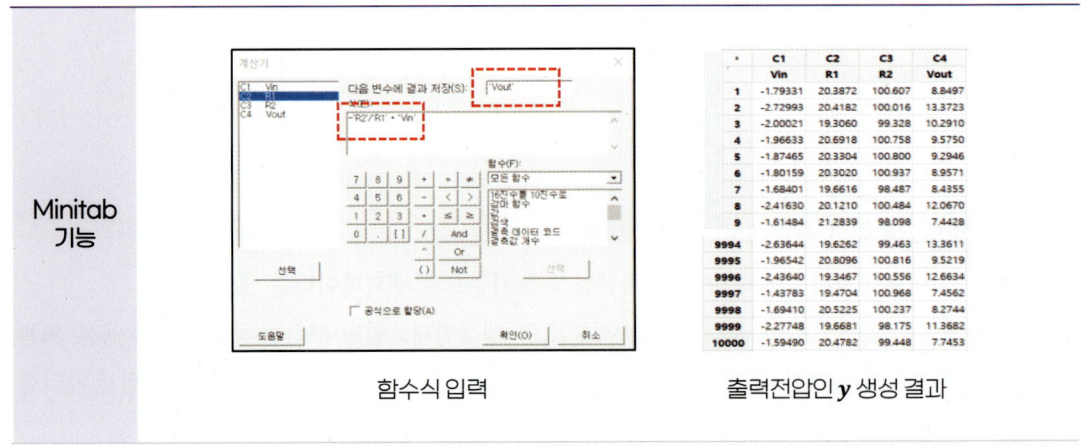

| Minitab 기능 | 함수식 입력 | 출력전압인 y 생성 결과 |

② 출력전압인 y에 대하여 분포를 확인하여 규격만족도를 확인한다.
- Tool : 통계분석 > 품질도구 > 공정능력분석 > 정규분포

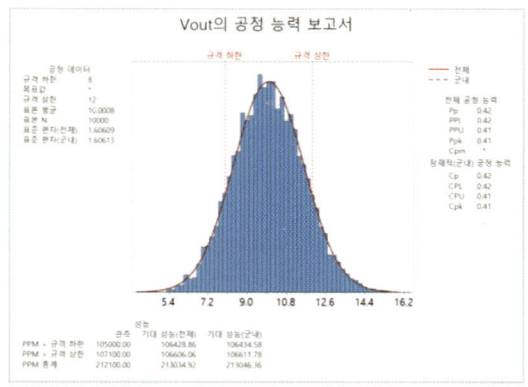

평균 : 10.0008
표준편차 : 1.606
규격 벗어남 : 21.3%
Cpk 0.42

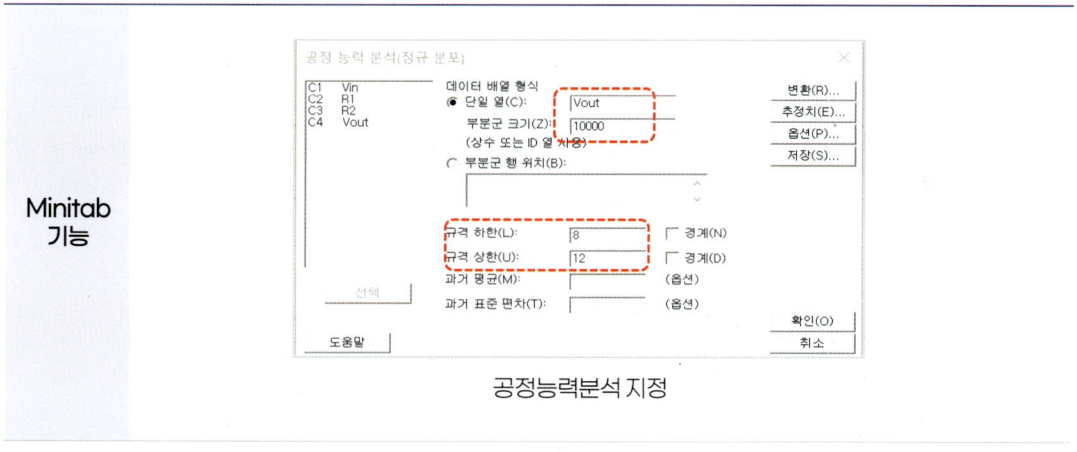

Minitab 기능

공정능력분석 지정

공정능력을 분석한 결과 규격을 벗어남이 높게 발생하고 있어 설계변수에 대한 대응방향을 검토하게 된다.

- 분포의 출력전압을 만족시키는 평균 적합성을 확인한다. 검토분포의 평균은 $y$의 목표값에 근접하기 때문에 설계변수의 목표값은 적합하다고 볼 수 있어 설계변수의 목표값은 그대로 유지하면 된다.
- 분포의 출력전압을 만족시키는 산포의 적합성을 확인한다.

분포는 규격을 많이 벗어나고 있으면 평균보다는 산포에 의한 부분이 크기 때문에 산포를 감소하기 위한 설계변수의 허용공차를 수정해야 한다.

이러한 경우에 주요 설계변수 중심으로 허용공차를 수정하여 $y$를 만족하도록 한다. 주요 설계변수를 규명하는 방법은 다중회귀분석을 이용하여 $y$에 많은 영향을 주는 주요 설계변수를 규명할 수 있다.

③ 회귀분석을 이용하여 산포에 영향을 주는 주요 설계변수를 규명하여 대응한다.
 - Tool : 통계분석 〉 회귀분석 〉 회귀분석 〉 적합회귀모형

### 분산 분석

| 출처 | DF | SS | MS | F-값 | P-값 |
|---|---|---|---|---|---|
| 회귀 | 3 | 25777.1 | 8592.4 | 5578173.20 | 0.000 |
| Vin | 1 | 25149.6 | 25149.6 | 16327157.16 | 0.000 |
| R1 | 1 | 507.2 | 507.2 | 329279.36 | 0.000 |
| R2 | 1 | 99.0 | 99.0 | 64297.34 | 0.000 |
| 오차 | 9996 | 15.4 | 0.0 | | |
| 총계 | 9999 | 25792.5 | | | |

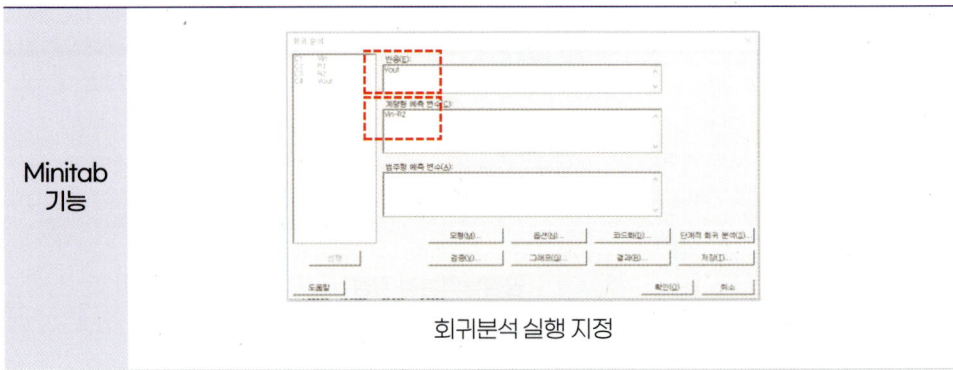

Minitab 기능

회귀분석 실행 지정

회귀분석을 실행하여 설계변수별 영향도를 파악하기 위하여 분산분석을 확인하여 SS를 비교한 결과 $V_{in}$이 절대적으로 영향을 주고 있다는 것을 알 수 있다. 그러므로 다른 설계변수보다는 $V_{in}$에 대한 허용공차를 축소하여 해당부품의 산포를 감소하도록 해 주어야 한다.

| 구분 | SS | 영향도(SS점유율) |
|---|---|---|
| $V_{in}$ | 25149.6 | 97.6% |
| $R_1$ | 507.2 | 1.97% |
| $R_2$ | 99.0 | 0.38% |
| 합계 | 25755.8 | 100% |

# 알아두면 좋은 Tip

> ## 허용공차설정을 위한 손실함수 이해

좋은 품질은 제품이 사회에서 사용자가 사용중에 손실이 발생하지 않아야 한다는 것을 강조하기 위하여 〈사회적손실비용〉과 〈강건성 확보〉에 대하여 언급하면서 다구찌박사는 강건설계방법을 제시하였다. 강건설계방법의 기반이 되는 요소가 손실비용 함수식이다.

손실비용 함수식 $L(y) = k(y-m)2$은 제품특성 $y$가 목표값 $m$에 근접할수록 손실비용 $L(y)$은 감소한다는 내용을 의미한다.

**그림5.8 손실함수**

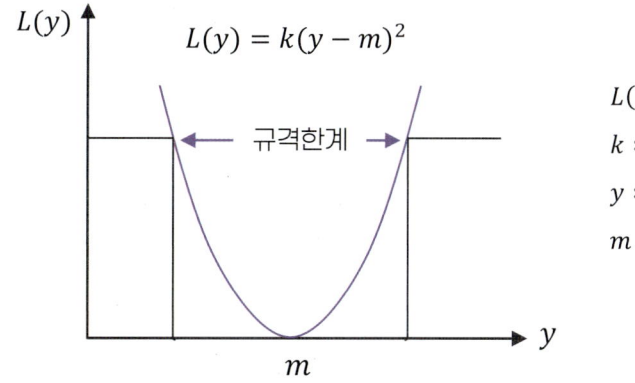

$L(y) = k(y-m)^2$

$L(y)$ : 손실비용
$k$ : 상수
$y$ : 특성치
$m$ : 목표값

손실함수식을 기준으로 제품특성인 y에 대하여 허용공차 설정을 할 수 있다. 이를 위하여 최종고객이 요구하는 규격한계와 규격을 벗어났을 때 발생하는 손실비용을 파악하여, 회사에서 관리해야 할 회사 규격한계를 설정할 수 있다.

# 알아두면 좋은 Tip

> ## 목표값에 가까울수록 좋은 경우의 허용공차 설정 예

다음 상황에 따른 LED제품을 기준으로 생산자의 허용공차를 결정해보자.
- LED전원회로에 대한 소비자 관점의 출력전압 기준 100±20V
- 시장에서 기능한계를 벗어났을 때의 수리비용 100,000원
- 제조공정에서 관리규격을 벗어났을 때의 사내손실비용 30,000원

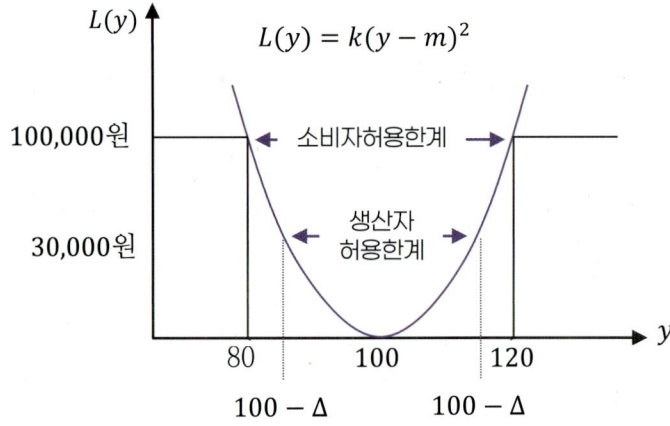

순서1) 상수 $k$값을 계산한다
$L(y = 100 \pm 20) = 100,000 = k(100 \pm 20 - 100)^2$ 에서 $k = 250$ 이 된다.

순서2) 생산자 허용공차를 계산한다.
$L(y = 100 \pm \Delta) = 30,000 = 250(100 \pm \Delta - 100)^2$ 에서 $\Delta = 10.95$ 가 된다.

순서3) 생산자 허용한계를 결정한다.
종적으로 $\Delta$는 10으로 정하여 회사관리규격은 100±10으로 한다.

# 알아두면 좋은 Tip

## > 공정능력지수 개념

제품은 프로세스를 거쳐서 만들어진다. 프로세스를 기준으로 보면 인풋요소는 4M(man, machine, material, method)이고, 아웃풋은 제품으로 주요특성 이 된다.

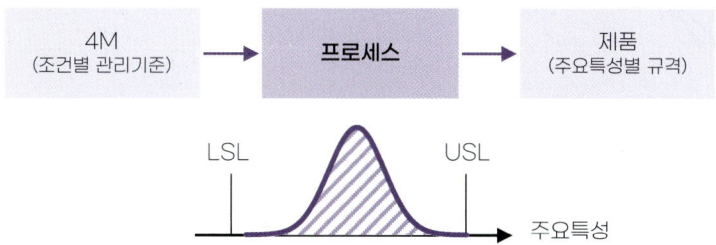

공정능력은 분포의 폭으로 $6\sigma(\mu \pm 3\sigma)$로 나타낼 수 있으며, 공정능력이 주어진 제품의 규격을(USL,LSL)만족하는 정도를 값으로 나타낸 것이 공정능력지수이다.

1) 공정능력지수는 잠재능력인 Cp와 실재능력인 Cpk로 나타낸다.
2) 공정능력지수는 규격만족도로서 1.33이상이 되어야 우수하다고 판단한다.
3) 일반적으로 고객이 요구하는 공정능력지수 목표는 Cpk 1.67이상이다.

4) 예를 들어 제품을 생산하여 주요특성을 측정한 결과 표준편차가 2.48이고 평균이 103이면 주어진 규격이 100±10일 경우에 공정능력지수를 계산 결과이다. 공정능력지수를 계산한 결과 잠재능력인 Cp는 1.33이상이므로 우수하지만, 실재능력인 Cpk는 1.33이하이므로 우수하다고 볼 수 없으므로 개선이 필요하다.

$$Cp = \frac{USL-LSL}{6\sigma} = \frac{110-90}{6 \times 2.48} = 1.34$$

$$Cpk = \min\left(\frac{USL-\mu}{3\sigma}, \frac{\mu-LSL}{3\sigma}\right) = \min\left(\frac{110-103}{3 \times 2.48}, \frac{103-90}{3 \times 2.48}\right)$$
$$= \min(0.94, 1.75) = 0.94$$

# 알아두면 좋은 Tip

## > 공정능력지수 종류별 비교

공정능력지수 종류별로 의미를 간략히 정리하였습니다.
① Cp : 산포만족도 (Process Capability index)
② Cpk : 규격만족도 (k : kadayori (치우침, 日))
③ Cpm : 설계목표만족도 (nominal (목표값))

그림5.9 공정능력지수 종류별 비교

◎ 우수    ○ 보통    △ 미흡

| 분포 상황 | | 공정능력 만족도 | | |
|---|---|---|---|---|
| 규격하한 | 규격상한 | Cp (산포만족도) | Cpk (규격만족도) | Cpm (설계목표만족도) |
| 목표값(m), 분포가 목표값 근처 중앙 | | ◎ | ◎ | ○ |
| 목표값(m), 분포가 목표값에서 벗어남 | | ◎ | ○ | △ |
| 목표값(m), 분포가 좁고 목표값에 집중 | | ◎ | ○ | ◎ |

| 구분 | 공식 | 비고 |
|---|---|---|
| Cp | $\dfrac{USL - LSL}{6\sigma}$ | $\hat{\sigma} = \sqrt{\dfrac{\sum(x_i - \bar{x})^2}{n-1}}$ |
| Cpk | $\min\left(\dfrac{USL-\mu}{3\sigma}, \dfrac{\mu-LSL}{3\sigma}\right)$ | |
| Cpm | $\dfrac{USL - LSL}{6\sigma_m}$ | $\widehat{\sigma_m} = \sqrt{\dfrac{\sum(x_i - \bar{x})^2}{n-1} + (\bar{x} - m)^2}$ |

PART 02

# 알아두면 좋은 Tip

> Cpm활용을 위한 공정능력지수와 손실함수 비교

주요품질특성인 제품의 전류가 규격한계를 벗어났을 때 발생하는 손실비용이 1,500원인 경우에 A사와 B사의 제품 분포에 대하여 공정능력지수 및 손실함수를 비교해보자. (전류에 대한 규격 : 50±5)

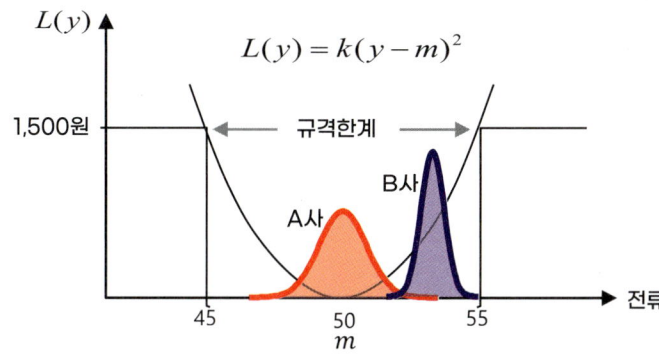

| 제품 | 통계량 | | | 공정능력지수 | | | 기대손실비용 |
|---|---|---|---|---|---|---|---|
| | $\mu$ | $\sigma$ | $\sigma m$ | Cp | Cpk | Cpm | |
| A사 | 51 | 0.40 | 0.8 | 2.08 | 1.67 | 1.30 | 98원 |
| B사 | 53 | 0.20 | 3.02 | 4.17 | 1.67 | 0.55 | 550원 |

1) Cpk는 동등하지만 Cpm은 A사가 더 우수하다.

2) 손실비용으로 해석하면 A사가 더 유리하다.

3) 고품발생 예방을 위하여 기업내에서 품질수준을 평가시 Cpk와 Cpm을 모두 활용하여 설계품질 만족도를 높이는 품질정책도 필요해 보인다.

---

기대손실비용 계산 공식    $E\{L(y)\} = \dfrac{k}{n}\Sigma(y_i - m)^2 = k\{\sigma^2 + (\mu - m)^2\}$

실무 사례가 있는 고질적인 품질문제 해결 방법

CHAPTER

# 부록

1. 부록1. 직교배열표

2. 부록2. 확률분포표
   1) 표준정규분포표
   2) t분포표
   3) F분포표

3. 부록3. $d_2^*$ table

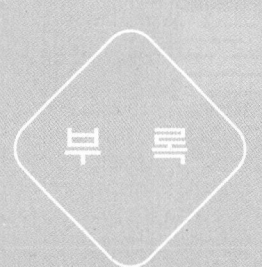
부록

# 직교배열표

## $L_4 2^3$

| NO | 1열 | 2열 | 3열 |
|---|---|---|---|
| 1 | 1 | 1 | 1 |
| 2 | 1 | 2 | 2 |
| 3 | 2 | 1 | 2 |
| 4 | 2 | 2 | 1 |

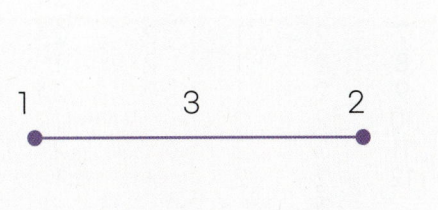

* 주) 우측의 선점도 해석 : 1열에 A요인을 배치하고 2열에 B요인을 배치하면 교호작용 A×B는 3열에 배치한다

## $L_8 2^7$

| NO | 1열 | 2열 | 3열 | 4열 | 5열 | 6열 | 7열 |
|---|---|---|---|---|---|---|---|
| 1 | 1 | 1 | 1 | 1 | 1 | 1 | 1 |
| 2 | 1 | 1 | 1 | 2 | 2 | 2 | 2 |
| 3 | 1 | 2 | 2 | 1 | 1 | 2 | 2 |
| 4 | 1 | 2 | 2 | 2 | 2 | 1 | 1 |
| 5 | 2 | 1 | 2 | 1 | 2 | 1 | 2 |
| 6 | 2 | 1 | 2 | 2 | 1 | 2 | 1 |
| 7 | 2 | 2 | 1 | 1 | 2 | 2 | 1 |
| 8 | 2 | 2 | 1 | 2 | 1 | 1 | 2 |

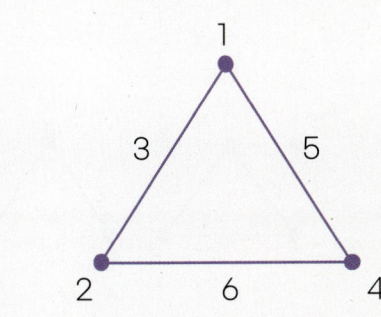
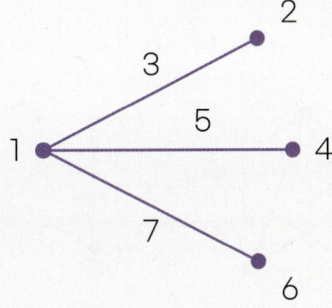

## $L_{12}2^{11}$

| NO | 1열 | 2열 | 3열 | 4열 | 5열 | 6열 | 7열 | 8열 | 9열 | 10열 | 11열 |
|----|----|----|----|----|----|----|----|----|----|----|----|
| 1  | 1 | 1 | 1 | 1 | 1 | 1 | 1 | 1 | 1 | 1 | 1 |
| 2  | 1 | 1 | 1 | 1 | 1 | 2 | 2 | 2 | 2 | 2 | 2 |
| 3  | 1 | 1 | 2 | 2 | 2 | 1 | 1 | 1 | 2 | 2 | 2 |
| 4  | 1 | 2 | 1 | 2 | 2 | 1 | 2 | 2 | 1 | 1 | 2 |
| 5  | 1 | 2 | 2 | 1 | 2 | 2 | 1 | 2 | 1 | 2 | 1 |
| 6  | 1 | 2 | 2 | 2 | 1 | 2 | 2 | 1 | 2 | 1 | 1 |
| 7  | 2 | 1 | 2 | 2 | 1 | 1 | 2 | 2 | 1 | 2 | 1 |
| 8  | 2 | 1 | 2 | 1 | 2 | 2 | 2 | 1 | 1 | 1 | 2 |
| 9  | 2 | 1 | 1 | 2 | 2 | 2 | 1 | 2 | 2 | 1 | 1 |
| 10 | 2 | 2 | 2 | 1 | 1 | 1 | 1 | 2 | 2 | 1 | 2 |
| 11 | 2 | 2 | 1 | 2 | 1 | 2 | 1 | 1 | 1 | 2 | 2 |
| 12 | 2 | 2 | 1 | 1 | 2 | 1 | 2 | 1 | 2 | 2 | 1 |

*주) 일반형으로 교호작용 배치할 수 없음

## $L_{16}2^{15}$

| NO | 1열 | 2열 | 3열 | 4열 | 5열 | 6열 | 7열 | 8열 | 9열 | 10열 | 11열 | 12열 | 13열 | 14열 | 15열 |
|----|----|----|----|----|----|----|----|----|----|----|----|----|----|----|----|
| 1  | 1 | 1 | 1 | 1 | 1 | 1 | 1 | 1 | 1 | 1 | 1 | 1 | 1 | 1 | 1 |
| 2  | 1 | 1 | 1 | 1 | 1 | 1 | 1 | 2 | 2 | 2 | 2 | 2 | 2 | 2 | 2 |
| 3  | 1 | 1 | 1 | 2 | 2 | 2 | 2 | 1 | 1 | 1 | 1 | 2 | 2 | 2 | 2 |
| 4  | 1 | 1 | 1 | 2 | 2 | 2 | 2 | 2 | 2 | 2 | 2 | 1 | 1 | 1 | 1 |
| 5  | 1 | 2 | 2 | 1 | 1 | 2 | 2 | 1 | 1 | 2 | 2 | 1 | 1 | 2 | 2 |
| 6  | 1 | 2 | 2 | 1 | 1 | 2 | 2 | 2 | 2 | 1 | 1 | 2 | 2 | 1 | 1 |
| 7  | 1 | 2 | 2 | 2 | 2 | 1 | 1 | 1 | 1 | 2 | 2 | 2 | 2 | 1 | 1 |
| 8  | 1 | 2 | 2 | 2 | 2 | 1 | 1 | 2 | 2 | 1 | 1 | 1 | 1 | 2 | 2 |
| 9  | 2 | 1 | 2 | 1 | 2 | 1 | 2 | 1 | 2 | 1 | 2 | 1 | 2 | 1 | 2 |
| 10 | 2 | 1 | 2 | 1 | 2 | 1 | 2 | 2 | 1 | 2 | 1 | 2 | 1 | 2 | 1 |
| 11 | 2 | 1 | 2 | 2 | 1 | 2 | 1 | 1 | 2 | 1 | 2 | 2 | 1 | 2 | 1 |
| 12 | 2 | 1 | 2 | 2 | 1 | 2 | 1 | 2 | 1 | 2 | 1 | 1 | 2 | 1 | 2 |
| 13 | 2 | 2 | 1 | 1 | 2 | 2 | 1 | 1 | 2 | 2 | 1 | 1 | 2 | 2 | 1 |
| 14 | 2 | 2 | 1 | 1 | 2 | 2 | 1 | 2 | 1 | 1 | 2 | 2 | 1 | 1 | 2 |
| 15 | 2 | 2 | 1 | 2 | 1 | 1 | 2 | 1 | 2 | 2 | 1 | 2 | 1 | 1 | 2 |
| 16 | 2 | 2 | 1 | 2 | 1 | 1 | 2 | 2 | 1 | 1 | 2 | 1 | 2 | 2 | 1 |

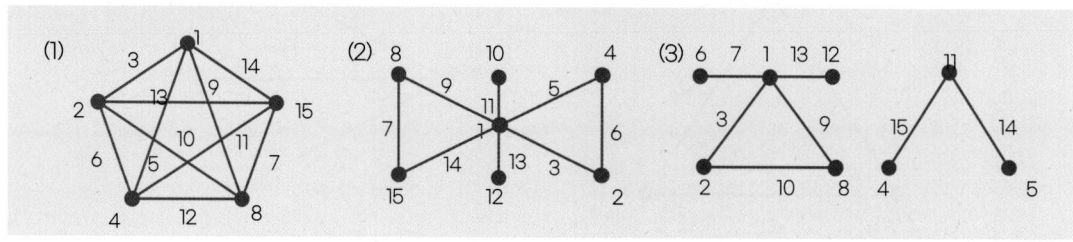

## 2수준계 interaction table

| 열번호 | 2 | 3 | 4 | 5 | 6 | 7 | 8 | 9 | 10 | 11 | 12 | 13 | 14 | 15 |
|---|---|---|---|---|---|---|---|---|---|---|---|---|---|---|
| 1 | 3 | 2 | 5 | 4 | 7 | 6 | 9 | 8 | 11 | 10 | 13 | 12 | 15 | 14 |
| 2 |  | 1 | 6 | 7 | 4 | 5 | 10 | 11 | 8 | 9 | 14 | 15 | 12 | 13 |
| 3 |  |  | 7 | 6 | 5 | 4 | 11 | 10 | 9 | 8 | 15 | 14 | 13 | 12 |
| 4 |  |  |  | 1 | 2 | 3 | 12 | 13 | 14 | 15 | 8 | 9 | 10 | 11 |
| 5 |  |  |  |  | 3 | 2 | 13 | 12 | 15 | 14 | 9 | 8 | 11 | 10 |
| 6 |  |  |  |  |  | 1 | 14 | 15 | 12 | 13 | 10 | 11 | 8 | 9 |
| 7 |  |  |  |  |  |  | 15 | 14 | 13 | 12 | 11 | 10 | 9 | 8 |
| 8 |  |  |  |  |  |  |  | 1 | 2 | 3 | 4 | 5 | 6 | 7 |
| 9 |  |  |  |  |  |  |  |  | 3 | 2 | 5 | 4 | 7 | 6 |
| 10 |  |  |  |  |  |  |  |  |  | 1 | 6 | 7 | 4 | 5 |
| 11 |  |  |  |  |  |  |  |  |  |  | 7 | 6 | 5 | 4 |
| 12 |  |  |  |  |  |  |  |  |  |  |  | 1 | 2 | 3 |
| 13 |  |  |  |  |  |  |  |  |  |  |  |  | 3 | 2 |
| 14 |  |  |  |  |  |  |  |  |  |  |  |  |  | 1 |

\* 주) 상기 table해석 : 가로축의 열번호에 A요인을 배치하고 세로축의 열번호에 B요인을 배치할 경우에 두 열이 서로 만나는 번호 열에 교호작용 A×B를 배치한다.

## $L_9 3^4$

| NO | 1열 | 2열 | 3열 | 4열 |
|----|----|----|----|----|
| 1 | 1 | 1 | 1 | 1 |
| 2 | 1 | 2 | 2 | 2 |
| 3 | 1 | 3 | 3 | 3 |
| 4 | 2 | 1 | 2 | 3 |
| 5 | 2 | 2 | 3 | 1 |
| 6 | 2 | 3 | 1 | 2 |
| 7 | 3 | 1 | 3 | 2 |
| 8 | 3 | 2 | 1 | 3 |
| 9 | 3 | 3 | 2 | 1 |

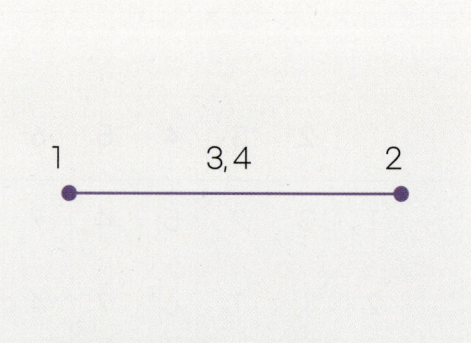

*주) 우측의 선점도 해석 : 1열에 A요인을 배치하고 2열에 B요인을 배치하면 교호작용 A×B는 3열과 4열에 배치한다

## $L_{27} 3^{13}$

| NO | 1열 | 2열 | 3열 | 4열 | 5열 | 6열 | 7열 | 8열 | 9열 | 10열 | 11열 | 12열 | 13열 |
|----|----|----|----|----|----|----|----|----|----|-----|-----|-----|-----|
| 1 | 1 | 1 | 1 | 1 | 1 | 1 | 1 | 1 | 1 | 1 | 1 | 1 | 1 |
| 2 | 1 | 1 | 1 | 1 | 2 | 2 | 2 | 2 | 2 | 2 | 2 | 2 | 2 |
| 3 | 1 | 1 | 1 | 1 | 3 | 3 | 3 | 3 | 3 | 3 | 3 | 3 | 3 |
| 4 | 1 | 2 | 2 | 2 | 1 | 1 | 1 | 2 | 2 | 2 | 3 | 3 | 3 |
| 5 | 1 | 2 | 2 | 2 | 2 | 2 | 2 | 3 | 3 | 3 | 1 | 1 | 1 |
| 6 | 1 | 2 | 2 | 2 | 3 | 3 | 3 | 1 | 1 | 1 | 2 | 2 | 2 |
| 7 | 1 | 3 | 3 | 3 | 1 | 1 | 1 | 3 | 3 | 3 | 2 | 2 | 2 |
| 8 | 1 | 3 | 3 | 3 | 2 | 2 | 2 | 1 | 1 | 1 | 3 | 3 | 3 |
| 9 | 1 | 3 | 3 | 3 | 3 | 3 | 3 | 2 | 2 | 2 | 1 | 1 | 1 |
| 10 | 2 | 1 | 2 | 3 | 1 | 2 | 3 | 1 | 2 | 3 | 1 | 2 | 3 |
| 11 | 2 | 1 | 2 | 3 | 2 | 3 | 1 | 2 | 3 | 1 | 2 | 3 | 1 |
| 12 | 2 | 1 | 2 | 3 | 3 | 1 | 2 | 3 | 1 | 2 | 3 | 1 | 2 |
| 13 | 2 | 2 | 3 | 1 | 1 | 2 | 3 | 2 | 3 | 1 | 3 | 1 | 2 |
| 14 | 2 | 2 | 3 | 1 | 2 | 3 | 1 | 3 | 1 | 2 | 1 | 2 | 3 |
| 15 | 2 | 2 | 3 | 1 | 3 | 1 | 2 | 1 | 2 | 3 | 2 | 3 | 1 |
| 16 | 2 | 3 | 1 | 2 | 1 | 2 | 3 | 3 | 1 | 2 | 2 | 3 | 1 |
| 17 | 2 | 3 | 1 | 2 | 2 | 3 | 1 | 1 | 2 | 3 | 3 | 1 | 2 |
| 18 | 2 | 3 | 1 | 2 | 3 | 1 | 2 | 2 | 3 | 1 | 1 | 2 | 3 |
| 19 | 3 | 1 | 3 | 2 | 1 | 3 | 2 | 1 | 3 | 2 | 1 | 3 | 2 |
| 20 | 3 | 1 | 3 | 2 | 2 | 1 | 3 | 2 | 1 | 3 | 2 | 1 | 3 |
| 21 | 3 | 1 | 3 | 2 | 3 | 2 | 1 | 3 | 2 | 1 | 3 | 2 | 1 |
| 22 | 3 | 2 | 1 | 3 | 1 | 3 | 2 | 2 | 1 | 3 | 3 | 2 | 1 |
| 23 | 3 | 2 | 1 | 3 | 2 | 1 | 3 | 3 | 2 | 1 | 1 | 3 | 2 |
| 24 | 3 | 2 | 1 | 3 | 3 | 2 | 1 | 1 | 3 | 2 | 2 | 1 | 3 |
| 25 | 3 | 3 | 2 | 1 | 1 | 3 | 2 | 3 | 2 | 1 | 2 | 1 | 3 |
| 26 | 3 | 3 | 2 | 1 | 2 | 1 | 3 | 1 | 3 | 2 | 3 | 2 | 1 |
| 27 | 3 | 3 | 2 | 1 | 3 | 2 | 1 | 2 | 1 | 3 | 1 | 3 | 2 |

## 3수준계 interaction table

| | | 열 번호 | | | | | | | | | | | |
|---|---|---|---|---|---|---|---|---|---|---|---|---|---|
| | | 2 | 3 | 4 | 5 | 6 | 7 | 8 | 9 | 10 | 11 | 12 | 13 |
| 열 번 호 | 1 | 3<br>4 | 2<br>4 | 2<br>3 | 6<br>7 | 5<br>7 | 5<br>6 | 9<br>10 | 8<br>10 | 8<br>9 | 12<br>13 | 11<br>13 | 11<br>12 |
| | 2 | | 1<br>4 | 1<br>3 | 8<br>11 | 9<br>12 | 10<br>13 | 5<br>11 | 6<br>12 | 7<br>13 | 5<br>8 | 6<br>9 | 7<br>10 |
| | 3 | | | 1<br>2 | 9<br>13 | 10<br>11 | 8<br>12 | 7<br>12 | 5<br>13 | 6<br>11 | 6<br>10 | 7<br>8 | 5<br>9 |
| | 4 | | | | 10<br>12 | 8<br>13 | 9<br>11 | 6<br>13 | 7<br>11 | 5<br>12 | 7<br>9 | 5<br>10 | 6<br>8 |
| | 5 | | | | | 1<br>7 | 1<br>6 | 2<br>11 | 3<br>13 | 4<br>12 | 2<br>8 | 4<br>10 | 3<br>9 |
| | 6 | | | | | | 1<br>5 | 4<br>13 | 2<br>12 | 3<br>11 | 3<br>10 | 2<br>9 | 4<br>8 |
| | 7 | | | | | | | 3<br>12 | 4<br>11 | 2<br>13 | 4<br>9 | 3<br>8 | 2<br>10 |
| | 8 | | | | | | | | 1<br>10 | 1<br>9 | 2<br>5 | 3<br>7 | 4<br>6 |
| | 9 | | | | | | | | | 1<br>8 | 4<br>7 | 2<br>6 | 3<br>5 |
| | 10 | | | | | | | | | | 3<br>6 | 4<br>5 | 2<br>7 |
| | 11 | | | | | | | | | | | 1<br>13 | 1<br>12 |
| | 12 | | | | | | | | | | | | 1<br>11 |

\* 주) 상기 table해석: 가로축의 열번호에 A요인을 배치하고 세로축의 열번호에 B요인을 배치할 경우에 두 열이 서로 만나는 번호 두 군데 열에 교호작용 A×B을 배치한다.

## $L_8 4^1 \times 2^4$

| NO | 1열 | 2열 | 3열 | 4열 | 5열 |
|----|----|----|----|----|----|
| 1 | 1 | 1 | 1 | 1 | 1 |
| 2 | 1 | 2 | 2 | 2 | 2 |
| 3 | 2 | 1 | 1 | 2 | 2 |
| 4 | 2 | 2 | 2 | 1 | 1 |
| 5 | 3 | 1 | 2 | 1 | 2 |
| 6 | 3 | 2 | 1 | 2 | 1 |
| 7 | 4 | 1 | 2 | 2 | 1 |
| 8 | 4 | 2 | 1 | 1 | 2 |

## $L_{16} 4^1 \times 2^{12}$

| NO | 1열 | 2열 | 3열 | 4열 | 5열 | 6열 | 7열 | 8열 | 9열 | 10열 | 11열 | 12열 | 13열 |
|----|----|----|----|----|----|----|----|----|----|----|----|----|----|
| 1 | 1 | 1 | 1 | 1 | 1 | 1 | 1 | 1 | 1 | 1 | 1 | 1 | 1 |
| 2 | 1 | 1 | 1 | 1 | 1 | 2 | 2 | 2 | 2 | 2 | 2 | 2 | 2 |
| 3 | 1 | 2 | 2 | 2 | 2 | 1 | 1 | 1 | 1 | 2 | 2 | 2 | 2 |
| 4 | 1 | 2 | 2 | 2 | 2 | 2 | 2 | 2 | 2 | 1 | 1 | 1 | 1 |
| 5 | 2 | 1 | 1 | 2 | 2 | 1 | 1 | 2 | 2 | 1 | 1 | 2 | 2 |
| 6 | 2 | 1 | 1 | 2 | 2 | 2 | 2 | 1 | 1 | 2 | 2 | 1 | 1 |
| 7 | 2 | 2 | 2 | 1 | 1 | 1 | 1 | 2 | 2 | 2 | 2 | 1 | 1 |
| 8 | 2 | 2 | 2 | 1 | 1 | 2 | 2 | 1 | 1 | 1 | 1 | 2 | 2 |
| 9 | 3 | 1 | 2 | 1 | 2 | 1 | 2 | 1 | 2 | 1 | 2 | 1 | 2 |
| 10 | 3 | 1 | 2 | 1 | 2 | 2 | 1 | 2 | 1 | 2 | 1 | 2 | 1 |
| 11 | 3 | 2 | 1 | 2 | 1 | 1 | 2 | 1 | 2 | 2 | 1 | 2 | 1 |
| 12 | 3 | 2 | 1 | 2 | 1 | 2 | 1 | 2 | 1 | 1 | 2 | 1 | 2 |
| 13 | 4 | 1 | 2 | 2 | 1 | 1 | 2 | 2 | 1 | 1 | 2 | 2 | 1 |
| 14 | 4 | 1 | 2 | 2 | 1 | 2 | 1 | 1 | 2 | 2 | 1 | 1 | 2 |
| 15 | 4 | 2 | 1 | 1 | 2 | 1 | 2 | 2 | 1 | 2 | 1 | 1 | 2 |
| 16 | 4 | 2 | 1 | 1 | 2 | 2 | 1 | 1 | 2 | 1 | 2 | 2 | 1 |

# $L_{18}2^1 \times 3^7$

| NO | 1열 | 2열 | 3열 | 4열 | 5열 | 6열 | 7열 | 8열 |
|---|---|---|---|---|---|---|---|---|
| 1 | 1 | 1 | 1 | 1 | 1 | 1 | 1 | 1 |
| 2 | 1 | 1 | 2 | 2 | 2 | 2 | 2 | 2 |
| 3 | 1 | 1 | 3 | 3 | 3 | 3 | 3 | 3 |
| 4 | 1 | 2 | 1 | 1 | 2 | 2 | 3 | 3 |
| 5 | 1 | 2 | 2 | 2 | 3 | 3 | 1 | 1 |
| 6 | 1 | 2 | 3 | 3 | 1 | 1 | 2 | 2 |
| 7 | 1 | 3 | 1 | 2 | 1 | 3 | 2 | 3 |
| 8 | 1 | 3 | 2 | 3 | 2 | 1 | 3 | 1 |
| 9 | 1 | 3 | 3 | 1 | 3 | 2 | 1 | 2 |
| 10 | 2 | 1 | 1 | 3 | 3 | 2 | 2 | 1 |
| 11 | 2 | 1 | 2 | 1 | 1 | 3 | 3 | 2 |
| 12 | 2 | 1 | 3 | 2 | 2 | 1 | 1 | 3 |
| 13 | 2 | 2 | 1 | 2 | 3 | 1 | 3 | 2 |
| 14 | 2 | 2 | 2 | 3 | 1 | 2 | 1 | 3 |
| 15 | 2 | 2 | 3 | 1 | 2 | 3 | 2 | 1 |
| 16 | 2 | 3 | 1 | 3 | 2 | 3 | 1 | 2 |
| 17 | 2 | 3 | 2 | 1 | 3 | 1 | 2 | 3 |
| 18 | 2 | 3 | 3 | 2 | 1 | 2 | 3 | 1 |

* 주) 일반형이지만, 1열과 2열의 교호작용 분석 가능함 (배치 필요하지 않음)

# $L_{18}6^1 \times 3^6$

| NO | 1열 | 2열 | 3열 | 4열 | 5열 | 6열 | 7열 |
|---|---|---|---|---|---|---|---|
| 1 | 1 | 1 | 1 | 1 | 1 | 1 | 1 |
| 2 | 1 | 2 | 2 | 2 | 2 | 2 | 2 |
| 3 | 1 | 3 | 3 | 3 | 3 | 3 | 3 |
| 4 | 2 | 1 | 1 | 2 | 2 | 3 | 3 |
| 5 | 2 | 2 | 2 | 3 | 3 | 1 | 1 |
| 6 | 2 | 3 | 3 | 1 | 1 | 2 | 2 |
| 7 | 3 | 1 | 2 | 1 | 3 | 2 | 3 |
| 8 | 3 | 2 | 3 | 2 | 1 | 3 | 1 |
| 9 | 3 | 3 | 1 | 3 | 2 | 1 | 2 |
| 10 | 4 | 1 | 3 | 3 | 2 | 2 | 1 |
| 11 | 4 | 2 | 1 | 1 | 3 | 3 | 2 |
| 12 | 4 | 3 | 2 | 2 | 1 | 1 | 3 |
| 13 | 5 | 1 | 2 | 3 | 1 | 3 | 2 |
| 14 | 5 | 2 | 3 | 1 | 2 | 1 | 3 |
| 15 | 5 | 3 | 1 | 2 | 3 | 2 | 1 |
| 16 | 6 | 1 | 3 | 2 | 3 | 1 | 2 |
| 17 | 6 | 2 | 1 | 3 | 1 | 2 | 3 |
| 18 | 6 | 3 | 2 | 1 | 2 | 3 | 1 |

# 표준정규분포표

PART 02

Z축 값에 따른 왼쪽 누적 P값

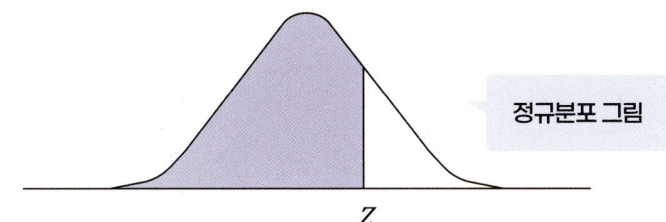

정규분포 그림

| Z | 0.00 | 0.01 | 0.02 | 0.03 | 0.04 | 0.05 | 0.06 | 0.07 | 0.08 | 0.09 |
|---|---|---|---|---|---|---|---|---|---|---|
| 0.0 | 0.5000 | 0.5040 | 0.5080 | 0.5120 | 0.5160 | 0.5199 | 0.5239 | 0.5279 | 0.5319 | 0.5359 |
| 0.1 | 0.5398 | 0.5438 | 0.5478 | 0.5517 | 0.5557 | 0.5596 | 0.5636 | 0.5675 | 0.5714 | 0.5753 |
| 0.2 | 0.5793 | 0.5832 | 0.5871 | 0.5910 | 0.5948 | 0.5987 | 0.6026 | 0.6064 | 0.6103 | 0.6141 |
| 0.3 | 0.6179 | 0.6217 | 0.6255 | 0.6293 | 0.6331 | 0.6368 | 0.6406 | 0.6443 | 0.6480 | 0.6517 |
| 0.4 | 0.6554 | 0.6591 | 0.6628 | 0.6664 | 0.6700 | 0.6736 | 0.6772 | 0.6808 | 0.6844 | 0.6879 |
| 0.5 | 0.6915 | 0.6950 | 0.6985 | 0.7019 | 0.7054 | 0.7088 | 0.7123 | 0.7157 | 0.7190 | 0.7224 |
| 0.6 | 0.7257 | 0.7291 | 0.7324 | 0.7357 | 0.7389 | 0.7422 | 0.7454 | 0.7486 | 0.7517 | 0.7549 |
| 0.7 | 0.7580 | 0.7611 | 0.7642 | 0.7673 | 0.7704 | 0.7734 | 0.7764 | 0.7794 | 0.7823 | 0.7852 |
| 0.8 | 0.7881 | 0.7910 | 0.7939 | 0.7967 | 0.7995 | 0.8023 | 0.8051 | 0.8078 | 0.8106 | 0.8133 |
| 0.9 | 0.8159 | 0.8186 | 0.8212 | 0.8238 | 0.8264 | 0.8289 | 0.8315 | 0.8340 | 0.8365 | 0.8389 |
| 1.0 | 0.8413 | 0.8438 | 0.8461 | 0.8485 | 0.8508 | 0.8531 | 0.8554 | 0.8577 | 0.8599 | 0.8621 |
| 1.1 | 0.8643 | 0.8665 | 0.8686 | 0.8708 | 0.8729 | 0.8749 | 0.8770 | 0.8790 | 0.8810 | 0.8830 |
| 1.2 | 0.8849 | 0.8869 | 0.8888 | 0.8907 | 0.8925 | 0.8944 | 0.8962 | 0.8980 | 0.8997 | 0.9015 |
| 1.3 | 0.9032 | 0.9049 | 0.9066 | 0.9082 | 0.9099 | 0.9115 | 0.9131 | 0.9147 | 0.9162 | 0.9177 |
| 1.4 | 0.9192 | 0.9207 | 0.9222 | 0.9236 | 0.9251 | 0.9265 | 0.9279 | 0.9292 | 0.9306 | 0.9319 |
| 1.5 | 0.9332 | 0.9345 | 0.9357 | 0.9370 | 0.9382 | 0.9394 | 0.9406 | 0.9418 | 0.9429 | 0.9441 |
| 1.6 | 0.9452 | 0.9463 | 0.9474 | 0.9484 | 0.9495 | 0.9505 | 0.9515 | 0.9525 | 0.9535 | 0.9545 |
| 1.7 | 0.9554 | 0.9564 | 0.9573 | 0.9582 | 0.9591 | 0.9599 | 0.9608 | 0.9616 | 0.9625 | 0.9633 |
| 1.8 | 0.9641 | 0.9649 | 0.9656 | 0.9664 | 0.9671 | 0.9678 | 0.9686 | 0.9693 | 0.9699 | 0.9706 |
| 1.9 | 0.9713 | 0.9719 | 0.9726 | 0.9732 | 0.9738 | 0.9744 | 0.9750 | 0.9756 | 0.9761 | 0.9767 |
| 2.0 | 0.9772 | 0.9778 | 0.9783 | 0.9788 | 0.9793 | 0.9798 | 0.9803 | 0.9808 | 0.9812 | 0.9817 |
| 2.1 | 0.9821 | 0.9826 | 0.9830 | 0.9834 | 0.9838 | 0.9842 | 0.9846 | 0.9850 | 0.9854 | 0.9857 |
| 2.2 | 0.9861 | 0.9864 | 0.9868 | 0.9871 | 0.9875 | 0.9878 | 0.9881 | 0.9884 | 0.9887 | 0.9890 |
| 2.3 | 0.9893 | 0.9896 | 0.9898 | 0.9901 | 0.9904 | 0.9906 | 0.9909 | 0.9911 | 0.9913 | 0.9916 |
| 2.4 | 0.9918 | 0.9920 | 0.9922 | 0.9925 | 0.9927 | 0.9929 | 0.9931 | 0.9932 | 0.9934 | 0.9936 |
| 2.5 | 0.9938 | 0.9940 | 0.9941 | 0.9943 | 0.9945 | 0.9946 | 0.9948 | 0.9949 | 0.9951 | 0.9952 |
| 2.6 | 0.9953 | 0.9955 | 0.9956 | 0.9957 | 0.9959 | 0.9960 | 0.9961 | 0.9962 | 0.9963 | 0.9964 |
| 2.7 | 0.9965 | 0.9966 | 0.9967 | 0.9968 | 0.9969 | 0.9970 | 0.9971 | 0.9972 | 0.9973 | 0.9974 |
| 2.8 | 0.9974 | 0.9975 | 0.9976 | 0.9977 | 0.9977 | 0.9978 | 0.9979 | 0.9979 | 0.9980 | 0.9981 |
| 2.9 | 0.9981 | 0.9982 | 0.9982 | 0.9983 | 0.9984 | 0.9984 | 0.9985 | 0.9985 | 0.9986 | 0.9986 |
| 3.0 | 0.9987 | 0.9987 | 0.9987 | 0.9988 | 0.9988 | 0.9989 | 0.9989 | 0.9989 | 0.9990 | 0.9990 |

# 부록 2.2

# t분포표

**우측(한쪽) α값에 따른 t축의 값**

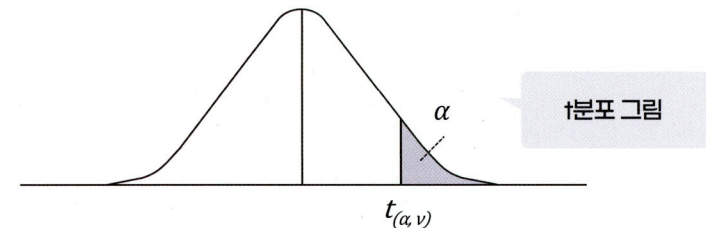

t분포 그림

| df | 각 α에 따른 t값 | | | | | | | | | |
|---|---|---|---|---|---|---|---|---|---|---|
| | α=0.25 | 0.1 | 0.05 | 0.025 | 0.01 | 0.005 | 0.0025 | 0.001 | 0.0005 | 0.00025 |
| 1 | 1.000 | 3.078 | 6.314 | 12.706 | 31.821 | 63.657 | 127.321 | 318.309 | 636.619 | 1273.239 |
| 2 | 0.816 | 1.886 | 2.920 | 4.303 | 6.965 | 9.925 | 14.089 | 22.327 | 31.599 | 44.705 |
| 3 | 0.765 | 1.638 | 2.353 | 3.182 | 4.541 | 5.841 | 7.453 | 10.215 | 12.924 | 16.326 |
| 4 | 0.741 | 1.533 | 2.132 | 2.776 | 3.747 | 4.604 | 5.598 | 7.173 | 8.610 | 10.306 |
| 5 | 0.727 | 1.476 | 2.015 | 2.571 | 3.365 | 4.032 | 4.773 | 5.893 | 6.869 | 7.976 |
| 6 | 0.718 | 1.440 | 1.943 | 2.447 | 3.143 | 3.707 | 4.317 | 5.208 | 5.959 | 6.788 |
| 7 | 0.711 | 1.415 | 1.895 | 2.365 | 2.998 | 3.499 | 4.029 | 4.785 | 5.408 | 6.082 |
| 8 | 0.706 | 1.397 | 1.860 | 2.306 | 2.896 | 3.355 | 3.833 | 4.501 | 5.041 | 5.617 |
| 9 | 0.703 | 1.383 | 1.833 | 2.262 | 2.821 | 3.250 | 3.690 | 4.297 | 4.781 | 5.291 |
| 10 | 0.700 | 1.372 | 1.812 | 2.228 | 2.764 | 3.169 | 3.581 | 4.144 | 4.587 | 5.049 |
| 11 | 0.697 | 1.363 | 1.796 | 2.201 | 2.718 | 3.106 | 3.497 | 4.025 | 4.437 | 4.863 |
| 12 | 0.695 | 1.356 | 1.782 | 2.179 | 2.681 | 3.055 | 3.428 | 3.930 | 4.318 | 4.716 |
| 13 | 0.694 | 1.350 | 1.771 | 2.160 | 2.650 | 3.012 | 3.372 | 3.852 | 4.221 | 4.597 |
| 14 | 0.692 | 1.345 | 1.761 | 2.145 | 2.624 | 2.977 | 3.326 | 3.787 | 4.140 | 4.499 |
| 15 | 0.691 | 1.341 | 1.753 | 2.131 | 2.602 | 2.947 | 3.286 | 3.733 | 4.073 | 4.417 |
| 16 | 0.690 | 1.337 | 1.746 | 2.120 | 2.583 | 2.921 | 3.252 | 3.686 | 4.015 | 4.346 |
| 17 | 0.689 | 1.333 | 1.740 | 2.110 | 2.567 | 2.898 | 3.222 | 3.646 | 3.965 | 4.286 |
| 18 | 0.688 | 1.330 | 1.734 | 2.101 | 2.552 | 2.878 | 3.197 | 3.610 | 3.922 | 4.233 |
| 19 | 0.688 | 1.328 | 1.729 | 2.093 | 2.539 | 2.861 | 3.174 | 3.579 | 3.883 | 4.187 |
| 20 | 0.687 | 1.325 | 1.725 | 2.086 | 2.528 | 2.845 | 3.153 | 3.552 | 3.850 | 4.146 |
| 21 | 0.686 | 1.323 | 1.721 | 2.080 | 2.518 | 2.831 | 3.135 | 3.527 | 3.819 | 4.110 |
| 22 | 0.686 | 1.321 | 1.717 | 2.074 | 2.508 | 2.819 | 3.119 | 3.505 | 3.792 | 4.077 |
| 23 | 0.685 | 1.319 | 1.714 | 2.069 | 2.500 | 2.807 | 3.104 | 3.485 | 3.768 | 4.047 |
| 24 | 0.685 | 1.318 | 1.711 | 2.064 | 2.492 | 2.797 | 3.091 | 3.467 | 3.745 | 4.021 |
| 25 | 0.684 | 1.316 | 1.708 | 2.060 | 2.485 | 2.787 | 3.078 | 3.450 | 3.725 | 3.996 |
| 26 | 0.684 | 1.315 | 1.706 | 2.056 | 2.479 | 2.779 | 3.067 | 3.435 | 3.707 | 3.974 |
| 27 | 0.684 | 1.314 | 1.703 | 2.052 | 2.473 | 2.771 | 3.057 | 3.421 | 3.690 | 3.954 |
| 28 | 0.683 | 1.313 | 1.701 | 2.048 | 2.467 | 2.763 | 3.047 | 3.408 | 3.674 | 3.935 |
| 29 | 0.683 | 1.311 | 1.699 | 2.045 | 2.462 | 2.756 | 3.038 | 3.396 | 3.659 | 3.918 |
| 30 | 0.683 | 1.310 | 1.697 | 2.042 | 2.457 | 2.750 | 3.030 | 3.385 | 3.646 | 3.902 |
| 40 | 0.681 | 1.303 | 1.684 | 2.021 | 2.423 | 2.704 | 2.971 | 3.307 | 3.551 | 3.788 |
| 60 | 0.679 | 1.296 | 1.671 | 2.000 | 2.390 | 2.660 | 2.915 | 3.232 | 3.460 | 3.681 |
| 120 | 0.677 | 1.289 | 1.658 | 1.980 | 2.358 | 2.617 | 2.860 | 3.160 | 3.373 | 3.578 |

# 부록 2.3 F분포표

## α에 따른 F축의 값

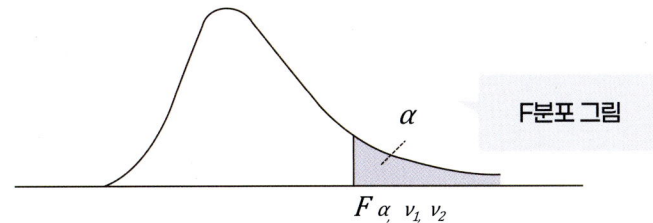

F분포 그림

| df$_2$ | α | df$_1$ | | | | | | | | | |
|---|---|---|---|---|---|---|---|---|---|---|---|
| | | 1 | 2 | 3 | 4 | 5 | 6 | 7 | 8 | 9 | 10 |
| 1 | 0.10 | 39.9 | 49.5 | 53.6 | 55.8 | 57.2 | 58.2 | 58.9 | 59.4 | 59.9 | 60.2 |
| | 0.05 | 161.4 | 199.5 | 215.7 | 224.6 | 230.2 | 234.0 | 236.8 | 238.9 | 240.5 | 241.9 |
| | 0.01 | 4052.2 | 4999.5 | 5403.4 | 5624.6 | 5763.6 | 5859.0 | 5928.4 | 5981.1 | 6022.5 | 6055.8 |
| 2 | 0.10 | 8.5 | 9.0 | 9.2 | 9.2 | 9.3 | 9.3 | 9.3 | 9.4 | 9.4 | 9.4 |
| | 0.05 | 18.5 | 19.0 | 19.2 | 19.2 | 19.3 | 19.3 | 19.4 | 19.4 | 19.4 | 19.4 |
| | 0.01 | 98.50 | 99.0 | 99.2 | 99.2 | 99.3 | 99.3 | 99.4 | 99.4 | 99.4 | 99.4 |
| 3 | 0.10 | 5.5 | 5.5 | 5.4 | 5.3 | 5.3 | 5.3 | 5.3 | 5.3 | 5.2 | 5.2 |
| | 0.05 | 10.1 | 9.6 | 9.3 | 9.1 | 9.0 | 8.9 | 8.9 | 8.8 | 8.8 | 8.8 |
| | 0.01 | 34.12 | 30.8 | 29.5 | 28.7 | 28.2 | 27.9 | 27.7 | 27.5 | 27.3 | 27.2 |
| 4 | 0.10 | 4.5 | 4.3 | 4.2 | 4.1 | 4.1 | 4.0 | 4.0 | 4.0 | 3.9 | 3.9 |
| | 0.05 | 7.7 | 6.9 | 6.6 | 6.4 | 6.3 | 6.2 | 6.1 | 6.0 | 6.0 | 6.0 |
| | 0.01 | 21.20 | 18.0 | 16.7 | 16.0 | 15.5 | 15.2 | 15.0 | 14.8 | 14.7 | 14.5 |
| 5 | 0.10 | 4.1 | 3.8 | 3.6 | 3.5 | 3.5 | 3.4 | 3.4 | 3.3 | 3.3 | 3.3 |
| | 0.05 | 6.6 | 5.8 | 5.4 | 5.2 | 5.1 | 5.0 | 4.9 | 4.8 | 4.8 | 4.7 |
| | 0.01 | 16.26 | 13.3 | 12.1 | 11.4 | 11.0 | 10.7 | 10.5 | 10.3 | 10.2 | 10.1 |
| 6 | 0.10 | 3.8 | 3.5 | 3.3 | 3.2 | 3.1 | 3.1 | 3.0 | 3.0 | 3.0 | 2.9 |
| | 0.05 | 6.0 | 5.1 | 4.8 | 4.5 | 4.4 | 4.3 | 4.2 | 4.1 | 4.1 | 4.1 |
| | 0.01 | 13.75 | 10.9 | 9.8 | 9.1 | 8.7 | 8.5 | 8.3 | 8.1 | 8.0 | 7.9 |
| 7 | 0.10 | 3.6 | 3.3 | 3.1 | 3.0 | 2.9 | 2.8 | 2.8 | 2.8 | 2.7 | 2.7 |
| | 0.05 | 5.6 | 4.7 | 4.3 | 4.1 | 4.0 | 3.9 | 3.8 | 3.7 | 3.7 | 3.6 |
| | 0.01 | 12.25 | 9.5 | 8.5 | 7.8 | 7.5 | 7.2 | 7.0 | 6.8 | 6.7 | 6.6 |
| 8 | 0.10 | 3.5 | 3.1 | 2.9 | 2.8 | 2.7 | 2.7 | 2.6 | 2.6 | 2.6 | 2.5 |
| | 0.05 | 5.3 | 4.5 | 4.1 | 3.8 | 3.7 | 3.6 | 3.5 | 3.4 | 3.4 | 3.3 |
| | 0.01 | 11.26 | 8.6 | 7.6 | 7.0 | 6.6 | 6.4 | 6.2 | 6.0 | 5.9 | 5.8 |
| 9 | 0.10 | 3.4 | 3.0 | 2.8 | 2.7 | 2.6 | 2.6 | 2.5 | 2.5 | 2.4 | 2.4 |
| | 0.05 | 5.1 | 4.3 | 3.9 | 3.6 | 3.5 | 3.4 | 3.3 | 3.2 | 3.2 | 3.1 |
| | 0.01 | 10.56 | 8.0 | 7.0 | 6.4 | 6.1 | 5.8 | 5.6 | 5.5 | 5.4 | 5.3 |
| 10 | 0.10 | 3.3 | 2.9 | 2.7 | 2.6 | 2.5 | 2.5 | 2.4 | 2.4 | 2.3 | 2.3 |
| | 0.05 | 5.0 | 4.1 | 3.7 | 3.5 | 3.3 | 3.2 | 3.1 | 3.1 | 3.0 | 3.0 |
| | 0.01 | 10.04 | 7.6 | 6.6 | 6.0 | 5.6 | 5.4 | 5.2 | 5.1 | 4.9 | 4.8 |

# 부록 3

# $d_2^*$ table

| 군의수 k | Subgroup size, n | | | | | | | | | | | | | |
|---|---|---|---|---|---|---|---|---|---|---|---|---|---|---|
| | 2 | 3 | 4 | 5 | 6 | 7 | 8 | 9 | 10 | 11 | 12 | 13 | 14 | 15 |
| 1 | 1.414 | 1.912 | 2.329 | 2.481 | 2.673 | 2.830 | 2.963 | 3.078 | 3.179 | 3.269 | 3.350 | 3.424 | 3.491 | 3.553 |
| 2 | 1.279 | 1.805 | 2.151 | 2.405 | 2.604 | 2.768 | 2.906 | 3.025 | 3.129 | 3.221 | 3.305 | 3.380 | 3.449 | 3.513 |
| 3 | 1.231 | 1.769 | 2.120 | 2.379 | 2.581 | 2.747 | 2.886 | 3.006 | 3.112 | 3.205 | 3.289 | 3.366 | 3.435 | 3.499 |
| 4 | 2.206 | 1.750 | 2.205 | 2.366 | 2.570 | 2.736 | 2.877 | 2.997 | 3.103 | 3.197 | 3.282 | 3.358 | 3.428 | 3.492 |
| 5 | 1.191 | 1.739 | 2.096 | 2.358 | 2.563 | 2.730 | 2.871 | 2.992 | 3.098 | 3.192 | 3.277 | 3.354 | 3.424 | 3.488 |
| 6 | 1.181 | 1.731 | 2.090 | 2.353 | 2.558 | 2.726 | 2.867 | 2.988 | 3.095 | 3.189 | 3.274 | 3.351 | 3.421 | 3.486 |
| 7 | 1.173 | 1.726 | 2.085 | 2.349 | 2.555 | 2.723 | 2.864 | 2.986 | 3.092 | 3.187 | 3.272 | 3.349 | 3.419 | 3.484 |
| 8 | 1.168 | 1.721 | 2.082 | 2.346 | 2.552 | 2.720 | 2.862 | 2.984 | 3.090 | 3.185 | 3.270 | 3.347 | 3.417 | 3.482 |
| 9 | 1.164 | 1.718 | 2.080 | 2.344 | 2.550 | 2.719 | 2.860 | 2.982 | 3.089 | 3.184 | 3.269 | 3.346 | 3.416 | 3.481 |
| 10 | 1.160 | 1.716 | 2.077 | 2.342 | 2.549 | 2.717 | 2.859 | 2.981 | 3.088 | 3.183 | 3.268 | 3.345 | 3.415 | 3.480 |
| 11 | 1.157 | 1.714 | 2.076 | 2.340 | 2.547 | 2.716 | 2.858 | 2.980 | 3.087 | 3.182 | 3.267 | 3.344 | 3.415 | 3.479 |
| 12 | 1.155 | 1.712 | 2.074 | 2.339 | 2.546 | 2.715 | 2.857 | 2.979 | 3.086 | 3.181 | 3.266 | 3.343 | 3.414 | 3.479 |
| 13 | 1.153 | 1.710 | 2.073 | 2.338 | 2.545 | 2.714 | 2.856 | 2.978 | 3.085 | 3.180 | 3.266 | 3.343 | 3.413 | 3.478 |
| 14 | 1.151 | 1.709 | 2.072 | 2.337 | 2.545 | 2.714 | 2.856 | 2.978 | 3.085 | 3.180 | 3.265 | 3.342 | 3.413 | 3.478 |
| 15 | 1.150 | 1.708 | 2.071 | 2.337 | 2.544 | 2.713 | 2.855 | 2.977 | 3.084 | 3.179 | 3.265 | 3.342 | 3.412 | 3.477 |

| $d_2$ | 1.128 | 1.693 | 2.059 | 2.326 | 2.534 | 2.704 | 2.847 | 2.970 | 3.078 | 3.173 | 3.259 | 3.336 | 3.407 | 3.472 |
|---|---|---|---|---|---|---|---|---|---|---|---|---|---|---|
| k | 2 | 3 | 4 | 5 | 6 | 7 | 8 | 9 | 10 | 11 | 12 | 13 | 14 | 15 |
| | Subgroup size, n | | | | | | | | | | | | | |

# 참고문헌

1) 신용균, 이은지 (2023), 실험계획법 중심의 최적화 실무, 이레테크
2) 김강희, 이상복 (2017), 현장에 적합한 샤이닌-시그마 기법 제안, 한국품질경영학회지, Vol45, No2.
3) Rajendra Khavekar, Hari Vasudevan Dr. and Bhavik Modi (2017), A Comparative Analysis of Taguchi Methodology and Shainin System DoE in the Optimization of Injection Molding Process Parameters, Materials Science and Engineering, 225
4) Stefan H.Steiner and R. Jock Mackay (2008), An Overview of the Shainin System™ for Quality Improvement, Quality Engineering, Vol20, No2.
5) Tossapol Kiatcharoenpol and Thanakarn Viechiraprasert (2018), Application of Taguchi Method and Shainin DOE Compared to Classical DOE in Plastic Injection Modeling Process, International Journal of Intelligent Engineering & Systems, Vol12, No3.
6) Johannes Ledolter and Arthur Swersey (1997), Dorian Shainin's Variables Search Procedure: A critical assessment, Journal of Quality Technology, Vol29, No3.
7) Nithesh Naik, C.S Suhas Kowshik, Ritesh Bhat and Mehul Bawa (2019), Failure analysis of governor in diesel engine using Shainin System, Vol101, No-.
8) Anupama Prashar (2016), Integration of Taguchi and Shainin DOE for Six Sigma improvement: and Indian case, International Journal of Quality & Reliability Management, Vol34, No7.
9) Jiju Antony and Alfred Ho Yuen Cheng(2003), Training for Shainin's approach to experimental design using a catapult, Journal of European Industrial Training, Vol27, No8.
10) 박성현 (2022), 현대실험계획법, 민영사
11) 박성현, 박영현 외 1명 (2014), 통계적품질관리와 6시그마 이해(Minitab 17활용), 민영사
12) 김수택 (2018), Minitab을 이용한 기초통계 18버전 (현장 사례 중심 Minitab 실무완성), ㈜이레테크
13) 황의철 (1996), 품질경영, 박영사
14) 한국표준협회, QC분임조원을 위한 품질관리수법 예제풀이
15) LG전자 (2002), 공차설정 세미나 예제풀이
16) 신용균, 유진희 외 1명 (2015), 불량제로 (기업의 만성불량 해결하기), 한품질경영연구소.

## 실무사례가 있는
# 고질적인 품질문제 해결 방법

| | |
|---|---|
| 인 쇄 | 2024년 06월 17일 초판 1쇄 |
| 저 자 | 신용균, 이은지 |
| 발 행 인 | 지만영 |
| 발 행 처 | ㈜이레테크 |
| 홈페이지 | www.datalabs.co.kr |
| 이 메 일 | minitab@minitab.co.kr |
| 주 소 | 경기도 안양시 동안구 시민대로 401, 901호 (관양동, 대륭테크노타운 15차) |
| 전 화 | (031) 345-1170(대)     팩 스 | (031) 345-1199 |
| 등 록 | 제 1072-64 호 |
| ISBN | 978-89-90239-57-0 (93310) |

정가 18,000원